우정상

◉

1921년 경남 사천 출생.
통도사 불교전문강원 사교과를 수료하였으며 일본 경도
임제대학에서 수학, 동국대학교 불교학부를 졸업후
경기대학교 중앙도서관장을 지낸 바 있으며 1966년 입적하였다.
주요 논저서에 「원각사 탑파의 사상적 연구」
「이조불교의 호국사상에 대하여」「석굴암의 사상적 고찰」
「서산대사의 선(禪)불교에 대하여」「휴정의 선(禪)의 사상」
『한국불교사(공저)』『조선전기 불교사상연구』등 다수가 있다.

교양불교

1987년 2월 5일 초판 발행
1998년 10월 15일 재판 4쇄

지은이/우정상
펴낸이/고병완
펴낸곳/불광출판부

138 · 190 서울 송파구 석촌동 160 - 1
대표전화 420 · 3200
편 집 부 420 · 3300
팩시밀리 420 · 3400
등록번호 제 1 - 183호(1979. 10. 10)
ISBN 89 - 7479 - 505 - 1

◉ 잘못된 책은 바꾸어 드립니다.
값 6,000원

책 머리에

먼저 이 책이 세상에 나오게 된 것을 경하하지 않을 수가 없읍니다.

소산(疎山)선생께서는 50세에 타계(他界)하실 때까지 대학강단(大學講壇)에서 불교사학(佛敎史學)을 교수(敎授)하시면서도 틈틈이 쉬지 않고 지상포교(紙上布敎)를 계속하였읍니다. 일찍이 청년기를 불문(佛門)에서 수선(修禪)하고 간경(看經)하였던 그분은 불은(佛恩)을 갚고자 길지 않은 생애 동안 부지런히 힘썼습니다.

우리 동국대학교(東國大學校)의 교지(校紙)인 동대시보(東大時報, 현 東大新聞)에 보리수(菩提樹) 란이 마련되었을 때 그 첫 집필자로 출발하여 10수년간을 선생께서 단독 고정집필을 맡았습니다. 아무리 바쁜 격무에도 쉬임없이 '보리수'는 대학의 젊은 지성(知性)들에게 부처님의 가르침과 그 세계를 바르고도 진실되게 심어주었습니다. 그 밖에도 기회있을 때마다 지상포교는 계속되었습니다.

타계하실 것을 미리 예감이나 하신듯 선생께서는 보리수에 게재하였던 글을 중심으로 하여 '교양불교(敎養佛敎)'라 제명한 책자의 간행을 계획하였습니다. 그리하여 목차를 작성하는 한편, 스크랩한 글과 초고들을 가까운 제자에게 정서하게 하였습니다. 그 일을 착수한지 얼마 안되어 선생께서는 영영 사바(娑婆)를 하직하여 극락의 길 나그네가 되셨던 것입니다.

그로부터 필자가 교양불교 간행 목차와 유고(遺稿) 뭉치를 간직하여 온지 어느덧 20년의 세월이 흘렀습니다. 우선 정서부터 해야 하는데 바쁘다는 핑계로 차일피일 미루다가 오늘에 이르렀던 것입니다.

수년전 선생님의 막내아들 인보(仁寶)군이 아버지의 뜻을 계승할 결심으로 불교학과(佛敎學科)에 입학하였다가 곧 군(軍)에 입대하여 제대한 다음에 필자는 구고(舊稿)의 정서를 그에게 맡겼습니다. 지난해 선생의 연구 논문집인 「조선전기불교사상연구(朝鮮前期佛敎思想硏究)」가 간행되고부터 인보군에 의해 본격적으로 정서가 진행되었으며, 인쇄에 부쳐지고부터는 또한 교정의 일도 착실히 보았습니다.

때마침 불교현대화와 대중포교의 일선에서 일신의 건강마저 잊으신 채 '마하반야바라밀'의 깃발을 높이 드시고 교화에 몰두하시는 불광도량(佛光道場)의 스승님 광덕대선사(光德大禪師)께서, 이 책의 간행을 기꺼이 맡아 주셨습니다. 스님께 진심으로 감사를 드립니다. 그리고 직접 간행의 제반사를 담당하여 주신 월간 불광(佛光)의 주간 지범(至梵)스님과 이 책이 세상에 나오기까지 여러 모로 수고해 주신 고마운 분들에게도 감사를 드리는 바입니다.

아무쪼록 오랫만에 빛을 보게 된 이 책이 불교 이해의 길잡이가 되고 불교인의 교양을 북돋우는데 힘이 되어 소산(疏山)선생 평생의 염원이 이 땅 불자들의 마음 마음에 오래도록 전해지기를 바라마지 않습니다.

선생의 古稀年 1986년 12월 하순에

東國大學校 佛敎大學長　제자 金 煐 泰

차 례

책 머리에

제 1 장 경전의 장

제 2 장 바라밀의 장

제 3 장 진리의 장

제 4 장 반야의 장

제 7 장 보살의 장

제1장 경전의 장

1. 대장경(大藏經)

대장경은 불교의 근본 성전을 말하는 것이다. 대장경은 장경, 일대(一代)장경, 대장일체(大藏一切)경이라고도 하며, 삼장(三藏)이라고도 한다.

대장이라는 뜻은 본래 조정(朝廷)의 서고(書庫)라는 뜻에서 출발한 것이다. 양무제 때 불교의 성전을 모아서 궁중 화림원(花林園)의 불전(佛殿) 내에 설치한 보운경(寶雲經)을 장〈고〉에 두고 석보창(釋寶唱)이라는 학자에게 그 목록을 작성하게 하였는데, 보창이 이것을 중경록(衆經錄)이라 제목하였다. 이것이 우리가 부르고 있는 대장경이라는 말의 기원이라고 한다.

대장경의 내용은 경(經)·율(律)·론(論)의 삼장에 벗어나지 않으니, 경장이라 함은 부처님의 말씀을 기록한 것이며, 율이라 함은 교단에 속하는 출가인들이 일상 생활에서 지켜야 할 규율을 말하는 것이며, 자기의 마음 속에서 일어나는 악을 억제한다는 의미에서 '조복(調伏)'이라고도 한다. 논이라 함은 부처님 말씀인 경에 대해서 원리를 설명한 철학적인 부분을 말하는 것이다. 이상의 삼장 가운데 경과 율은 대개가 부처님 말씀에 의한 것이지만, **논**은 후대의 학자들이 지은 것이 그 대부분이다. 이 삼장을 크게 모아서 체계적으로 분류한 것을 대장경이라 한다는 것은 이미 말한 바와 같다.

대장경은 불교를 믿는 민족에 따라 자기네의 국어로 번역하였기 때문에 현존한 대장경은 언어상으로 그 종류가 많다. 최초에는 범어와 파리어(巴利語)로 모아서 만든 것이 각처로 전파됨에 따라 한문, 서장어(西藏語), 몽고어, 만주어, 일본어, 영·불·독(英佛獨)어, 남방(南方)어계 등의 번역이 이루어진 것이다. 이와 같이 많은 언어의 대장경이 현존하고 있다는 것은 그 대장경의 가진 바 의의가 민족성과 관련이 깊은 것임을 뜻한다. 각 민족들이 대장경을 받들어 모시고 지녀서 외우면, 국가가 태평하고 국민이 안락하여 오래도록 행복을 누릴 수 있다는 까닭에서이다.

우리 나라에서도 대장경을 존중하여 왔으니, 그 중에서도 고려 대장경은 현존 대장경 가운데 가장 우수하다는 것은 다시 논할 필요없이 존귀한 것이다. 이것은 그 예술적인 기교의 면에서는 물론, 당시 우리 민족의 모든 힘을 기울여서 만들어진 것이라는 점에서 그 가치가 더 높이 평가되는 것이요, 세계 대장경의 대표가 되는 소치이고 국보 팔만대장경이라 불리**어**지는 이유인 것이다. 이러한 민족혼의 결정인 대장경을 갖게 됨은 민족적으로 감탄할 즐거운 일이라 하겠다. ✻

2. 서장 대장경(西藏大藏經)

불교 경전의 원어는 주로 북방으로 전해져서 중국, 한국, 일본 등 여러 나라에서 한역(漢譯)되었던 범어(梵語)와, 남방으로 전해져서 「스리랑카」, 「타이」 등 남방 여러 나라의 성전을 표기하고 있는 파리어(巴利語)의 두 가지라는 것은 잘 알려져 있는 바이지만, 특히 원시 불교에 대해서는 범어 경전과 파리어 경전 사이에 상반된 내용이 적지 않아 불교 경전을 깊이있게 연구함에 상당히 혼란이 야기되었던 것도 사실이다.

이러한 학계의 현실에 혜성처럼 나타난 것이 있었으니 그것이 곧 서장대장경(西藏大藏經)이다. 서장(西藏)에서는 7세기의 토번왕(吐蕃王)「쏜쩨 감포(569~650)」가「톤 미 삼보오라」를 인도에 유학하게 하여 범어를 모방하여「티벳트」문자를 창작하게 하였던 것이므로 서장어(西藏語)는 범어와 많은 공통점을 갖고 있으며 특히 불교 경전에 나오는 명사는 거의 같을 정도이다.

「쏜쩨」왕이「톤 미」로 하여금「티벳트」문자를 고찰하게 한 것은 불교 경전을「티벳트」인이 누구나 볼 수 있도록「티벳트」어로 번역하고자 한 데에 주원인이 있었던 것이다.

그러므로, 우리가 오늘날 대할 수 있는 초기의 범어 경전에 가장 충실하고 범어, 파리어 두 경전의 상위된 내용을 비교 연구할 수 있는 경전이 바로 서장어로 번역된 경전이므로 세계적으로 서장어 경전 연구의「붐」이 일어나게 되었던 것이다.

「티벳트」에서 대장경의 개판(開版)은 14세기 초로 거슬러 올라갈 수가 있고, 이후 여러 차례의 개판으로 오늘날에 이르고 있다. 그 중「쓰 안」주(州)의「날탄」고판(古版)을 비롯하여「췔오 파」판,「리 탄」판 등은 현존하지 않고 1732년에 개판된「날」신판(新版), 또 그 후의「데루게」판 등은 현존하고 있다. 중국에서도 명(明) 나라와 청(淸) 나라에서 서장대장경(西藏大藏經)의 복각(覆刻) 간행이 있었는데, 특히 청나라의 강희판과 옹정판은「날 탄」고판(古版)과 신판(新版)을 엄밀한 교감(校勘)으로 복각(覆刻)하였기 때문에 북경판 서대장경(北京版西大藏經)이라 하여 그 권위를 인정받고 있는 것이다.

과거 동국대학교에서 기증받은 서장대장경은 이 북경판(北京版)을 일본에서 100부 한정판(限定版)으로 오랜 세월에 걸쳐 영인한 것인데, 전세계적으로 희귀본이기도 하지만 앞서 말한 바와 같이 불전 연구상 없어서는 안될 귀중한 책인 것이다. *

3. 반야경 (般若經)

옛날부터 대장경을 간행함에 있어서는 수많은 경전(經典)을 배열하는 순서에 있어 약간의 예외가 있기는 하지만, 대부분 반야경(般若經)을 제일 앞에 배열시키는 것으로 관례를 삼아 왔었다.

그 이유는 이 경(經)의 본질이 반야(般若)에 있고 반야는 모든 부처님이 출생하는 근본이라 하여 이를 중요하게 여기는 이유였기 때문이다.

반야란 범어(梵語) ‘prajñā’의 음사(音寫)로써 지혜(智慧)라는 뜻을 가지고 있다. 그러나, 지혜라고 하더라도 보통 우리들의 경험적 지식을 말하는 지혜〔유루(有漏)의 지혜〕가 아니라, 성인(聖人)이 진리를 깨달을 수 있는 지혜〔무루(無漏)의 지혜〕를 가리키는 것이기 때문에 그러한 구별을 두기 위하여 지혜라고 번역하지 않고 그대로 반야(般若)라고 음표(音表)하고 있으며, 또한, 대각(大覺)하여 불과(佛果)를 잇는 것도 필경에는 이 반야에 의하여 이루어지므로 반야를 불모(佛母) 또는 제불출생(諸佛出生)의 근본이라고도 칭하는 것이다.

이와 같이, 반야는 불과(佛果)의 대각(大覺)을 이루는데 있어서의 필수 조건이기 때문에 보살(菩薩)의 행법(行法)인 육바라밀(六波羅蜜)의 제일로 치고 있는 것이며, 또한 단지 6바라밀의 제일로 치는 것만으로 그치지 않고 6바라밀 전부의 작용을 완전히 하여 주는 근거가 되기 때문에 사실상 6바라밀은 반야가 있음에 의하여 능히 그 의의(意義)를 다 할 수가 있다고도 하겠다.

반야 철학(般若哲學)의 비조(鼻祖)라고 불리우는 용수 보살(龍樹菩薩)이 그의 〈대지도론(大智度論) 권 1〉에서 ‘불법(佛法)의 대해(大海)는 신(信)으로 능히 들어가고 지(智)로 능히 건넌다.’(佛法大海信爲能入 智爲能度)라고 말하였던 것은 이와 같은 반야의 중요성을 단적으로 표현한 것이라 하겠다.

흔히 한마디로 반야경 운운하지만 그 종류는 대장경 중 분량(分量)

이 많기로 제 1 인 〈대반야바라밀다경 (大般若波羅蜜多經)〉을 위시하여 가장 간단하기로 유명한 〈반야바라밀다심경 (般若波羅蜜多心經)〉, 그리고, 〈방광반야경 (放光般若經)〉, 〈소품반야바라밀경 (小品般若波羅蜜經)〉, 〈인왕호국반야바라밀경 (仁王護國般若波羅蜜經)〉 등등 대단히 많아서 전부를 합하면 대장경 중 경부 (經部)의 약 1/3 을 차지할 정도인 것이다. 그 중에서 〈대반야바라밀경〉은 600 권이나 되는 방대한 경 (經)인데, 당 (唐)의 현장법사 (玄奘法師)가 4 년을 소비하면서 심혈을 기울여 번역한 것으로써 제부 (諸部)의 반야경을 전부 집대성한 것으로 가장 완전한 것이며, 또한 〈반야바라밀다심경〉은 겨우 종이 한 장도 차지하지 않을 정도의 작은 것에 불과하지만 〈대반야경〉 600 권의 심수 (心髓)를 요약한 것으로 옛부터 종파 (宗派)를 초월하여 서사독송 (書寫讀誦)이 성행되었던 것으로는 이에 따르는 경이 없다고 알려질 정도인 것이다.

이와 같이, 반야경에는 길고 짧은 각종의 부류 (部類)가 있지만, 그 내용에 있어서는 어느 종류를 막론하고 반야 (般若)에 의하여 조견 (照見)된 공사상 (空思想)을 설하고 있는 데에는 일치하고 있다. 다시 말하면 공사상 (空思想)이야말로 각종 (各種)의 반야경에 일관하는 중심 관념이며 또한 불교 전반에 통하는 기본적인 교리인 것이다. ✳

4. 법화경 (法華經)

화엄경 (華嚴經)과 나란히 항상 대립의 위치에 있는 것이 법화경으로, 화엄경이 우주의 진리를 그 체현자 (體現者)인 불 (佛)로 나타냄에 대하여 법화경은 그 진리를 진리 자체의 덕성인 법 (法)으로 나타내어 누구든지 그 실상의 묘리에 체달 (體達)한 것을 고조하고 있는 것으로, 말씀마다 종교적인 정취가 극히 깊고 두터우며 풍만하고 윤택하여 옛부터 제경 (諸經) 중의 왕이라고 존칭되어 오고 있으며, 우리 나라는 물론 인도, 중국, 일본 등 모든 불교 국가에서 유행함이 이 경에 앞서는 것이 없을 정도인 것이다.

이 경의 제호(題號)는 「妙法蓮華經(Saddharmapuṇḍarīka-Sūtra)」으로 생략하여 법화경이라 하는데, 묘법이란 제법실상(諸法實相)의 수묘(殊妙)한 법문을 가리키고 그 묘법의 존귀함이 마치 연화(蓮花 : 華와 花는 동일함)가 제화(諸花)보다 뛰어남을 말하는 것이다.

이 경의 역본(譯本)으로서는 서진의 축법호가 번역한 〈정법화경(正法華經)〉 10권과, 요진의 구마라집이 번역한 〈묘법연화경〉 7권(또는 8권), 그리고 수의 사나로다가 번역한 〈첨품묘법연화경(添品妙法蓮華經)〉 7권 등이 있는데, 그 중에서 역문(譯文)의 미묘함과 의의(意義)의 수승한 점으로는 라집(羅什)의 역본이 다른 이의 역본보다 뛰어난데 이는 그 경이 크게 유행되었던 커다란 원인인 것이다.

현금(現今)엔 이 역본은 28품으로 되어 있지만, 본래 나집의 역출은 27품으로서 제바달다품(提婆達多品)과 보문품(普門品) 중의 게송〔如來偈〕이 나집역본에 편입되었기 때문에 나집역이 현금과 같이 28품이 되었던 것이다.

이 경(經)의 취지는 제법실상, 즉 만유(萬有) 그대로가 상주(常住)의 열반이라는 소이(所以)를 역설하여 성문(聲聞), 연각(緣覺)과 같은 2승(二乘)도 그대로 개회하여 진여의 대도(大道)에 일치시키는 것을 교설한 것이다. 이것을 회삼귀일(會三歸一), 또는 개삼현일(開三顯一)이라고 하는데 이 회삼귀일이야말로 이 경의 본지인 것이다. 종래 불타의 법문은 성문, 연각, 보살의 삼승(三乘)에 천심(淺深)의 차이를 두었지마는, 이것은 결코 불타의 본의가 아니니 실은 그들 전부를 불타의 지견(知見)인 제법실상에 체달시키기 위한 가설에 지나지 않았던 것으로, 결국 목적은 보살의 소증(所證)인 불과(佛果)의 대오(大悟)를 기할 불과일승(佛果一乘)에 불타의 본의가 있었던 것이다.

천태종하면 화엄종과 함께 중국 불교 교학의 쌍벽이며, 우리 나라에서는 특히 대각국사(大覺國師)가 지대한 관심과 성의로 개종시킨 종파인 것은 너무도 유명하지만, 그러한 천태종의 중심 경전이 이 법화경임을 아는 사람은 그리 많지는 않을 것이다.

한편, 세조(世祖)는 세종(世宗)이 새로 창시한 한글로써 법화경을 번역하게 하여 이 경의 보급을 꾀하였으며, 오늘날 이 국역(國譯) 법

화경은 우리 국어학상으로도 없어서는 안될 책이 되어 있는 것이다. *

5. 열반경 (涅槃經)

한 말로 열반경 (涅槃經)이라 하지만 거기에는 대승의 열반경과 소승의 열반경이 있고, 또 대승·소승의 열반경에도 각각 수종의 역본 (譯本)이 있는 것이다.

여기서는 대승 계통만을 말하고자 하는데, 옛부터 6종의 역본(譯本)이 있었다고는 하나 현존하는 것은 동진(東晋) 법현(法顯)역의 〈대반열반경〉 3권과 북량 담무참(北凉曇無讖)역의 〈대반열반경〉 40권의 2종 뿐인데, 그 중에서 법현역은 담무참역의 초분의 이역(異譯)에 불가하기 때문에 완역본으로서는 단지 담무참역 하나 뿐이라고 하지 않을 수가 없다.

그래서, 이것을 보통 대본(大本) 또는 대경 (大經)이라고 부르는데, 이것도 원본에는 3만 5천 게(偈)가 있었던 중에 단지 일만여게 (一萬餘偈) 만을 역출(譯出)한 것에 지나지 않는다고 하니 사실 여부는 확인할 수가 없다. 담무참(曇無讖)이 대본(大本)을 역출 함에 있어서 대단히 고심하였고, 당시의 학자 간에 대단한 환영도 받았었지만 역어가 질박(質朴)하고 유창한 맛이 적었기 때문에 남송의 명승(明僧)인 혜엄(慧嚴), 혜관(慧觀) 등이 거사(居士) 사령운과 함께 여기에 책정을 더하고 다시 법현역에 의거하여 품목을 고쳐 36권으로 세상에 내놓게 됨으로부터 이를 〈남본열반경 (南本涅槃經)〉, 그리고 담무참역은 〈북본열반경 (北本涅槃經)〉이라고 하게 되었다.

그러나, 양자가 비록 권수를 달리하고 있지마는 내용에 있어서는 아무런 차이도 없는 것이다.

이 경은 불타가 쿠시나가라(拘尸那揭羅 ; Kuśinagara) 성외(城外) 사라쌍수(沙羅雙樹)에서 열반에 드시려 할 때의 하루 밤에 걸친 최후의 설법을 적은 것이다.

그러므로, 이 경의 주제 (主題)는 바로 열반에 대한 것이며 이 경이 불타 일대의 설법의 귀결이라고 하여 옛부터 중시된 것도 이러한 때문이었다. 경문 초두의 서술을 보면, 그 때에 모여든 수많은 대중을 앞에 두고 불타의 설법이 시작되려는 찰나(刹那), 갑자기 도량(道場)인 사라수림(沙羅樹林)이 일변하여 마치 백학(白鶴)과 같이 정화되고 그러한 성스런 곳에서 서서히 불타 최후의 교시가 단속되었다고 하니, 생각만 하여도 신심이 긴장되는 장엄한 광경이었다고 하겠는데, 후세의 화가들이 열반상을 그리는 화재(畵材)는 이러한 광경에 의한 것이었으며, 불타 최후의 장소를 학림(鶴林)이라고 부르는 것도 이러한 때문이었다.

이와 같이, 이 경의 주제는 열반에 있는데 그것은 대략 다음과 같은 두 가지의 골자로서 해설되어 있다.

즉, 불타 자체는 입멸하지만 그 법신(法身)은 불멸한다는 여래상주무유변이(如來常住無有變易)의 사상과, 이러한 사상은 정각(正覺)의 법신에 그치지 않고 당연히 일체 중생에게도 적용이 되어 불멸의 법신은 그대로 만유(萬有)에 편만(遍滿)한다는 일체중생실유불성(一切衆生悉有佛性)의 사상, 환원하면 법신불멸(法身不滅) 불성편만(佛性遍滿)의 두가지 사상이 그 주요 골자가 되어 있는 것이다. ✳

6. 화엄경(華嚴經)

화엄(華嚴)·법화(法華)의 2경(二經)은 많은 대승경전 중에서도 가장 높이 평가되는 중요한 경전으로, 적어도 경전을 운운함에 있어서는 빼놓을 수 없는 경전들이며 아무도 이 두 경전을 보지 않고서는 경전을 보았다고 할 수가 없을 것이다.

그 중에서도 여기서 말하고자 하는 화엄경은 그 철리(哲理)의 심원(深遠)함이 결코 법화경에 뒤떨어지지 않을 뿐만 아니라, 특히 그 규모와 구상의 웅대한 점은 모든 경 중에 이 경에 앞서는 것이 없다고 할 정도인 것이다.

화엄경은 석존께서 처음으로 불타라는 정각(正覺)을 성취한 그 정각의 진상을 그대로 나타낸 경전이다. 그러기 때문에 그 표현의 형식은 보리수 아래에서의 불타의 성도(成道)라는 사실을 중심으로 일편(一篇)의 결구조직(結構組織)이 되어 있는 것이다. 이것은 이 경의 제호(題號)에도 명백히 나타나 있는 것이니, 원래 경전의 제호(題號)라는 것은 그 경전의 총표라고도 할 수 있어 제호에 의해서 그 경전의 대체적인 내용을 알 수가 있는 것이다.

보통 화엄경이라고 하지마는 이것은 〈대방광불화엄경(大方廣佛華嚴經)(Mahā Vaipulya Buddhagande Vyuhasūtra)〉의 약칭인 것이다. 대방광(大方廣)이란 여러가지의 뜻이 있지만 요컨대 우주의 근본 실재 즉, 진리 그것을 가리키고, 불(佛)이란 그 진리를 깨달은 성인이란 뜻이며, 화엄이란 잡화(雜華)로서 엄숙히 장식된 것의 이름이니, 대방광(大方廣) 진리를 깨달은 불타의 정각의 아름다움을 비유하여 나타낸 말이다.

이를 요약하여 말한다면 우주의 진리를 깨달은 불타의 정각(正覺)을 표현하고 그것에 합치한 것을 설한 경이라는 뜻이다.

이 경제(經題)에 중심이 되는 것은 불(佛)이다. 그런데 이 불(佛)은 인도에 탄생하여 역사적, 인간적 생활을 영위한 석존이 아니라, 그 석존으로 하여금 영원히 교도(敎徒)의 귀의처가 되게 하는 자내증(自內證)의 법신, 즉 비로자나법신(毘盧遮那法身)을 설하는 것이다. 비로자나(毘盧遮那)란 범어 'Vairocana'의 음표(音表)로서, 번역하여 편일체처(遍一切處) 또는 광명편조(光明遍照)라 하는데, 이는 시방(十方)에 편만(遍滿)하고 삼세(三世)에 상주하는 총해당만유(總該當萬有)의 진리로서 실로 불타(佛陀)의 최극의 경지를 가리키는 것이다. 이러한 수묘(殊妙)한 진리를 인격적으로 불러 법신(法身)이라 하는 것이다.

이 경에는 3종의 역본(譯本)이 있는데 ①은 동진(東晋) 안제(安帝) 때의 불타발타라(佛陀跋陀羅·Buddha-bhadara·覺賢)가 번역한 60권본으로 60화엄 또는 진본화엄(晋本華嚴)이라 불리우며, ②는 당 측천무후(唐則天武后) 때의 실우난타(實友難陀·Siksada·喜學)가 번역한 80권본으로 80화엄 또는 당본화엄(唐本華嚴)이라 불리운다. ③은 당(唐) 덕종(德宗)의 정원년간(貞元年間)에 반야삼장(般若三藏)이 번역한 40권본으로 40화엄 또는 정원본(貞元本)이라 하는데, 이상의 세 가지를 삼부(三部) 화엄경이라 하여 예로부터 많이 독송(獨誦)하여 왔으나, 그 중에서도 이 경을 바탕으로 발생한 화엄종은 60화엄에 의했기 때문에 3부 화엄경 중 특히 60화엄이 더 많이 유행 되었다. ✽

7. 해심밀경(解深密經)

부처님께서 법(法)을 설하신 경전에는 소승(小乘)과 대승(大乘)의 구별이 있다. 대승경전이라는 것은 소승의 보수적 형식주의에 대항해서 새롭고 진보적이며 자유주의적인 바탕에서 일종의 종교 개혁을 일으킨 내용을 가진 경전들이다. 불교 교리가 발달한 역사적인 과정에서 볼 때는 소승경전을 떠나서 대승경전을 생각할 수 없는 것이지만, 처음으로 불교를 배우고 이해하려는 사람에게는 대승경전에 의해서 배우는 것이 불교의 참뜻을 바로 알 수 있는 지름길이 되어 있다. 이와 같은 대승경전들 중에도 우리 나라와 밀접한 관계가 있는 대승경전에 〈해심밀경(解深密經)〉이 있다.

이 경의 성립에 대해서는 대승경전 성립 중에도 제1기에 속하는 〈반야경(般若經)〉, 〈법화경(法華經)〉, 〈화엄경(華嚴經)〉 등이 이루어진 다음에 제2기에 속하는 열반경, 승만경 등과 같은 시대에 이루어진 것이라 전하고 있다. 이 경의 내용은 만법(萬法)은 식(識)을 여의지 않고 식(識)에 의해서 이루어진 것이라고 내세우며 뒤에는 법상종(法相宗)의 소의경전(所依經典)이 되었다. 그리고, 이 경을 당나라 현장법사(玄奘法師)가 번역한 것이 현재까지 유행되고 있고 그밖에도 여러 종류의 번역이 있다. 그러나, 이 경은 너무나 논리적이며 이론에만 치우친 경향이 있어서 이해하기 곤란한 경으로 전해져 있다. 이러한 어려운 경을 신라 고승들이 함께 연구하고 주해서(註解書)를 많이 저술하여 당나라 학자들을 능가하였다. 원효대사, 경원법사, 원측법사의 소(疏)가 유명하였다. 그 중에서도 원측(圓測)이 지은 소 10권(疏十卷)은 지금까지 전해져 오고 있어서 이 부분을 연구하는 사람들에게는 둘도 없는 지침서가 되고 있다. 원측(圓測)의 소(疏)는 당나라에서 저술되어 그 곳 학자들이 굴복한 바 적지 않았으나, 유감스럽게도 10권 전부가 전하지 못하고 일부분이 유실되었다. 그것을 얼마전 서장어경(西藏語經) 속에서 발견하여 큰 관심을 모으고 있다.

이로 보아 우리 나라 저서가 서장(西藏 : 티베트)에까지 널리 알려졌다는 것은 우리 민족의 우수성을 여실히 보여 주는 것이다. *

8. 삼 론(三論)

삼론이라 함은 삼론종에서 소의로 하는 중론(中論), 백론(百論), 12문론(十二門論)의 3부를 말하는 것이다. 삼론의 근본 사상은 소승불교 여러 부파의 학자들이 부처님 경전에 대해서 유소득(有所得)이라는 견해에 집착된 해석을 깨뜨리고 무득(無得) 중관(中觀)의 진리를 해명한 서적들이다.

중론과 12문론은 서기 3세기 초에 인도에서 '8종의 조(祖)'라고 존중을 받은 용수(龍樹, Nāgārjuna)보살의 저술이며, 백론은 그의 제자인 아리야제바(阿利耶提婆—Aryadeva · 聖天)보살이 스승의 학설을 계승해서 특히 파사(破邪)의 방면을 역설한 것이다. 인도에서부터 중론과 백론의 연구가 성행해서 많은 학자들이 주석서를 저작하였으며, 서장(西藏, 티베트)에서도 주석서가 많이 번역되어 연구가 깊었다.

그러나, 중국에서는 요진(姚秦)시대에 구마라집(鳩摩羅什-Kumāra-jiva) 삼장이 처음으로 중론, 12문론, 백론을 번역함으로써 삼론이라는 명칭이 생기게 되었다. 해석되어 전해지는 이 삼론이야말로 중국 불교 사상에 있어서 삼국 이후 5호 16국의 전란을 치른 염세적 경향과, 서진의 노장학(老莊學)에서 영향받은 불교 사상을 정당한 대승불교의 공(空)사상으로 이해하게 한 지침서가 되었다.

중론은 저자 용수보살이 가장 심혈을 기울인 작품으로서, 그의 근본 사상인 '비유 비무(非有非無)'의 중관 사상을 독특한 예리와 명석의 논봉(論鋒)으로 엮었으며, 일체 부정이 일체 긍정이라는 논리적 근거에서 우리들의 인식 경험은 서로 의존하여 이루어지는 것이고 남과 전연 관계 없는 독자적인 영원 불변의 존재가 아니며 일체는 상대적, 차별적 변화로서 항상 주재하는 실체가 없다는 것을 골자로 한 것이다. 백론은, 중론이 대소승의 미혹한 집착과 세간의 어리석음을 깨뜨리고 대소승의 실교(實敎)를 설함에 대해서, 세간 출세간의 악함을 깨뜨리고 세간 출세간 일체를 바로 봄을 암시하였으며 파사로써 시종 일관하는 반면에 철두철미하게 건설적인 현정(顯正)의 의미를 명시하였다. 12문론은 중론과 같이 예리한 논법으로 상대적 연기(緣起)의 제법(諸法) 및 인아(人我)의 무자성(無自性)과 불가득공(不可得空)을 주장하여 공사상에 들어가는 입문의 지침이 되게 하였다.

삼론종은 이상의 삼론을 근본 소의로 개종(開宗)한 종파다. 중국의 개조(開祖)는 가상(嘉祥)대사라 전하여 왔으나, 근래 내외의 여러 학자들의 연구에 의해서 중국 삼론종의 대성(大成)은 고구려 승랑(僧朗)이라는 것이 판명되었다. 승랑은 많은 불교의 학설을 삼론의 근본 사상으로서 학문 체계를 완성한 위대한 학승(學僧)이었으며, 일본의 개종조도 그의 후계자들이라는 점에서 우리 민족의 우수성을 보여 주고 있다. *

9. 구사론(俱舍論)

불교에는 구사종(俱舍宗), 성실종(成實宗), 계율종(戒律宗), 법상종(法相宗), 삼론종(三論宗), 천태종(天台宗), 화엄종(華嚴宗) 등의 여러 종파가 있다. 이것은 불교가 윤리적이며 철학적이며 종교적이며 이론적이고 실천적인 광범위한 내용을 가지고 있다는 것을 말하는 것이다.

구사종은 구사론을 소의본전(所依本典)으로 하고 불교의 철학적인 면에서 우주의 현상적 변화 차별상을 연구하는 한 종파이다. 따라서, 우주의 불변 실상의 본질을 연구하는 종파와는 대립되어 있다.

구사종, 또는 구사 철학의 근본 서적인 구사론은 아비달마구사론(阿毘達磨俱舍論 · Abhidharma-kośa-Śāstra)을 줄인 말이다. 이것을 다시 풀어서 보면 아비(Abhi), 달마(Dharma), 구사(Kośa)라는 범어와, 론〔Śāstra〕이라는 한어(漢語)와의 혼성어라는 것을 알 수 있다. 다시 이것을 한어로 번역하면, 아비는 대(對)라는 뜻이며 달마는 법(法)이며 구사는 장(藏)이라는 뜻이다. 그래서, 대법장론이라 해야 될 것을 줄여서 구사론으로 통하고 있다. 대법장론의 대라는 것은 불교의 근본 원리인 고(苦) · 집(集) · 멸(滅) · 도(道) 사제(四諦)의 이치를 대하여 보고 불교의 궁극 목적인 열반에 대향(對向)한다는 뜻이다.

법은 두 가지 뜻을 가지고 있다. 하나는 법상법(法相法)이라 하여 대관(對觀)의 대상이 열반이며, 열반의 목적을 이루려면 사제(四諦) 법에 의거하여야 한다는 것이다. 그리고, 다른 하나는 승의법(勝義法)이라 하여 사리에 어두움을 이탈하고 열반으로 대향한다는 법이다.

장은 위에서 말한 모든 이치를 포함하고 있으며 모든 진리를 소의(所依)로 한다는 뜻이다. 그래서, 대법장이라는 어의(語意) 자체가 우주의 생성하는 현상계를 연구함으로써 진리의 세계인 열반에 도달할 수 있는 것이다. 이 구사론은 부처님 입적 후 약 900년 되는 때에 인도에서 세친(世親)이라는 분이 지은 논(論)이다. 소위 소승 20부의 하나인 일체유부(一切有部)의 부파에 속하는 논으로 전하여져 있으나, 그 동기와 저술의 경로를 전하는 바에 의하면, 소승에서 대승불교를 지향한 하나의 과도기적인 역할을 한 저서라 할 수 있는 것이다.

그 내용은 비바사(毘婆娑)론을 근본 서적으로 하고 세친의 사상을 반영시킨 것이니만치 간단하면서도 어려운 논의 하나이다. 이 논의 골자로 되어 있는 삼세실유(三世實有) 법체항존(法體恒存)의 설(說)이라든지, 우주의 분류를 오위(五位) 75법으로 나눈 것은 후대에서 여러 학자들이 연구의 대상으로 삼았다.

원전(原典)은 8,000 송으로 되었으나, 중국에서 진제삼장(眞諦三藏)은 20권으로, 현장삼장(玄奘三藏)은 30권으로 한역하였고, 현행본은 30권본〈9품〉이 간행되고 있다. 처음 공부하는 사람이 이해하려면 8년간 전문으로 연구해야 한다고 한다. *

10. 개원석교록(開元釋教錄)

〈신편제종교장총록(新編諸宗教藏總錄)〉하면 불교 경전의 목록에 관한 책으로서, 고려 대각국사 의천이 이룩해 놓은 큰 업적 중의 하나로 거론되고 있지만 이런 종류의 책으로는 그보다 앞선 당(唐) 현종 개원(玄宗開元) 18년(730) 지승(智昇)이 편찬한 〈개원석교록(약칭 개원록)〉 20권을 우리는 높이 평가하는데 주저하지 않는다.

이 책은 후한 효명제 영평 10년(後漢 孝明帝永平 10年, 서기 67년)으로부터 당 현종 개원 18년까지의 664년 동안 176명의 삼장(三藏)이 번역한 대·소승의 경·율·논(經·律·論), 성현집전(聖賢集傳), 그리고 실역(失譯) 결본 등 도합 2,278部, 7,046권의 목록을 기록한 것이다.

그런데, 이 책에는 단순히 경·율·논의 목록뿐만이 아니고 대장경을 간행할 때 거기에 포함시킬 여러 경전의 수와 경전의 분류에 대한 기준을 명시해 놓고 있어 한층 빛을 발하고 있는 것이다.

이 책에서는 이른바 대장경 입장수량(入藏數量)이라는 것이 종래에 구구하였던 것을 판연히 1,076부 5,048권으로 정하였고, 이 책의 권 19와 20에 실려 있는 입장경(入藏經)에 의해 지승(智昇)의 경전의 분류 방법을 볼 것 같으면,

① 대승(경·율·논)

② 소승(경·율·논)

③ 성현집전(서토찬술 차토찬술 : 西土撰述·此土撰述)로 대분(大分)하고 있다.

이러한 방법에 의하여 이 책에 실린 책은 대승경이 반야부(般若部), 보적부(寶積部), 대집부(大集部), 화엄부(華嚴部) 및 열반부(涅槃部)의 5대부가 515부 2,173권, 그 이외의 중역부(重譯部), 단역부(單譯部) 등의 십유(拾遺)가 384부 1,880권이며, 대승율(大乘律)은 26부 54권, 그리고 대승론(大乘論)은 석경(釋經)과 중의(衆義)의 2문(二門)으로 나누었으며, 소승의 경·율·논은 합계 330부 1,762권, 성현집전은 서토찬술(西土撰述)이 68부 173권, 차토찬술(此土撰述)이 40부 368권, 합계 108부 541권으로 되어 있다.

이 〈개원석교록〉의 출현은 경·율·논 삼장등의 계통 배열을 비로소 정돈하게 하여 그 이후의 대장경 간행에 크게 이바지하여 왔다. 더욱이 지승(智昇)은 하나하나의 경권(經卷)에 대하여 충분한 조사를 하여 그 분류나 배열 또는 취사 선택에 있어서도 모두 이유를 제시해 놓고 있어 이 책은 오늘날까지도 그 권위를 인정받고 있다. ✳

11. 왕오천축국전(往五天竺國傳)

신라가 불교를 받아들인 후 이를 잘 소화하여 민족 사상의 폭이 넓어지고 국가 이념이 뚜렷하여짐에 따라 삼국을 통일하고 새로운 문화 창조가 왕성하였을 즈음에, 구도에 불타는 고승들이 속출하여 당나라 또는 멀리 인도에까지 고덕(高德)을 혹은 성적(聖跡)을 찾는 스님들이 적지 않았으며, 이로 인해서 불교의 발전은 물론 민족 문화도 만고불멸의 빛을 내게 되었다.

이 때 구법승(求法僧)의 한 사람으로 해외에서 우리 민족의 우수성과 위대한 역량을 떨친 분이 있으니, 바로 〈왕오천축국전〉의 저자인 혜초(慧超)이다. 혜초는 12세쯤해서 당나라에 가 금강지 삼장(金剛知三藏)이라는 분을 섬기다가 뜻한 바 있어서 남해(南海)의 거친 물결과 싸우며 인도에 이르러 부처님의 성스러운 유적을 두루 살펴 참배하고 가심미라 등 다섯 천축을 돌아다니고 총령 이북(葱嶺以北)의 여러 나라까지 거쳐서 10년만인 727년 11월에 안서(安西)로 돌아왔다가 다시 동쪽의 여러 나라를 돌아서 장안(長安)으로 돌아왔다.

혜초는 이 10년이라는 긴 여행에서 친히 보고 느끼고 들은 것을 빠짐없이 기록하여 3권으로 간추려 〈왕오천축국전〉이라 이름한 것이다.

그러나, 이 책은 혜림(慧琳)이 지은 〈일체음의경(一切音義經) 권 100에 그 이름이 보일 뿐 일실(逸失)되었던 것이 1910년 불란서 동양 학자인 펠리오라는 사람에 의해서 앞뒤가 떨어진 절록본(節錄本)이 발견된 이후 다시 세상에 나오게 되었다. 그 내용이 풍부하고 상세한 것은 법현(法顯)의 〈불국기(佛國記)〉나 현장(玄奘)의 〈서역기(西域記)〉나 의정(義淨)의 〈남해기귀전(南海寄歸傳)〉 등에 비할 바 아니며, 더욱이 바다로 갔다가 육로로 돌아온 것이 또한 특징이 되어 있다.

이 〈왕오천축국전〉은 비단 불교 교리 또는 교단사 연구에 귀중한 사료일 뿐만 아니라, 고대 인도의 사회, 문화, 풍습 등 다방면에 걸쳐 귀한 연구 자료가 되어 있다.

그 원본은 현재 불란서에서 귀중 도서로 비장(秘藏)되어 있고 그 영인본 및 활자본이 세상에 널리 퍼져서 연구하는 이들의 큰 도움이 되고 있다.

이에 우리는 신라 혜초의 장한 업적을 찬양해 마지않는 바이며 우리 민족의 우수성이 만방에 빛나고 있음을 새삼 자랑으로 생각하는 것이다. *

12. 해동고승전(海東高僧傳)

중국에는 〈양고승전(梁高僧傳)〉, 〈당고승전(唐高僧傳)〉, 〈송고승전(宋高僧傳)〉 등 여러 가지 고승전이 있다. 지금의 불교 인명사전이나 인물별 사상대사전과 같은 구실을 하고 있음은 누구나 다 아는 사실이다.

우리 나라에도 이에 못지 않은 훌륭한 고승전이 있었다. 그러나,

아깝게도 완전한 것이 전하지를 못하고 있다. 오직 고려(高麗) 고종 2년(高宗二年·서기 1215)에 지어진 〈해동고승전(海東高僧傳)〉이 일부 전해질 뿐이다.

고종은 오관산(五冠山)에 있는 영통사 주지(靈通寺住持) 각훈(覺訓)이라는 고승에게 명(命)을 내려 이 책을 저술하게 한 것이다.

저자 각훈에 대한 자세한 전기가 전하지 않을 뿐더러, 그 내용 체제조차 완전한 것이 없어 무어라 단정하기 곤란하다. 단 한 책이 세상에 유포되어 있는 것을 미루어 보아 우리 나라에 둘도 없는 귀중한 불교 사료였던 것을 알 수 있다. 남아 있는 이 〈해동고승전〉 한 책은 약 70년 전에 경북 성주 어느 절에서 나온 것이다. 그것이 또한 첫 책으로 제1권과 제2권의 두 권이 수록되어 있어 전 10책에 12권이 수록된 것은 아닌가 하는 생각이 들었다.

그 뒤, 이 〈해동고승전〉의 완전한 10책이 수원 용주사(龍珠寺)에 비장되었다가 6·25 동란에 소실 되었다는 말을 들었다. 가슴 아픈 일이 아닐 수 없다.

고려 때 우리 나라 정사(正史)로 〈삼국사기(三國史記)〉를 꾸미고 불교사를 이 〈해동고승전〉으로 보충하였으나, 저자 각훈은 원래 이름 높은 화엄학자이고 보니 사료를 다루는데 소홀한 점이 적지 않다 하여, 그 뒤 일연 선사(一然禪師)가 이를 비판하고 수정하는 뜻에서 지어진 것이 유명한 〈삼국유사〉이다. 그래서, 우리 나라 불교를 이해하는 데는 〈삼국사기〉, 〈삼국유사〉 및 〈해동고승전〉을 펼쳐야 되게 되었다. 그리고, 우리 나라 고승 저서 중에는 으레히 〈해동고승전〉의 내용이 인용되어 왔고, 또 최근에 와서는 육당선생(六堂先生)을 비롯한 여러 학자들이 이에 연구의 시야를 돌려왔음은 흐뭇한 일이다.

여기서 그 내용의 연구를 소개하는 것은 전공 학자에게 맡기고 다시는 용주사본(龍珠寺本) 소실과 같은 비화의 되풀이를 막기 위해서 그 내력만은 일러 주는 것이다.

끝으로, 용주사본 같은 완전한 〈해동고승전〉이 세상에 나타나 우리 문헌의 훌륭함을 한 번 더 빛나게 해주었으면 하는 생각 간절할 뿐이다. *

13. 석 경(石經)

불법(佛法)을 오래 전하기 위하여 경문(經文)을 돌에 새긴 것을 석경(石經)이라고 한다. 옛날 사람들은 자기 시대만이 아니고 영원토록 불법(佛法)을 전하고자 하여 불에 타거나 벌레가 먹거나 또는 물에 젖어도 길이 보존될 수 있는 것을 남기고자 돌에 경문을 새겼던 것이다. 역사상 가장 대규모로 석경(石經)이 만들어진 것은 수(隋)나라 대업년간(大業年間·605~616)에 지원(智苑)이 만든 것으로 지금 중국 순천부(順天府) 방산현(房山縣)에 남아 있다. 처음에 지원(智苑)은 석각(石刻)의 일체경(一切經)을 만들어 불법멸진시(佛法滅盡時)에 전하려고 유주(幽州)의 서산(西山)에 자리를 잡고 바위를 깎아 석실(石室)을 만들기 시작했다. 석실을 만든 다음 석실의 안쪽 벽을 깎아 거기에 경문을 새기고 다시 네모 반듯한 돌을 다듬어 각면(各面)에 경문을 새겨 석실 안에 쌓고 석실이 가득 차면 아무도 침범 못하도록 석실문을 굳게 닫았다. 이 때 내사시랑(內史侍郎) 최우가 왕에게 아뢰어 황후가 비단 1,000필과 직물을 시사(施捨)하고 최우도 또한 비단 500필을 보시(布施)하자, 조야(朝野)가 다투어 시물(施物)하여 이 사업을 조성(助成)하였다. 이와 같이 하여 7개의 석실이 가득 차게 된 당,정관 13년(唐,貞觀 13年), 서기 639년에 지원(智苑)이 세상을 떠나자, 그 제자들이 뒤를 이어 계속 석경 사업을 이어 나갔으니, 지원(智苑), 도공(導公), 의공(儀公), 과공(過公), 법공(法公) 등 실로 5대를 거쳐서 〈대승사대부경(大乘四大部經)〉을 새겨 왔던 것이다. 이 사실은 결국 요대(遼代)에 〈대반야경(大般若經)〉 일부분과 〈대보적경(大寶積經)〉 전부를 새김으로써 화엄(華嚴), 열반(涅槃), 반야(般若), 보적(寶積)의 〈대승 4 대부경(大乘四大部經)〉이 완성되었고, 다시 도종(道宗)의 발원(發願)과 통리대사(通理大師)의 노력에 의하여 그 외의 경전 84 부가 전각(全刻)되었으니, 때는 지원(智苑)이 시작 한 지 4 세기가 넘는 대안 10 년(大安 10 年), 즉 서기로는 1094 년이었다.

이상은 역사상 가장 규모가 웅대한 석경이었지만, 이 이외에도 하나 혹은 두 종의 경문을 돌에 새긴 석경은 도처에 예를 들기 번거로울 정도로 그 수가 많은 것이다. 우리 나라에도 전남 구례에 있는 화엄사(華嚴寺)에 석경이 남아 있어 옛 어른들의 영세전법(永世傳法)에 고심(苦心)한 자취를 찾아 볼 수가 있다. ＊

14. 다라니(陀羅尼)

불교에서 진언(眞言), 주문(呪文), 신주(神呪), 명주(明呪)라는 말을 많이 쓰고 또 일상의 의식에도 실제로 많이 행하고 있다. 이것은 다라니(陀羅尼)라는 말과 관련이 깊은 것이다.

다라니는 범어(梵語) 다라니(dharani)의 음을 딴 것이며, 총지(總持), 능지(能持), 능서(能遮)라고 번역된다. 이를 쉽게 말하면 기억술이라는 뜻이며, 한 가지를 기억함으로써 모든 것이 연상되어 잊어버리지 않게 되고, 모든 선법(善法)을 능히 가지게 하며 모든 악법(惡法)을 능히 막을 수 있는 지혜의 힘을 말한 것이다.

부처님의 뜻을 따르는 성스러운 구도자들은 다른 사람들을 교화하기 위해서 반드시 이 다라니의 힘을 얻어야 하며, 이 힘을 얻음으로써 무량의 부처님 교법을 잊지 않고 어디서나 두려움 없이 자유자재로 설교할 수 있는 것이다. 그래서, 여러 경전에는 구도자가 얻어야 할 다라니에 대해서 상세히 해석하고 있는 것이다.

그러나, 후세 사람들은 이 기억술로서의 다라니의 형식이 송주(誦呪)와 비슷한 데서 자기 스스로 다른 사람의 재액(災厄)을 없애고 또는 적(敵)에게 재해(災害)를 가하는 주문과 혼동해서 쓰게 되었다. 그래서, 어느 것이 다라니이며 어느 것이 주문인지를 알지 못하고 보통 긴 구절로 된 대수다라니(大隨陀羅尼), 불정존승다라니(佛頂尊勝陀羅尼)와 같은 것을 다라니라 하고, 구절의 수가 단문으로 된 것을 거짓 없고 진실한 것이라 하여 진언(眞言)이라고 하고, 한 자 또는 두어 자로 된 것을 종자(種字)라 하여 불보살의 표상이며 만물의 근원이라 하여 밀교계(密敎系)에 많이 쓰여지고 있다.

그러나, 여러 경전에서는 다라니를 해석해서 주문과 다른 것을 밝히고 있다. 첫째, 다라니를 얻은 사람이 귀로 들은 모든 것을 하나도 잊지 않고 모두 기억하는 것을 문지다라니(聞持陀羅尼)라 하였고, 둘째, 모든 일의 크고 작음과 아름답고 추한 것을 바르게 분별할 수 있는 것을 분별다라니(分別陀羅尼)라 하였고, 셋째, 어떠한 말을 듣고도 좋아하거나 성내지 않는 입음성다라니(入音聲陀羅尼)의 세 가지 종류로 분별하였다.

유가론(瑜伽論)에서는 첫째로, 모든 경전의 문구를 기억하고 잊지 않는 것을 법다라니(法陀羅尼), 둘째로, 경전의 의미를 잘 이해하고 잊지 않는 의다라니(義陀羅尼), 셋째로, 선정(禪定)의 힘을 얻어 주술을 일으켜 중생의 재액(災厄)을 없애는 주다라니(呪陀羅尼), 넷째로, 사물의 실상에 사무쳐서 그 본성(本性)을 바로 인식하는 능득보살다라니(能得菩薩陀羅尼)의 네 가지를 세우고 있음을 보아 다라니의 본 뜻을 알 수 있는 것이다. *

15. 결 집(結集)

부처님이 열반에 드신 후 제자들이 모여서 부처님이 남기신 가르침이 흩어져 일부분이 없어지는 것을 방지하고, 아울러 교단 통일을 위하여 가르침과 법을 다 모아서 정리하고 이것을 전승하는 데에 편리하게 하는 사업의 필요성을 느끼게 되었다. 이 사업을 불교의 독특한 용어로 결집이라 한다. 즉, 부처님의 교법(敎法)과 교단의 일상생활 규범〈율〉을 편찬 또는 조직하는 사업이라 할 수 있는 것이다.

결집이란 말은 범어 상기티(saṅgīti)의 번역어이며, 합송(合誦) 또는 등송(等誦)이란 뜻을 가진 말이다. 결집이 가진 합송이라는 의미는 수많은 회중(會衆) 가운데서 좌장(坐長)의 질문에 따라 가장 자신이 있는 한 사람이 그 질문의 사실과 설법한 장소, 그 때의 대상, 인연 등을 송출(誦出)하면 좌장이 이것을 여러 사람의 의견에 물어서 이의가 없다고 확인하였을 때 회중 일동은 이것을 다시 합송〔제창〕하고 서로 전해서 받들어 모시게 되는 것이다. 불전의 원형은 이러한 형식을 거쳐 입과 입으로 전하여 온 것을 후대에 기록하여 쓰게 된 것이라 한다. 이와 같이, 부처님의 가르침을 합송해서 정리를 하게 된 동기는 부처님의 수제자 마하가섭(摩訶迦葉)이 오백의 비구를 이끌고 여러 지방을 순회하며 교화 사업을 하던 도중에 부처님이 열반에 드셨다는 비보에 접하게 된다. 직접 임종을 친견하지 못한 대중들은 마음의 광명을 잃고 비통에 잠겼을 때 일행 중의 한 사람이, "여러분 슬퍼하지 말라. 세존이 살아 계실 때는 준엄한 계율로 우리들을 못 살게 구속하더니 이제부터 자유 천지가 되니 얼마나 기쁜 일이냐?"라 하였다. 이 폭언올 들은 마하가섭은 크게 놀라 하루 빨리 부처님의 설법을 정리, 편찬해서 비법(非法)과 비율(非律)의 유행을 미연에 방지할 것을 결심하였다. 이것이 가장 가까운 동기가 되어 부처님의 다비(茶毘―장례식)가 끝난 4개월 후에 가섭이 주동이 되어서 결집 사업의 결행을 보게 된 것이다.

제 1 회 결집은 학덕이 높은 비구 오백 명으로 선발된 회중이 왕사성(王舍城)에서 국왕의 도움을 받아 실행하였다. 이 때의 좌장은 마하가섭이었으며, 우파리(優波離)는 율(律)을 송출하고 아난(阿難)은 경(經)을 송출하였다. 약 7개월만에 율과 경의 집성을 완료하였으니, 이것을 오백집경(五百集經) 또는 왕사성 결집이라 부르고 있다.

이 때 결집된 내용은 80송율(誦律)과 4아함경(阿舍經)이라 하여 전하여지고 있다. 제 1 회 결집 이후 계율의 해석에 이의가 생겼을 때마다 결집 사업을 거듭하였으며, 이로 인해서 많은 이설(異說)과 교단의 분열이 싹트게 되었다. ✻

16. 십이분교(十二分敎)

불교성전을 그 성질상 경(經)·율(律)·논(論)의 삼장(三藏)으로 크게 분류하기도 하며, 그 구성 형식 또는 내용에 따라서 〈12 분교(十

二分敎)·12부경 (十二部經)·12분경 (十二分經)〉 등으로 불리어지는 12종으로 분류하기도 한다. 이것은 오직 경장(經藏)을 구성한 문장의 형식을 말한 것이다. 경전의 문장이 주로 산문체로 된 것을 장행(長行)이라 하여 시체(詩體)로 된 송(頌)과 구별하고 있다. 그러나, 어떤 경에는 산문체인 장행으로 서술한 다음에 이것을 다시 시체(詩體)인 송(頌)으로 요약해서 거듭 설하고 있다. 이것을 중송(重頌)이라 한다. 그러나, 어떤 경은 산문체의 장행이 없이 바로 독립적인 산문으로 된 것이 있다. 이것을 중송에 비해서 고기(孤起) 또는 가타(伽陀)라 부르고 있다.

이상의 장행, 중송, 고기의 세 가지는 문장의 형식을 말한 것이다. 그리고, 경전의 내용을 분류해서 보면, 인연을 설한 것이 있고 비유를 설한 것이 있고 보살의 전생 이야기를 설한 본사(本事)가 있고 부처님의 전생이야기를 설한 본생이 있다. 그런가 하면 기적을 설한 미증유(未曾有)가 있고 이론적으로 서술한 논의가 있다.

이와 같은 9종의 형식은 소승경전에서만 볼 수 있는 것이며, 대승경전과 구별짓는 특징이기도 한 것이다. 그러나, 대승경전은 이상 9종에 수기(授起)와 자설(自說)과 방광(方廣)의 세 가지가 더 첨가되어 있다. 수기라는 것은 증명(證明)한다는 뜻으로, 부처님께서 제자들에게 대해서 반드시 뒤에 성불(成佛)해서 법명여래(法明如來) 또는 보명여래(普明如來) 등이 된다고 증명한 것을 말하는 것이며, 자설(自說)이라는 것은 부처님께서 다른 사람들이 묻기 전에 스스로 말씀하신 무문자설경(無問自說經)의 형식이다. 방광이라는 것은 방등(方等)이라고도 하며 대승의 교리가 광대하고 철학적으로 깊고 현묘하고 조직 체계의 규모가 넓고 크다는 데서 쓰여진 말이다. 이것은 모두 대승경전의 특징이 되어 있는 것이다. 양이 많고 내용이 어렵다고 하는 대장경도 이와 같이 형식적으로 문장을 분류해 보면 훨씬 이해하기 쉽게 되는 것이다. *

17. 대반야경 역경과 현장법사

(1) 반야의 뜻

〈고려대장경 (高麗大藏經) 제 1 권〉에 수록된 〈대반야바라밀다경 (大般若波羅蜜多經)〉은 전 600 권 중 그 4 분의 1 인 150 권만이 수록되어 있다. 다음에 계속해서 영인 (影印)된 전 26 권 중에서 4 권이나 차지한 방대한 〈대반야바라밀다경〉은 줄여서 〈대반야경 (大般若經)〉이라고도 하며, 범어의 Mahāprajñāpāramitā 라 하는 경이다.

반야바라밀다 (般若波羅蜜多)는 지혜도피안 (智慧到彼岸)의 뜻으로서 6 바라밀 (六波羅蜜) 중의 하나이다. 그러나, 반야는 중묘 (衆妙)의 원천이며 군지 (群智)의 현종 (玄宗)이며 만법의 본원인 까닭에 6 바라밀 중 다른 5 바라밀은 오직 이의 보충일 따름이라 하여 반야바라밀을 가장 으뜸으로 꼽는 것이다. 이와 같이, 반야의 진리는 제법개공 (諸法皆空) 일체불가득 (一切不可得)의 실상을 관조하는 데 있다 하며, 이로써 2 승 (二乘)의 어리석은 집착을 깨뜨리고 일체대승의 밑바탕을 이루고 있는 까닭에 반야바라밀다는 삼세제불 (三世諸佛)의 어머니라 칭찬하였으며, 일체불법을 총괄한 것으로 대승불교의 근본이라 하여 널리 높은 숭배를 받고 있는 것이다. 이와 같이, 여러 경전 중 가장 깊고 위가 없는 묘한 이치를 가졌으며 가장 많은 양을 가진 대반야경은, 그 내용이 대품 (大品)・소품 (小品)・금강반야 (金剛般若)・반야심경 (般若心經) 등 모든 반야경의 수십 종류 경전을 한데에 모은 경이다. 그 성립과 발달에 대해서는 학자 간에 다른 학설이 많으므로 여기서는 생략하기로 한다. 그 내용의 골격은 4 처 16 회 (四處十六會), 275 품, 만주실리 (曼殊室利) 등의 열 가지로 나누어져 있다.

4 처 16 회라 함은,

(1) 왕사성영취산기자굴 (王舍城靈鷲山耆闍崛)에서 7 회, (2) 사위성 급고독원 (舍衛城 給孤獨園)에서 7 회, (3) 타화자재천왕궁 (他化自在天王宮)에서 1 회, (4) 왕사성 죽림정사 (王舍城 竹林精舍)에서

34

1회 등을 말하는 것이며, 각 장소, 각 모임의 품수(品數)와 그 내용의 개설은 여기서는 생략한다.

(2) 반야부경전의 유행

〈대반야경〉의 사상은 무상보리(無上菩提)를 성취하게 하는 부처님의 근본 사상으로서, 인도에서 큰 유행을 보게 되었으며 그 부분적인 주석가(註釋家)도 많이 나왔다. 그 가운데서도 불멸 후 약 700년에 태어난 용수(龍樹)는 소승으로 만족하지 않고 설산을 다니던 중, 〈대반야경〉 등 대승경전을 얻어 남쪽으로 돌아와 〈대품반야〉를 주석(註釋)한 것이 〈대지도론(大智度論)〉이며, 이것은 구마라집(鳩摩羅什)이 번역하여 100권이 현존하고 있다. 이 밖에도 인도에서는 부분적인 반야부의 경전과 그 주석이 많이 유행하였으니, 범본으로 현존한 것은 10만송반야, 2만 5천송반야, 8천송반야, 금강반야, 반야심경 등이 있다. 이와 같이, 인도에서 대성행을 본 〈대반야경〉은 후한(後漢)의 말엽에 지루가참(支婁迦讖) 등이 〈소품반야경〉을 전함을 위시해서 점차 10여 종의 반야부 경전이 역경되었다. 그러나, 〈대반야경〉의 완전한 번역을 보지 못하던 중, 현장법사(玄奘法師)의 혼신의 노력에 의해서 〈고려대장경〉에 수록된 600권의 완역을 하게 된 것이다. 현장법사의 웅지(雄志)가 아니었더라면, 이 〈대반야경〉의 완역을 영원히 보지 못하였으리라는 점에서 현장법사의 공적을 다시 존경하지 않을 수 없는 것이다. 그러므로, 〈고려대장경〉 해설에 있어서도 그 내용적인 면에 앞서 〈대반야경〉의 역경과 현장법사의 관계를 밝혀본 것이다.

(3) 대반야경의 완역

현장법사는 위대한 입축구법승(入竺求法僧)이다. 대역경가이며 학자, 그리고 사상가로 중국 천 년의 불교 역사상에 찬연히 빛날 뿐만 아니라, 중국 법상종(法相宗)의 고조(高祖)이며, 또 대여행가이며, 신역(新譯)으로서도 역경 사상에 일대기를 이룩한 존재이다. 정관(貞觀) 3년에 천축에 들어가서 정관 19년에 장안(長安)에 돌아와, 당 태종의 높은 대접을 받으면서 역경에 전념하여 〈구사론(俱舍論)〉,

〈대반야경〉 등 75 부 1330 권의 번역을 남겼다.

현장법사가 〈대반야경〉을 역경한 업적에 대해서 당나라 〈삼장법사전 권 10〉에 전하는 바에 의하면, 동국은 반야를 중요시하는 곳이라 하였으며, 이어서 이전에도 수차 번역은 하였으나 그 완성을 보지 못하였으므로 많은 사람들이 그 완역을 희망하기에 그 뜻을 따라 〈대반야경〉 역경에 착수하려고 하였다. 그러나, 그 부수가 너무나 광대하고 사람의 수명에 한도가 있는지라, 중도에서 그만두게 될까 두려워하는 생각에서 경도(京都)로부터 멀리 떨어진 옥화궁(玉華宮)을 번역 장소로 쓰게 해달라고 상표(上表)로써 태종에게 청원하였다. 태종이 쾌히 허락하므로 서기 659년 겨울에 만반의 준비를 갖추어 옥화궁으로 향하였다고 하였으니, 옥화궁은 협서성 기단(陝西省麒丹)에 있는 태종의 피서 별궁으로 일쩍이 현장법사가 태종을 위하여 경을 설하던 곳이다.

서기 660년 1월 1일에 〈대반야경〉의 역경을 시작하였으나 범본 20 만송이 너무나 광대하고 글이 많아서 학도들이 대략만을 번역하기를 청하였으므로, 현장법사도 역시 대중의 의견에 쫓아 먼저 구마라집의 〈마하반야경(摩訶般若經) 40권〉(고려대장경에는 27권으로 되어 있음)을 본받아 번잡한 내용을 빼기로 하였다. 이렇게 결정한 그 날 밤 꿈에 극히 무서운 사건들이 나타났는데, 위험한 수레를 타고 험한 산꼭대기를 달리며 맹수가 사람을 잡아 먹으려는 광경 등이 보여서 전신에 땀을 흘리고 떨면서 간신히 그 위기를 빠져 나오는 꿈이었다. 꿈을 깬 법사는 이것은 우연한 일이 아니라고 깨닫고, 놀라 두려워하여 모든 대중에게 완전한 번역을 선언하였다. 그 날 밤의 꿈에는 여러 불보살이 미간에서 빛을 발하여 법사의 몸을 비추어 마음이 편안함을 느꼈다. 그리고 법사 자신이 손에 꽃등을 들고 모든 부처에게 공양을 올리며 높은 자리에 올라 여러 대중을 위해서 설법을 하였는데, 대중이 둘러싸고 찬탄 공경하는 것을 보고 깨니 기쁜 마음을 금하지 못하였으므로 그 뒤에는 다시 감히 한 글자도 생략하지 아니하였다 한다.

현장법사는 〈대반야경〉을 번역하기 위하여 서역 등에서 범본 3종을 얻었다. 역경 도중 문맥이 의심스러울 때는 세 가지 원본을 일일이 대조하였으며, 그 조심스러운 마음이 지극하여 견줄 바가 없을 정도였다. 혹시 문장 가운데 뜻이 통하지 않아서 주저함이 있을 때는 반드시 다른 사람의 도움이 있어 명쾌함을 보게 되었으며 마음이 탁 트이어 구름을 걷고 햇빛을 보는 듯 통쾌함이 한두 번이 아니었다. 이와 같은 신비성을 느끼는 가운데도 법사는 항상 육신의 허무함을 염려하여 제자들에게 말하기를,

"내 나이 예순 다섯이라 반드시 생명을 다할 때가 있으리라, 이미 여기서 이 몸을 다하기를 각오한 바이니 그대들은 한층 노력해서 이 광대한 역경이 중단되지 않기를 바란다."

고 하였으며 혼신의 노력을 이 사업에 경주하였다. 그 정성이 보람 있어, 서기 663년 겨울 10월 23일에 완성하고 붓을 놓으니, 대반야경 600권이 완역된 것이다. 법사는 합장하고 기뻐하며 배움의 무리들에게 말하기를, "이 〈대반야경〉은 우리 중국땅에 인연이 있으며, 또한 내가 옥화궁에 오게 된 것도 이 경의 힘이다. 이것은 오직 모든 부처님의 가피력과 하늘이 도운 바이며, 이 경은 나라의 묘전(妙典)이며 인천(人天)의 큰 보물이다."하였다. 4년 간의 장구한 시일을 두고 번역을 마치고 옥화궁에서는 기념 축하회를 열었을 때 〈대반야경〉에서 빛이 찬란하게 비추었다 한다.

(4) 우리나라 대장경

이처럼 현장법사의 〈대반야경〉 역경을 중심으로 하여 〈대반야경〉의 위력과 신비성을 엿볼 수 있으며, 더욱이 국가의 묘전이며 인천(人天)의 큰 보배라는 점에서 옛부터 재앙을 진압하고 보호해 주기를 기원하는 대표적 경전으로서 그 민족들에게 안치공양(安置供養)을 받았다. 이것은 우리 나라에서도 고려 시대에 사경(寫經)의 대표적인 대상이 되어 왔던 것이다. 이러한 〈대반야경〉이 〈고려대장경 제1권〉으로 다시 우리 나라에서 재현을 보게 되었으니, 이는 숙세(宿世)의 과보(果報)가 아니고 무엇이냐 하는 느낌이 더욱 깊어진다.

끝으로, 〈대반야경〉의 사상이 깊고 위가 없으며, 우주의 만법은 연기소생(緣起所生)이라 공(空)이며 거처가 없으며 유불가득(有不可得)이라 하였으니, 불교의 묘법이 〈대반야경〉에 벗어나지 않으며 이

와 같은 묘법을 후에 중생들에게 정확하게 인식시켜 신앙하게 하기
위해서 불타의 자비가 얼마나 넓고 끝이 없는가를 알 수 있는 것이
다. *

제2장 바라밀의 장

1. 인생고(人生苦)

누구나 불교는 이해하기 어렵다고 한다. 그것은 불교의 교리를 여러 갈래로 말해 놓은 까닭에 불교사상의 전체를 파악하기가 쉽지 않은 데서 오는 원인이라 하겠다.

그러나 그 근본되는 사상을 이해하면 불교는 어려운 것이 아니다. 종파나 학파의 다름에 따라 많은 다른 교설이 있다 해도 그 설한 방법이 다를 뿐이지 근본 사상에는 변함이 없다. 그 근본 사상의 일부분을 차지하고 있는 것이 인생고의 문제이다. 사람은 나면서 부터 죽을 때까지 고통의 바다에서 헤매는 것이라 하였다. 과연 사람은 나서 늙고 병들고 죽는다는 피하지 못할 고가 있고, 또 사랑하고 보고 싶은 사람과는 헤어져야 하고, 보기 싫고 미운 사람과는 자주 만나야 하고, 아무리 애써 구하고 바라고 원해도 이루어지지 않고, 우리의 육체가 있음으로 인해서 일어나는 무수한 피로움이 있다. 이것이 소위 인생고라는 것이다.

불교는 인생고의 해탈에 그 목적을 두었다. 어째서 사람은 고가 있는가, 어떻게 하면 고를 벗어나 낙(樂)을 얻을 수 있는가 하는 등을 해설하고 분석해 놓은 것이 우리들이 어렵다고 비명을 울리는 불교 교리의 대부분을 차지하고 있는 것이다. 그중에서도 고를 해탈하는 데는 그 근본을 바로 보고 수행하라는 것이 주요 골자로 되어 있다. 이것을 불교용어로 옮겨보면 제행무상 일체개고(諸行無常 一切皆苦)라는 것이다. 우주의 만유(萬有)는 가만히 있는 것이 없고 시시각각으로 변화해서 그칠 줄 모른다는 것이다. 이 사실은 우리 인생에서 더욱 뼈저리게 느껴지는 것이다. 우리의 육체만 하여도 한시각도 가만히 있지 않고 변하고 변해서 영구히 보존치 못하고 반드시 이 세상을 떠나고야 마는 존재임은 누구나 다 아는 것이다. 이것을 인생무상(人生無常) 또는 초로인생(草露人生)이라 불렀다.

그러나 우리는 이 법칙을 무시하면서 오래살기를 바라며 육체에 변화가 없기를 바라마지 않으니, 이에 만족을 느끼지 못하면 짜증이 나고 피로움으로 변하는 것이다. 그 바라던 생각이 크고 간절하면 그와 정비례로 피로움도 크게 느껴지는 어리석음을 스스로 되풀이하고 있는 것이다. 이와 같이 만유는 무상하기에 고가 따르고 있다는 것을 바로 보지 못하는 데서 인생고의 근원이 자리잡고 있는 것이다.

불교는 이와 같은 근본사상에서 고를 해탈하는 방법을 설명하였으니 변화 중에서 변화하지 않는 그 무엇이 우리에게 깃들고 있다 하였다. 육체는 천만번 바뀌어져도 변화하지 않고 고에 구애받지 않는 것이 진실로 자기인 것이다. 이것을 스스로 체득하는 것을 불도라 하였고 그 체득한 자내증(自內證)을 열반적정(涅槃寂靜)의 경지라 하였다. 우리는 인생고에 사로잡힌 삶보다 이의 해탈(解脫)의 길로 정진하는 것이 보람있는 삶의 길이라 하였다. *

2. 세 가지의 다짐

사람은 누구나 자기 스스로 벗어나기 어려운 깊은 구렁텅이 속에 빠져 있다. 이를 테면 「사람이란 무엇인가」하는 철학적인 근본문제라

든가, 「사람은 어디서 왔으며 어디로 가며 현재는 왜 고민하고 있는가」 따위의 종교적 근본 문제들이다. 지난 날 많은 사람들이 동서양을 가릴 것 없이 이것을 벗어나려고 또는 풀어 보려고 생명을 걸고 싸워 왔다.

그 피투성이가 되어 싸워 온 자취를 살펴 보면 여러 갈래의 길이 보인다.

그 하나의 길은 사람은 어리석고 약하고 죄많은 존재니, 어떠한 전지전능한 성인을 의지해서 그의 힘으로 모든 것을 풀어 보자는 것이다.

이것은 너무나 의타적이고 종교적인 길이라 할 수 있다.

다른 하나의 길은 사람에 관한 문제는 사람의 힘으로써 풀어야 한다는 것이다.

그리고 현실사회에서 그 현실을 보아야 한다 하고 이지적이고 자주적인 길을 내세운 것이다. 그러나 또 다른 하나의 길은 위의 극단적인 두 가지 길을 절충하면서 새로운 방향으로 나아가는 길이다.

그것은 세 가지의 다짐으로 깊은 구렁텅이 속에서 벗어나려는 길이다.

먼저 자기 스스로 우주의 진리를 깨닫고 그 진리에 의해서 사람들을 가르쳐 인도할 수 있는 지혜와 자비가 구족한 성자에게 이 마음과 몸뚱이를 송두리째 바치고 현실의 고통에서 벗어나게 해 달라는 다짐이다.

다음에는 성자가 깨친 진리에 의해서 여러 사람을 위해 설한 그 교법에 대해서 이 몸과 마음을 바치고 현실의 고민을 벗어나게 해달라는 다짐이다.

끝으로 성자가 스스로 깨친 진리의 가르침을 배워 익히고 닦고 행해서 성자와 똑같이 되려고 모인 그 제자들에게 이 몸뚱이와 마음을 송두리째 바치고 현실의 깊은 구렁텅이 속에서 벗어나게 해 달라는 맹세의 길이다.

이 세 가지 다짐의 대상인 성자의 교법과 제자들의 모임이 세상에 어떠한 더러움에도 물들지 않는 불변한 것이며 그 위덕의 최상 가치가 세상의 어느 것에 비할 수 없는 보배로운 것이라 하여 삼보라고도 부르고 있다. 그래서 이 삼보는 몸과 마음을 바쳐서 다짐하는 것이며, 불교에 들어가는 첫 관문인 것이다. *

3. 현실(現實)의 실상(實相)

부처님께서 말씀하시기를 인생의 고통은 애욕(愛欲, Kama)으로부터 생기는 것이라 하셨다.

그래서 괴로움을 경에서는 「사람의 애욕에는 포만이 없기에 **고뇌와 절망**만이 그 종극을 이룬다」하였다.

이것은 사람에게는 나고 늙고 병들고 죽는 고통이 있으며 이에 곁들여서 근심하고 슬퍼하고 아무리 구해도 얻지 못하는 고통과 원망스럽고 미운 사람을 만나는 고통, 사랑하는 사람과 이별하는 고통 등이 있는 것은 그 원인이 애욕에 있는 것이며, 현실의 실상이라는 것을 밝힌 것이다.

또 부처님께서는 우리 인생은 현실에서만이 아니라 사람이 세상에 나오기 이전에 세계와 죽은 다음의 세계를 생각하시고 사람의 고통은 금생 뿐만 아니라 광겁의 옛부터 시작하여 영겁의 미래에 이르도록 연속되는 것이라 하셨다.

〈잡아함경(雜阿含經)〉에는 이것을 더 자세히 말씀하시기를 「우리 금생은 무명에 덮이고 애욕에 얽매여 세상에 나오기를 지구를 부셔서 콩알 만하게 한 수보다 많은 회수를 거듭하였다 하였고 부모형제의 죽음을 당해서 슬피 울어서 흘린 눈물이 큰 바닷물 보다 많다 하였고 한 사람이 먹은 어머니의 젖을 모으면 큰 바닷물 보다 더 많은 생사의 횟수를 많이 하였다.」고 하셨다.

이와 같이 우리는 무시(無始)의 생사고를 계속하였고 지금에도 죽음이라는 괴물의 위협에 떨고 있는 것이다.

사람으로 태어난 이상에는 공중에 떠있으나 바다 속에 있으나 깊은 동굴 속에 있으나 어디를 막론하고 죽음에는 이겨낼 도리가 없는 것이다.

그래서 죽음은 사람의 고통 중에도 가장 큰 것이라 한 것이다. 죽음은 인생의 귀착점인 동시에 또한 새로운 생의 출발점의 의의를 가진 것이다.

이런 까닭에 우리 인생의 실상이 고통이요 고통 중에 가장 큰 것이 죽음이라는 것을 깨닫고 보면 어찌 자기 머리에 붙은 불꽃을 끄는 것처럼 급한 생각으로 해탈의 길을 찾지 않을 수 있을까 하는 것이다. 이와 같이 바로 현실의 실상을 깨달은 사람만이 열반의 이상경을 향해 길을 찾는 것이며 이것이 불교의 구도인 것이다. ＊

4. 무아(無我)의 진리(眞理)

불교의 근본 진리는 불완전한 말로나 또는 문자로 표현할 수 없는 절대경(絕對境)이라는 것은 누구나 다 아는 바이다. 그러나 세상 사람을 교화하는 데는 설명할 수 없는 진리내용을 설명해 보려는 데서 무한한 언구(言句)의 표현이 필요하게 되는 것이다. 불교의 넓은 전서(典書)들은 이것을 음미해 주는 것이다. 그리고 부처님께서 40여년을 교화설법하시면서 당신이 깨치신 진리는 끝내 한 마디도 설하지 못하였다 하신 것도 이를 두고한 것이다. 그러나 불교를 다른 종교와 비교할 때는 뚜렷이 구별지을 수 있는 표준이 있다. 이것이 불교의 특징인 동시에 표식(標識)이기도 하며 표현할 수 없는 불교 진리를 가장 가깝게 표현한 것이라 할 수 있는 것이다. 그것은 현상계의 만유는 가만히 그대로 있는 것이 아니라 잠시도 쉬지 않고 시시각각(時時刻刻)으로 변화하는 것이라 관파(觀破)한 원리인 것이다. 불교 신앙에 들어오는 입문도 이것을 뼈저리게 느끼고 체험(體驗)한 데서 가능한 것이며 이것은 또 현실생활은 지상 최선이라는 생각을 부정하고 진실한 자유의 세계를 건설해 보자는 불교의 목적에 도달할 수 있는 사다리가 되는 것이다. 그래서 시시각각으로 변화하는 만유는 어떻게 해서 진실된 하나의 실재로, 한 생각 흐름으로 나타내고 있는가에 대한 해명이 필요하게 되는 것이다. 그것은 인(因)과 연(緣)이 화합해서 일시적으로 이루어진 것이지 본래부터 자체의 주체가 없는 것이라는 것이 그 해답이다. 만유는 주체가 없다는 이론을 분석하고 설명하고 체계를 세운 것이 무아의 진리며 불교 진리의 대부분을 차지하고 있는 것이다.

이것은 부처님 자신의 관찰인 동시에 인류 전체에 관한 관찰이었으며 나아가서는 모든 존재에 대한 관찰이었던 것이다. 그러나 세상 사람들은 만유는 잠시도 쉬지않고 변화하고 주체가 없는 법칙임을 알지 못하고 모든 것은 언제나 그대로 있는 것이며 주체 아(我)가 있다고 생각하는데서 피로움이 싹트기 시작하는 것이다. 그러므로 우리는 관찰 여하에 따라서 고(苦)의 세계와 낙(樂)의 세계가 같아지는 분별점에서 있는 존재라는 것을 잊어서는 안될 것이다. *

5. 악 우(惡友)

불교에서는 정도가 아닌 행위를 하는 벗을 악우(惡友)라 한다. 여기서 정도라는 것은 두 말할 것도 없이 부처님 가르침을 믿어서 실천하고 드디어 체증해서 부처님과 같이 성불하고 여러 사람을 제도한다는 것이다. 그래서 불교에서는 선과 악의 표준을 정도에 두는 것이다. 정도에 도움이 되는 행위를 하는 벗을 선우(善友)라 하고 외면상으로 아무리 좋은 행위라도 정도를 닦는데 방해가 되는 행위를 하는 벗을 악우라는 것이다. 고려말 고승 목우자(牧牛子)가 지은 불교입문의 지침인 〈초심문(初心文)〉이라는 책의 첫머리에 「부초심지인은 수원리악우하고 친근현선하라(夫初心之人은 須遠離惡友하고 親近賢善하라)」하였다. 불문(佛門)에 처음 들어오는 사람은 누구나 악한 벗을 멀리 여의고 어질고 착한 벗을 가까이 친하라는 뜻이다. 거의 때를 같이한 야운(野雲)이라는 분은 〈자경문(自警文)〉에 악우를 멀리 하기를 원수집과 같이 하며 착한 벗을 섬기기를 부모같이 하라 하였다. 이것은 모두 악우가 정도를 방해하는 까닭인 것이다.

그래서 경전 중에도 악우를 경계한 것이 하나 둘이 아니다. 〈장아함부(長阿含部)〉에 속하는 선생경(善生經)에는 여섯 가지 악우를 들었다.

첫째, 가지 가지의 사기를 꾀하는 자

둘째, 비밀진 곳에서 음모 꾸미기 좋아하는 자

셋째, 다른 사람을 유혹하기 좋아하는 자

넷째, 남의 재물을 횡취(橫取)하려는 자

다섯째, 자기 배부르기만 일삼는 자

여섯째, 남의 결점을 캐내기 좋아하는 자

등이 그것이며 또 같은 경에서는 악우와 친하기 쉬운 환경 네 가지를 들고 있다.

하나는 음주할 때, 둘은 도박할 때, 셋은 음행을 할 때, 넷은 가무할 때 등이다.

〈육방예경(六方禮經)〉에도 사악우(四惡友)를 들고 있으니

첫째, 마음 속으로 망상을 품고 있으면서 겉으로 선지식인 척하는 것.

둘째, 사람들 앞에서는 좋은 말로 꾸미고 배후에서는 악설을 하는 것.

셋째, 사람의 위급함을 보고 눈앞에서는 근심하는 척하면서 뒤로는 고소하다고 즐거워하는 것.

넷째, 겉으로는 친분이 두터운 체하면서 속으로 원심(怨心)을 품고 있는 것 등이다.

고인(古人)들도 항상 악우를 멀리 할 것을 타일러 「근묵자흑」(近墨者黑)이라 하였다. 검은 물감을 가까이 하면 쉽게 검게 되며 붉은 물감을 가까이 하면 쉽게 붉게 된다는 뜻이다. 연탄 공장 직공치고 검지 않은 사람 없으며 연통소제하는 사람치고 콧등이 말쑥한 사람 보지 못함과 같다는 것이다.

하루는 부처님께서 아난타제자(阿難陀弟子)와 더불어 성내에 들어가서 생선 가게에서 생선 묶었던 꾸러미를 가지게 하고 얼마 후에 그것을 버리게 하였다. 그러나 아난타의 손에서는 생선 비린 냄새가 가시지 않았었다. 이 때에 부처님께서는 악우를 가까이 하면 악화되

는 것이 이와 같다고 실험해 보였다는 설화가 〈불본생경 (佛本生經)〉 〈법구비유경 (法句譬喩經)〉에 전하여지고 있다. ✳

6. 선 우(選友)

우리들의 일상생활에서 가장 중요한 것 중에 벗과 사귀어 서로 탁마하는 것이 있다. 앞서 간 성현(聖賢)들도 벗 가리는 것을 주의 깊게 훈계했었고 우리 나라에서도 그러한 예가 이루 헤아릴 수 없을 정도로 많다.

불교에 입문(入門)하는 초심자(初心者)를 위하여 쓰여진 〈초심문(初心文)〉이라는 고려때 보조 국사(普照國師)의 글에 보면 제일 첫 마디에 벗을 가려 사귀어야 할 것을 강조하여 말씀하시기를 〔처음 불교에 뜻을 두어 장차 훌륭한 지도자가 되려면 반드시 악(惡)한 벗을 멀리 여의고 착하고 어진 이를 가까이 하라〕하셨다. 항시 쉽게 쓰는 말이긴 하지만 누구나 실행하기가 쉬운 것이 아니기 때문이다. 우리가 자주 볼 수 있는 연탄을 많이 만지는 사람은 새까맣고, 페인트를 가깝게 하는 사람은 요란스러이 울긋불긋한 것과도 같은 뜻의 말씀이다. 또 고려 말엽에 불교교단(佛敎敎團)이 몹시 시끄러움에 이를 슬퍼하고 후배들을 경책(警策)한 야운(野雲)이라는 분은 "새가 밤이 되어 장차 쉬려고 할 때는 반드시 그 잠잘 나무나 숲을 가리는 법이고 사람이 학문을 할 때는 반드시 스승과 벗을 가려서 지도를 받는 것이니, 새가 나무를 가림은 하루밤 사이라도 편안하게 쉬고자 함이요 사람이 스승과 벗을 가림은 그 배움과 덕(德)을 높여 보겠다는데 있다"라고 하였다. 이 역시 공부하는 이들에게 매우 요긴한 교훈이라 하겠다. 우리가 업신여기기 쉬운 날짐승도 하루 밤을 지새는 잠자리를 소홀히 하지 않거늘 만물(萬物)의 영장(靈長)이라고 자부하는 사람이 학문을 하는 마당에서 벗과 스승을 가리지 않을 수 있겠는가 하는 교훈이기에 자칫하면 사람은 새와 같은 날짐승만도 못하게 된다는 뜻이 되겠다.

한때의 감정에 알맞다 하여 반드시 좋은 벗이 되는 것은 아니고 뺨을 치고 더러 욕설하는 이라 하여 반드시 나쁜 벗이라 단정할 수는 없는 것이다. 선우(選友)는 어떠한 경우에 있어서라도 올바르고 참된 인간 생활에 있어서 소홀할 수 없는 중요한 문제다. 국한된 어떤 일의 성공이 인간의 성공일 수는 없다. 인격의 이름에는 반드시 주위의 인격적 조건이 큰 영향을 줄 것이다. 그러므로 선우(善友)를 가까이 하고 악우(惡友)를 멀리하라 하신 것이다. 공부하는 데 털끝 만큼이라도 이로움을 주는 친구는 좋은 벗이라 생각하고 조금이라도 방해가 되는 친구는 나쁜 벗이라 생각하면 벗을 선택하는 데 비결이 될 것이다. ✻

7. 지·정·의(知情意)의 각성(覺醒)

불교를 부처님께서 설하신 종교라고 생각하는 것보다 깨달음의 교(敎) 즉 각성(覺醒)의 교(敎)라 생각하는 것이 이해하기 쉽다. 이것은 사람에게 가장 중요한 각성의 생활을 일러 준 것이기 때문이다.

이 각성의 생활은 우리들의 지·정·의(知·情·意) 세 가지 방면에서 나타나고 있다. 이 지·정·의의 세가지 생활이 각성하지 못하고 막바지에 이르면 불교에서 가장 꺼리는 탐·진·치의 3독의 세계로 변하는 것이다.

다시 말하면 지(知)가 죽고, 정(情)이 죽고, 의(意)의 활동이 죽는다는 뜻이다.

우리는 무엇을 알았다고 생각할 때 벌써 지의 활동은 죽어버린 것이다.

그 사람에게는 연구가 끊어지고 이로 인해서 그저 모든 잘못의 근본이 싹트기 시작하는 것이다.

언제나 새로운 의문이 일어나고 연구심이 강렬해 지는 곳에 지의 힘은 살아 있는 것이고, 이와 반대로 다 알았다는 생각이 앞설 때는 연구는 끊어지고 지력(知力)이 죽어서 지식의 병으로 인해 우질(愚

疾)의 세계가 되는 것이다.

또 지(知)의 경우와 같이 정(情)의 생활이 넓게 융화되지 못할 때는 다른 사람들의 말을 듣고 마땅하지 못하다 해서 짜증을 내고, 행동이 마땅하지 못하다 해서 짜증을 낸다. 이 때 정은 죽어 있는 것이다. 그래서 짜증을 내고 서로 흘겨보며 헐뜯고 하는 것이다. 이와 반대로 정의 생활이 일체를 융합하고 있을 때에는 평화의 세계가 솟아오르는 것이다.

또 사람에게 가장 중요한 의사가 너무나 증대해서 탐욕을 일으키고 있으면 이것은 의력을 잃고 있다는 증거인 것이다.

그래서 우리는 지(知)의 힘을 더 크게 해보겠다 하고 연구심에 불타고 있을 때는 이것을 지(知)의 각성이라 하며 정(情)이 근본이 되어서 친절을 다했을 때는 우리의 감정은 점점 강화되어 정(情)의 각성을 보게 되는 것이다.

이와 마찬가지로 의사(意思)도 지성에 의해서만이 인간의 순화를 보게 되는 것이다.

이와 같이 지·정·의(知·情·意)의 생활이 죽지 않고 각성의 생활을 하는 것을 불교에서는 지·사·단(智·思·斷)의 세계라 하며 여래(如來)의 세계라고 하며 불(佛)의 세계라 부르는 것이다. *

8. 속제(俗諦)와 진제(眞諦)

불교는 과학을 기초로 하고 있으므로 정신작용을 다루는 학문인 심리학과 우주의 본체와 현상을 다루는 철학 등과도 관련되어 있고 세도인심(世道人心)을 이롭게 하는 종교로서도 성립되는 것이다.

이것은 「안다」는 것이 근본이 되어 있으며 「안다」는 것은 지혜(智慧)가 생겼다는 것이며 지혜는 모든 과학의 기초가 되어 있는 까닭인 것이다.

그래서 「안다」는 것은 어디까지나 바로 알아야 하며 만약에 잘못 알았을 때는 도리어 해가 오는 것이다. 부처님은 우주의 실체를 바로 아신 분이며 불교는 이와 같은 부처님이 될 수 있는 방법을 알아서 실천하는 교(敎)인 것이다.

그러므로 불교는 모든 것이 일어나는 원인을 아는 것과 그 결과로 나타난 모양을 아는 것을 기본으로 삼고 있으며 그 아는 방법을 두 가지로 나누어 진제(眞諦)와 속제(俗諦)라 부르는 것이다.

진제라는 것은 범어인 Paramatha-Satya의 의역이며 여러 경전에서는 승의제(勝義諦), 최승의제(最勝義諦), 제일의제(第一義諦)라 하였으며 세속을 초탈한 세계의 진리를 가리키는 말이다. 속제라는 것은 범어인 Sanyrti-Satya를 의역한 것이며 세속제(世俗諦), 세제(世諦)라고도 하여 세간적인 진리를 말하는 것이다.

진정한 의미에서 진리에 무슨 세간적이니 출세간적이니 하며 차별이 있을 수 있는가 하며 의심할 수도 있으나 쉽게 말하면 속제라는 것은 우리가 쉽게 이해할 수 있는 진리 이를테면 모든 것은 인(因)과 연(緣)으로써 이루어진 과(果)이며, 이것은 생멸의 원리로 되어 있으며 생멸은 공의 상태이며 신진대사의 원칙에 따르고 있다는 등의 비교적, 초보적인 것을 말하는 것이며, 진제라는 것은 이와 같은 원칙을 기준으로 해서 점차로 고차적인 이치를 이해하는 것이라 할 수 있는 것이다. 일체를 부인하고 언어를 초월하고 불생불멸하고 비인비과(非因非果)인 것을 말하는 것이다.

그러나 이미 경전과 각종파에서는 그 견해를 달리 하고 있다. 원시경전인 〈중아함경(中阿含經) 권 7〉에는 진제라는 말을 쓰기는 하였으나 명확한 설명을 볼 수 없으며 〈구사론(俱舍論) 권 22〉에 병과 의복 등의 예를 들어서 진제와 속제를 설명하였다. 병이라든지 옷같은 것은 그 모양이 깨지거나 찢어지면 없어지는 것임에도 불구하고 세속 사람들은 병이 있다. 옷이 있다 하여 일반상식에 어긋나지 않는 「거짓없는 진실이라」는 것을 세속제라 하였고, 75법의 존재구성요소의 법을 출세간법의 진제라 하였다.

그런가 하면 대승불교에서는 공통적으로 세속 사람들이 바로 알고 있는 것을 속제라 하고 불교의 진리에 눈뜬 출세간 사람들이 알고 있는 것을(예를들면 4제법 같은 것) 진제라 하였다. 이 외에도 중론(中論)을 비롯하여 법상종계(法相宗系) 천태종계(天台宗系)에서는 자기 종파의 독특한 견해로써 설명을 하고 있다. 제(諦)라는 뜻이 「진실로 안다」는 의미로 미루어 봐서도 우리는 진제에서 살아야 할 것이다. *

9. 바른 생활

우리 인간은 구하고, 사랑하고, 바라고 탐내 마지않는 존재이다.

그러나 현실에서는 쉽게 우리가 구하고, 사랑하고, 원하고, 바라고, 탐내는 그대로 만족할 수는 없다.

설사 일시적인 만족과 쾌감은 얻을 수 있을런지 모르나 그것은 결코 영원한 것은 못된다. 여기에서 우리는 현실의 피로움을 느끼고 만족의 영원성을 희구해 마지 않는다.

그러나 이를 구하면 구할수록 피로움은 정비례로 더 심해지는 법이다. 이것을 인생고라 하며 인생은 고해(苦海)라 울며 부르짖고 있는 것이다.

불교는 이 인생고를 영원히 없애고 영원한 낙(樂)을 얻기 위해서 일어났으며 이 인생고를 없애고, 낙을 얻는 「길」을 가르쳐 준 것이다. 이 「길」은 바른 생활에 의해서만이 이루어진다 하였다.

여기서 바른 생활이라는 것은 고(苦), 집(集), 멸(滅), 도(道) 사제(四諦)의 원리와 무아(無我)의 진리를 자각해 바른 견해 바른 사상에 의해서 생활하는 것을 말하는 것이다.

이 바른 생활은 인간이 의례히 닦고 행해야 할 목적인 까닭에 「도」라 하였으며 종교의 궁극목적에 이를 수 있는 길이라 해서 정도(正道)라고 하며 또한 인간의 고통을 없애고 해탈을 얻는 길이라는 의미에서 성도(聖道)라 부르기도 한다.

바른 생활을 실천하는 데는 먼저 고, 집, 멸, 도 사제의 원리를 깨닫고 바른 견해와 사상과 지혜로 현실의 그릇됨을 알고 열반의 진실경(眞實境)에 이르고자 노력하는데 있는 것이다.

이것을 정견(正見)이라 한다. 이 정견의 목적을 달성하기 위해서는 항상 생각을 바르게 하고 언어를 바르게 하고 행동을 바르게 해서 바른 방법으로 살아야 하며 바른 노력으로 정견이라는 목적을 항상 마음 속에 새겨 두고 잊지 말고 바른 선정(禪定)을 닦아서 종교 생활을 해야 하는 것이다.

그래서 바른 생활이 완전히 이루어질 때에는 우리 인간은 어두운 고통의 현실에서도 밝고 즐거운 해탈의 광명세계(光明世界)에서 진정한 자유를 누리게 되는 것이다.

우리는 현실의 고통을 여의기 위해서 욕심과 애착과 바라는 것을 버리고 지혜를 닦고 남을 돕고 바른 생활에 정진해야 할 것이다. ✱

10. 즐거운 생활

부처님께서는 우리들의 모든 악(惡)의 근원(根源)을 관파(觀破)하시고 구원(救援)의 길을 밝히셨다. 그리고 우리들의 마음에 걸려 있는 미(迷)한 어두운 구름을 제거(除去)해 주셨고 죽음의 두려움으로부터 해탈의 길로 이끌어 주셨다. 그뿐만 아니라 병들어 가는 사람에게는 위안을 주셨고 갖은 인생고(人生苦)에서 허덕이는 사람에게는 안일(安逸)의 길을 열어 주셨고 약한 사람에게는 용기와 힘을 주셨고 자폭(自暴)의 구렁에 빠진 사람에게는 자비의 광명(光明)으로 건져주셨다. 그래서 고민하는 사람들이나 죄악(罪惡)과 싸우면서 괴로움을 견디지 못하는 사람들이나 진리의 세계에서 살기를 원하는 사람들을 위해서 즐거운 생활의 길을 열어주신 것이다.

이와 같은 부처님의 말씀은 병자(病者)에게는 영약(靈藥)이라 하고 굶주린 자에게는 자미(慈味)라 하고 목마른 사람에게는 감로수(甘露水)라 하고 절망에 빠진 사람에게는 희망(希望)이라 하고 미(迷)한 사람에게는 광명(光明)이라 하여 즐거운 삶의 터전을 마련해 주신 것이다. 이 진리(眞理)의 세계에서 사는 것을 즐거운 생활이라 하고 누구나 그리워 마지않은 것이다.

우주의 삼라만상(森羅萬像)은 변해서 그칠 줄 모르는 무상(無常)

이라는 원리(原理) 속에 사로 잡혀져 있다. 태어남〈生〉이 있으면 반드시 죽음〈死〉이 있고 이룸〈成〉이 있으면 반드시 패함〈敗〉이 있고 이곳에 모였다가 저 곳에서 흩어지는 것이 무상을 말하는 것이다. 그래서 우리들은 변화함이 없는 안식처를 찾는 것이다. 만고에 진정코 안식처가 없다면 우리의 삶은 너무나 비참한 것이다. 그래서 부처님께서는 우리 중생들을 가엾게 여기시고 상주불변(常住不變)하는 일물(一物)의 진리의 세계로 이끌어 구원해 주신 것이다.

그러면 우리가 즐겁게 살 수 있는 부처님의 진리의 세계란 어떠한 것인가? 이것을 설명 하기에는 팔만대장경으로도 오히려 부족하거늘 어찌 한 마디로 말할 수 있으랴. 오직 중생이 얻고자 동분서주(東奔西走)하다가 칠전팔도(七轉八倒) 애증호악(愛憎好惡)의 구렁 속에서 전전변변(轉轉變變)하는 윤회(輪廻)의 업(業)을 해탈(解脫)하는 길 밖에는 없는 것이다. 여기에서 즐거운 생활이 샘솟는 것이다. *

11. 본연(本然)의 마음

얼마전 TV 외화(外畵)프로에 미국 어느 조그마한 도시에서 사냥개가 곰을 쫓다가 바위 사이의 자연굴에 빠진 것을 구출하는 이야기를 매우 흥미있게 보았었다. 개 주인이 부인과 함께 구출하려다가 도저히 불가능함을 알고 도로공사 때 땅을 파는 기계를 조작하는 친구에게 부탁하여 구출작업을 하였으나 워낙 바위가 단단하여 실패, 그러자 금속을 꿰뚫는 거대한 기계가 자진해서 동원되었으나 역시 실패, 신문을 보고 왔노라 하면서 자기 체중이 적으니 굴 속에 들어가 보겠다는 소년이 나타났으나 역시 허사, 그러던 중에 어느덧 6일이 지났다. 6일 만에 찾아온 사람은〈다이나마이트〉폭파의 명수. 그러나 폭파 때 굴이 막힐까 걱정하였지만 별다른 방법도 없고 개는 굶어 죽을 것 같다. 주인의 어쩔 수 없는 결심하에 폭파하기로 했다. 치밀한 계산하에 작업은 끝나고 폭파 시간이 다가왔다. 개의 운

명을 하늘에 맡긴채 드디어 천지를 진동하는 폭음과 함께 바위는 폭
파되고 개는 만 1주일 만에 기적적으로 살아난다는 것이 대강의 줄
거리였다.

그후 불과 2·3주일 후 신문을 보니 전북(全北) 연창(延彰) 금광
에서 작업 중 천정이 무너져 양열(梁烈)이란 기술자가 굴 속에 갇힌
사고가 발생하였었다. 그 분도 백여 명의 인원이 동원되어 필사적인
노력 끝에 9일 만에 무사히 구조되었음은 다시 며칠이 지난 뒤 신
문을 보고서 알게 되었다.

위의 두 실화는 참으로 아슬아슬하면서도 구출의 노력을 더듬어
볼 때 인간애(人間愛)가 넘치는 흐뭇함을 느끼게 한다. 하나의 생명
〈그것이 인간이건 인간이 아니건〉이 죽어 가는 것을 볼 때 누구나
모정(慕情)을 버리지 못할 것이고 자비로운 마음을 일으키지 않는
사람은 아마 없을 것이다.

자비란 이와 같이 자연적으로 발생하는 인간 본래의 마음이다. 아
주 꾸밈이 없는 본연의 마음은 불심이기도 한 것이니 자비와 불심
은 서로 하나요 둘이 아님을 우리는 마음에 새기고 새겨 자비가 가
득찬 세상을 이룩하도록 정진해야겠다. ✳

12. 현실(現實)과 공(空)

우리들이 현실에서 경험하고 인식할 수 있는 세계라는 것은 〔저
것(彼)이 있으면 이것(此)이 있고, 저것이 생김에 따라 이것도 생
기며, 저것이 있지 않으면 이것도 있지 않으며, 저것이 멸(滅)함에
따라 이것도 멸하는 것〕의 세계인 것이다. 다시 말하면 현실의 세계
는 서로 의존하고 서로 관계하는 것이어서 어느 것이건 다른 것〈他〉
과 전혀 별개로 독립하여서는 생길 수도 없거니와 또한 존재할 수도
없는 것이다. 이것은 다음과 같은 진리를 우리에게 가르쳐 준다. 즉
우리들의 현실의 세계에는 그것만의 힘으로 영원토록 변함이 없이
존재하는 것이라고는 하나도 없고 인(因)과 연(緣)이 상합(相合)하

면 생(生)하고 또 인(因)과 연(緣)이 멸(滅)하면 곧 멸(滅)하고야마는 실체(實體)들이 존재한다는 것이다. 일체(一切)의 것이 상대(相對), 유한(有限), 차별(差別), 변화(變化)하는 것이고 상주유일(常住唯一), 불변(不變) 절대(絶對), 무차별(無差別) 등의 성질을 갖는 실체(實體)라는 것이 이 현실 세계에는 있을 수 없다는 것이다. 그리하여 현실의 세계는 여러가지 존재들이 서로 제약해 주고 서로 모순하며 대립하는 세계인 것이니 서로 제약해 주고 한정시키며 서로 모순되고 대립하는 것 없이는 결코 이 현실의 세계는 존재할 수 없고 또한 생각할 수도 없는 것이다. 예컨대 갑(甲)이라고 하는 어떤 하나의 존재는 결코 갑만의 존재로서는 생각될 수도 없고 또 생길 수도 없는 존재인 것이다. 바꾸어 말하면 갑이라는 것은 반드시 갑이 아닌 비갑(非甲)을 대조(對照)로 하여 존재하는 것이기 때문에 비갑(非甲), 즉 을(乙)의 존재를 반드시 필요로 하고 전제(前提)로 하는 것이다. 이런 경우 갑(甲)이 아닌 비갑(非甲)으로서의 을(乙)은 을(乙)이 아닌 비을(非乙)로서의 갑(甲)의 존재를 조건으로 하고 전제로 하여 존재하는 것임은 말할 것도 없는 것이다. 이와 같이 현실(現實)의 모든 것은 항상 상대(相對), 모순(矛盾), 대립(對立), 상관(相關)함에 의하여 성립하는 것이므로 이것을 다른 말로〔유(有)의 세계(世界)는 무(無)의 세계를 조건(條件)으로 하고 전제(前提)로 하여 성립(成立)하는 것〕이라고 표현(表現)할 수가 있을 것이다.

여기에 유(有)와 무(無)·공(空)과의 관계가 문제가 되게 된다. 유(有)라는 것은 말할 것도 없이 현실(現實)의 세계를 말하고 무(無) 내지 공(空)은 유(有)의 세계를 존재하게 하는 조건(條件)이 되고 전제가 되는 것이다. 그러나 여기에서 주의할 것은 유(有)가 무(無) 내지 공(空)을 조건으로 하고 전제로 한다고는 하지만 무(無)나 공(空)도 또한 유(有)를 전제로 하고 조건으로 하여 비로소 가능하여 지는 것이다. 그러므로 현실의 세계로서의 유(有) 없이는 무(無)도 공(空)도 있을 수 없는 것이다. 대승불교의 철학적인 근저(根底)가 되는 공(空)사상은 이와 같이 현실 세계를 조건으로 하고 전제로 하여 전개되는 것이니 아무도 불교를 현실을 도외시한

종교라고 할 수 없을 것이다. ＊

13. 불국토(佛國土)

　찬란한 불교문화를 이룩하였던 신라시대는 고승도 많이 배출하였지만 그 중에서도 자장율사(慈藏律師) 같은 분은 대국통(大國統)이란 높은 지위에 앉아 국민의 애국사상과 국방사상을 지도 함양하였을 뿐만 아니라 국내의 문물제도를 확립하는데 힘을 썼고 또한 승니(僧尼)의 생활을 엄격히 지도하는 한편 국민도덕과 사상을 고취, 함양하였는데 특히 그는 신라 불국토설을 완성하여 불국토가 타처(他處)가 아니고 곧 신라라는 주장을 하여 후인(後人)으로 하여금 그의 심고한 기풍과 진취적인 사상을 엿 볼 수 있다.

　이러한 그의 주장에 대하여 어떤 사람들은 다음과 같이 의아해 할지도 모른다. 즉 석가모니가 신라에 태어났었던 것도 아니고 또 그 당시 사람 중에 석가와 같은 성자가 있었던 것도 아니었는데 어찌 신라를 불국토라 할 수 있을 것인가라고.

　그러나 그러한 의문은 불국토의 참뜻을 잘 모르기 때문이다. 불교사전에 보면 불국토란 부처께서 주재(住在)하면서 지배하고 교화하는 국토를 말한다 하였고 불국토를 다른 말로 불토(佛土), 불국(佛國), 불계(佛界), 또는 불찰(佛刹)이라고도 한다 하였다. 옳은 말씀이다. 그렇지만 바로 여기에 불국토를 그릇 해석할 소재도 있으니 그것은 곧 부처란 말인 것이다.

　부처(佛·佛陀)란 물론 석가모니의 칭호라는 고유명사가 되기도 하지만은 또 다른 한편으로는 진리를 깨달은 사람(覺者), 혼자 깨닫기만 하는 것이 아니라 다른 사람들도 그 진리를 깨달을 수 있도록 힘쓰는 사람〈覺他者〉이라는 보통 명사가 되기도 하는 것이다.

　따라서 누구든지 진리를 자각하고 각타(覺他)케 하기만 한다면 부처가 될 수 있는 것이므로 「일체중생 실유불성(一切衆生 悉有佛性)」이라는 말은 이러한 전제하에서 이해가 가능하여진 것이다. 일체중생이 모두 부처가 될 가능성이 있으니 일체중생이 사는 이 세상도 불국토가 될 수 있는 것은 이론상 당연하다 아니할 수 없다.

부처가 되려고 노력하는 사람들에게 악의있는 사람이 있을 수 없으니 그러한 사람들이 많을수록 이 세상은 선의가 가득찬 사회가 될 것이고 선의의 사람들이 사는 사회는 또한 도덕이 깃들여 있는 사회라고 할 수 있으니 결국 〈사십이장경 (四十二章經)〉에 보이는 바와 같이 「도덕이 있는 곳을 불국토라 한다. (諸佛國土, 道德所在耳)」는 말은 불국토를 가장 쉽게 풀이한 말이라 하겠다.

그러나 선의와 도덕만이 있고 악의와 부덕 (不德)이 없는 인류사회란 있을 수 없는 일인지도 모르겠다. 여기에 그러한 인류사회를 선의가 가득차고 도덕이 깃든 불국토로 건설하려는 우리의 욕구와 노력이 필요로 되는 것이다.

진리가 평범한 가운데 있듯이 불국토라는 것도 우리가 성취할 수 있는 피안에 있으니 다 같이 불국토 건설에 역군이 되어야 겠다. ✳

14. 맑은 하늘 · 마음

지루하던 장마철이 가고 파아란 하늘의 가을이 되었다. 단지 기상의 현상이지만 지겨운 장마와 먹구름 낀 하늘은 누구나 싫어 하고 짜증낸다. 여름철이면 언제나 그러하지만 이번 여름의 서울 하늘도 상을 찌푸리게 했다. 무척 푸른 하늘을 그립게 했다. 그러다가 구름이 흩어지고 파아란 하늘을 보니 어둡던 마음까지 맑아진 느낌이다. 마음이 간사한 탓일까. 빗방울이 질금거리고 먹구름이 덮혀 있으면 음침하고 우울한 마음이 되어지기 쉬운 것은, 누구에게나 공통적일 것이다. 이른 아침에 일어나 창문을 열고 내다보는 바깥 하늘이 맑으면 저절로 상쾌하고 명랑해진다. 이는 자연의 속성으로서 당연한 법리인가 보다. 더 파아란 하늘을 볼 때 사람들은 저마다 나름 대로의 느낌을 갖게 될 것이다. 그러나 감상적인 여러가지 느낌보다도 언제나 진실해지는 느낌이 따를 것이다. 저 하늘처럼 우리 마음도

저렇게 맑아 봤으면 하는 소원일 것이다.

불교에서는 이에 대하여「마음엔 그늘이 없고 티가 없다. 다만 사람이 스스로 어두워 그늘을 만들고 티를 일으킨 것이다.」라고 한다. 스스로 만들었거나 남이 일으켰던지 간에 어쨌든 많은 그늘과 티와 칙칙한 장마가 우리의 마음을 가리우고 있음은 사실이다. 하늘의 가리움보다 우리들 마음의 가리움이 더 괴롭고 답답한 것임은 말할 것도 없다.

여기에까지 생각이 미치게 되면 인간은 스스로 마음이 파아란 하늘 같기를 진실히 바라게 된다. 걱정, 근심, 짜증, 모든 번뇌의 먹장구름이 우리 마음을 차지해 버리고 손톱 만큼의 틈도 내어 주지 않고 있는 자신을 반성해 볼수록 그러하다. 날선 낫으로 잡초를 베어 버리듯이, 시원한 바람이 구름장을 걷어가 버리듯이, 우리 마음에도 파아란 하늘을 가졌으면, 그리고 언제나 지녔으면 하는 것이다. 사실 이것은 가능한 것이다. 무명 (無明)의 먹장구름과 번뇌의 불꽃에 파아란 자성 (自性)을 잃어 버린 마음을 되찾은 이가 불타요, 이러한 길이 불교다.

맑은 하늘엔 다시 구름이 끼지만 무명과 번뇌가 제거된 맑은 마음엔 다시 구름이 끼지 않는다. 구름을 딛고 선 그 위에는 언제나 파아란 하늘인 것과 같다. ✳

15. 불멸(不滅)의 광명 성탄을 맞이해서

음력 사월 초파일은 부처님께서 탄생하신 날이기에 우리는 환희에 넘쳐 성심 (誠心)으로 경축하는 것이다.

이는 우리 인류를 암흑의 세계에서 무한 광명의 세계로 이끌어 주신 성스러운 불멸의 업적을 남기셨기 때문이다.

부처님께서는 인간이란 근본적으로 절대자유이며 절대평등이라는 원리를 깨닫고 모든 사람들에게 이 원리를 가르쳐 주시고 또 실천에 옮기게 하셨다.

　그리고, 세계를 창조하였다는 조물주를 부정하고 자기자신이 자기를 창조하고 나아가서는 공동으로 세계를 창조하며 어디까지나 각자의 인격을 존중하고 인격을 완성하는 것이 인생의 최고 목적임을 밝히시고 인간에게는 불완전한 결함이 많이 있으나 반드시 완전한 인격을 성취할 수 있다는 인간의 위대성을 몸소 보이시고 전인류에게 가르쳐 주셨다. 그래서, 인간 이외의 어떤 위대한 존재라도 자기 외부에서 구하거나 그의 힘에 의해서 구원을 받는 것을 배격하고, 자기 스스로가 내적으로 반성하고 자각함으로써 광명을 발(發)할 수 있는 것이라 하였다. 이 광명은 누구나 다 간직하고 있는 것이나 자각하지 못한 까닭에 범부라 하며 이 광명을 자각한 사람을 성자(聖者), 또는 부처라 하며 자각한 광명은 영원 불멸이라 하였다. 부처님은 이와 같이 종교적 천재로서 스스로 자각하여 인격을 완성하였을 뿐만 아니라, 전 인류에게도 자기와 꼭같이 인격을 완성하게 하려는 염원을 불태우신 분이며, 일체법의 평등관과 아울러 모든 문제를 인간의 자아에서 출발하여 해결짓게 하였다. 그 교리는 관념적인 것보다 실천적인 것이며 진취적이며 누구나 이해할 수 있는 평이한 것이다. 이와 같이 자각주의로써 평등주의로써 인격주의로써 전인류가 나아갈 바의 길을 밝혔으니, 이것이 만고의 진리며 불멸의 광명인 것이다. 여기에는 생멸(生滅)이 없고 대소가 없고 방원장단(方圓長短)이 없고 더러움과 깨끗함이 없으며 증감이 없는 절대 평등의 경지인 까닭에 이를 자각한 사람은 부처님께서 탄생하시면서 「천상천하 유아독존(天上天下唯我獨尊)」이라 외쳤다는 참 뜻을 이해할 수 있을 것이며, 이것을 이해함으로써 개개인이 처음부터 끝까지 구비해 갖춘 광명을 빛낼 수 있을 것이다. 이러한 의미에서 우리는 성탄을 성심으로 경축하며 환희에 넘쳐 등불을 밝혀 보며 스스로의 마음에 등불을 밝혀 반조(反照)를 다짐하는 방편으로 삼는 것이다.

　이리하여 부처님의 혜광(慧光)은 등등상속(燈燈相續)되었고, 영원 무궁하도록 꾸준히 이어질 것이다.

　많은 사람들이 어둠의 세계에서 윤회(輪廻)를 거듭하고 있는데 이것은 누구를 허물할 수 없는 스스로가 자각하지 못한 죄인 것이다. 그래서, 여러 경전에는 스스로를 밝게 하는 방법을 자세히 밝혀 놓았다. 아무리 분량이 방대하고 풍토가 다르며 각 종파가 주장하는 교리와 실천 방법이 천차만별이라 하여도, 각자의 마음을 밝혀서 부처님이 남긴 불멸의 광명을 비추어 보는 것은 다름이 없을 것이다.

이와 같이, 불멸의 진리를 간직한 불교가 우리 역사상에 남긴 위대한 공적은 이루 다 말할 수 없으며, 앞으로도 이상적인 사회를 건설하는 원동력이 될 것은 물론이다. 불교가 가진 깊은 철학적인 교리는 인간의 사상을 새롭게 하였고 종교적 실천은 인간의 생활 형태를 개조하였다. 불교의 발상지인 인도 민족은 물론 중국 문화가 그러했고, 특히 우리 나라의 문화는 전체적으로 불교에 의해 창조되었다 하여도 과언이 아닌 것이다.

이는 고대 고구려, 백제는 말할 것도 없거니와, 신라가 삼국을 통일한 이념과 원동력이라든지 찬란한 문화를 창조한 기본 정신은 불교를 빼놓고는 아무 것도 없다는 것을 확실히 말하여 주는 것이다. 경주 불국사와 석굴암이 만고의 걸작이라는 것은 곧 우리 민족의 불교적 창조력을 말하는 것이며, 해인사의 팔만대장경이 세계에서 견줄 바 없는 국보임도 우리 민족의 위대한 정신력의 결정체이며 여기에도 부처님의 불멸의 광명은 빛나고 있는 것이다.

이러한 뜻에서도 우리 민족은 이 날을 경축하지 않을 수 없는 것이다. 스스로 마음의 등불을 밝히고 어두운 사람들을 밝혀서 즐겁게 하는 민족의 경축일인 동시에, 세계 인류의 경축일인 것이다. 요즈음에 남의 것은 무조건 좋다고 하고, 자기 것은 천하게 여기는 사대사상의 풍조가 떠도는 듯한데, 누구의 잘못인지 알 수 없는 일이다. ✱

16. 믿 음

불교는 깨달음의 종교이며 진리를 구하여 스스로 석존과 같이 깨쳐서 「붇다」가 되어 보려는 사람들을 위한 가르침이다. 그러나 그 다음에 이르는 길은 믿음을 갖지 않고서는 개척되지 아니한다. 믿음을 갖지 않고서는 불교의 문에는 들어갈 수 없는 것이다.

〈지도론(智度論)〉에 보면,

「불법의 대해(大海)에는 신(信)을 가져야 능히 들어갈 수 있다」고. 하였고 화엄경에서는 「믿음(信)은 선(善)의 근원이요 공덕의 어머니다. 그리고 일체의 선법(善法)을 장양(長養)하는 것이다. 의심을 없애 주고 애정의 흐름에서 벗어나게 하여 열반의 무상도(無上道)를 열어 준다.」라 하였으며 또 범망경에서는

「일체의 행은 신(信)으로 으뜸을 삼는다. 모든 덕(德)의 근본이다」라고 하였다.

도(道)를 구하여 마지않는 열렬한 행(行)은 믿음의 뒷받침이 있을 때 비로소 이루어지며 도(道)도 이루어질 수 있을 것이다.

불교에 있어서의 믿음은 생과 사에 속박된 인간이 괴로운 세계에 살고 있으면서 그것을 해탈하여 자유스러운 깨달음의 세계에 들어가려는 인간정신(人間精神)의 간절한 염원인 것이니 믿음은 깨달음의 세계에 이르를 수 있는 열쇠라고 할 수가 있다.

그러나 믿음은 불교의 세계에서만 필요한 것은 아니다. 인간 생활의 아주 평범한 일에 있어서도 어떤 믿음이 없다면 사회질서는 혼란하게 되리라.

학교에서 열심히 학업을 닦고 있는 사람이 학문 그 자체를 믿지 않고 가르치는 스승을 믿지 않고 나아가 배우는 자기 스스로를 믿지 않는다면 어떻게 될 것이며 상거래시(商去來時) 서로 상대편을 믿지 않는다면 어떻게 될 것인가, 또 결혼이나 가정도 믿음이 없다면 어떻게 이루어질 수 있을 것인가?

물론 종교적인 믿음과 사회적인 믿음과는 의미와 정도의 차이는 있다. 그러나 종교 생활에 있어서나 사희 생활에 있어서나 가장 필요한 것이 믿음인 점에는 조금도 다를 바가 없을 것이다. ✻

17. 믿음과 지혜

불교의 실천방법을 말한 도품(道品) 중에는 믿음(信)과 지혜(智)를 가장 중요한 것으로 말하고 있다. 그래서 믿음(信)은 도(道)에 들어간다는 첫걸음인 까닭에 보살을 수행하는 계위 52위(階位五十二位) 중에도 10신위(十信位)를 최소 위로 정하였고 〈육십화엄경 권 6 현수보살품(賢首菩薩品)〉에도 믿음(信)은 도(道)의 근원이며 공덕의 어머니라 하였고 용수(龍樹)의 〈지도론(智度論) 권 1〉에도 불법의 대해(大海)는 믿음(信)으로써 능입(能入)하고 지혜(智)로써 능도(能度)한다 하였다.

이와 같은 의미에서 믿음(信)은 불·법·승 3보에 귀의하는 것이며 믿음에 의하여 우리들은 불문(佛門)에 들어오게 되는 것이다. 그러나 믿음은 결코 불교를 찬성한다는 외면피상적(外面皮相的)인 것을 말하는 것은 아니다. 어디까지나 지심(至心)으로 삼보에 귀의한다는 금강불괴(金剛不壞)의 정신을 말하는 것이다.

즉 교조 부처님과, 부처님이 설하신 교법과, 이 교법을 신봉하고 성불을 기약한 사람들이 수도를 목적으로 조직된 승단에, 이 몸과 마음을 다해서 귀의한다는 뜻이다.

〈아함경(阿含經)〉 등 소승불교에서도 신(信)을 설명하기를 자아(自我)가 있다는 미(迷)한 견해를 버리고 무아(無我)의 정견(正見)에 살며 일체의 미신(迷信)을 버리고 무아를 바르게 믿으며 불(佛)과 법(法)과 승(僧)에 귀의하여 안주의 곳을 찾는 것이 믿음이라 하였고 또다시 믿음은 제 2의 나(我)이며 우리들의 소의(所依)며 최안주(最安住)며 제 1의 보배라 하였다.

그러나 믿음(信)만으로는 곧 불법의 궁극목적이며 인간의 목적인 열반의 이상에는 도달할 수 없기 때문에 부처님께서는 정(定)을 닦아서 마음을 고요하게 하고 이로 인해서 얻어진 지혜로써만 열반의 세계에 도달할 수 있다라고 하였다.

그래서 지(智)를 얻게하는 정혜(定慧)를 배우는 실천방법이 여러 경전에 자세히 설해진 이유도 여기에 있는 것이다.

지(智)는 체(切)의 사상도리(事象道理)에 대해서 시비정사(是非正邪)를 결정하고 단정(斷定)하고 변별요지(辨別了知)하고 나아가서는 번뇌를 단멸하고 열반을 얻게 하므로 이 지(智)를 위해서 신(信)은 물론 보시와 계(戒)와 정진(精進)을 권해 왔으며 6바라밀 또는 10바라밀의 덕목을 세워서 실천에 힘쓰게 하였던 것이다.

우리도 참된 삶을 위해서는 먼저 3보를 믿는 데서부터 출발하여 열반에 이르는 유일한 방법인 지혜를 얻기에 힘을 다해야 할 것이다. *

18. 현대와 불교

근세(近世)는 원시 사람들이 숭상(崇尙)하던 주력(呪力)의 위력을 부인하였고 또 중세의 타율적인 어떠한 힘이나 신불(神佛)의 세계에서 벗어나서 인간성을 중요시하게 되었고 다시 인간의 감성(感性)까지도 탈퇴하고 자율적인 이성적(理性的) 인간에 시각이 주목된 시대라고도 한다.

그래서 근세는 그 주체를 어디까지나 타자적(他者的)인 부처님이나 신에게 두지를 않고 오직 사람에게 두었고 세계도 천국이나 극동세계(極東世界)가 아니라 역사적인 세계에다 중점을 둔 것이다.

만약에 불(佛)이나 신(神)이나 극락이나 천국이 종교에 있어서 계기라 할 것 같으면 근세는 정녕코 무종교적 시대라 아니할 수 없으며 이러한 의미에서 이 시대는 무종교(無宗敎)를 바라마지 않던 시대라 할 수 있는 것이다. 그러나 과연 근세의 인간 자신들이 이성적으로 역사적 세계에서 낙천적(樂天的)으로 평안한 삶을 영위할 수 있던가 하는 것이 현대에 와서 의심하지 않을 수 없는 것이다.

그리고 이에 대해서 현대 사람들은 적지않은 관심사가 되어있다.

그 관심이 되는 원인은 통속적(通俗的)인 면에서만 보더라도 현대의 세상에 노출되어 있는 인간들의 무력과 반이성적인 면을 얼마든지 볼 수 있다는 것이다.

그 예를 들면 평화문제 하나만 하더라도 그렇다.

전세계 사람들은 거의 다 세계평화를 갈구하고 있다. 대다수의 사람들이 갈구하면서 세계평화를 실현 못하고 있다.

이것은 평화를 실현시키는 인간의 힘보다 오히려 이것을 방해하는 반이성적인 힘이 더 강하다는 사실이며 이성적 인간들의 무능력을 폭로한 것이라 할 수 있다.

그뿐 아니라 과학적 지식의 반이성적 사용이라든지 기계문명에 의해 인간성 상실등 현대의 모든 현상은 현대 사람들로 하여금 고민을 하게끔 되어 있다.

이러한 시기를 당해서 이성의 속에 있으면서 이성을 초월하고 이성을 초월하면서 이성 속에서 살고, 역사 속에 있으면서 역사를 초월하고, 역사를 초월하면서 역사 속에서 살게 하는 면이 있다.

이것이 곧 불교의 세계인 것이다. 모든 것을 초월하고 탈각(脫却)한 생명을 우리 인간에게 주는 까닭인 것이다. 생사적(生死的)인 생명이 아니라 무생사적인 생명인 까닭에 불교는 현대인의 돌파구인 것이다. ✳

19. 정 화(淨化)

인간은 누구나 잘 살려고 한다. 그런데 만족한 목적달성은 너무나 어렵다.

삶의 모든 조건들이 인간을 핍박하여 물질 생활에 있어서나 정신면에 있어서 까닭없이 분주하고 괴롭고 고달프다. 시끄러운 마음의 상태, 복잡한 생활주변, 이를 어지러운〈煩亂〉 현실이라 부른다.

이 현실의 한없는 어지러움에서 벗어나려고 인간은 몸부림치고 있다. 피로움과 시끄러움과 모든 복잡함에서 벗어나 조용하고 편안하여 조금도 혼들림없는 상태를 정화(淨化)된 상태라 한다. 모든 피로움이 말끔하게 가시어진 정화를 갈구(渴求)하면서도 얻지 못하는 것이 인간이다.

삶의 복잡한 소용돌이 속에서 몸부림치던 젊은 인간 신달타도 결국은 이글거리는 번뇌 불꽃과 주체못하던 어지러움에서 차분히 삶을 정화시킨 것이다.

인간 최대의 행복을 획득한 인격의 완성자를 불타라 한다면 불타는 인간 정화(人間淨化)의 완성자인 것이다.

잘 살려는 욕구를 완성시키는 데는 여러가지 길이 있지만 불타는 특히 여덟 가지의 올바른 길〈八正道〉을 가르쳐 주셨다.

올바른 견해〈正見〉, 올바른 생각〈正思惟〉, 올바른 말씨〈正語〉, 올바른 행위〈正業〉, 올바른 생활〈正命〉, 올바른 노력〈正精進〉, 올바른 마음가짐〈正念〉, 통일의 자세〈正定〉. 이것이 팔정도(八正道)이다. 이는 올바른 길인 동시에 정화의 길인 것이다.

다시 말하면 견해와 사고의 정화, 언어 생활과 행위의 정화, 삶과 의지의 정화, 마음과 전체의 정화라고 할 수 있다. 여덟 갈래로 나뉘었으나 그 큰 뜻은 참삶 곧 올바른 인간 생활인 전체적인 정화의 길인 것이다.

이와 같이 전생활(全生活) 전인격(全人格)이 정화된 것은 해탈이라 하고 열반이라 하며 그렇게 된 사람을 불타(佛陀)라 한다.

정화란 말은 혼히 쓰이고 있지만 참정화는 그리 쉽게 생각할 것이 아니어서 우리 인간에게 귀중한 문제가 되어 있다.

일상 생활의 일동일정(一動一靜)에서 정화하지 않고는 결코 전인격(全人格)을 완성시킬 수 없으며 국가사회도 정화시킬 수는 없다.

팔정도(八正道) 뿐만 아니라 불타는 어느 경우에도 일상 생활의 정화를 강조해 주셨다. *

20. 무 상(無常)

어제까지도 정정하시던 범산(梵山) 김 법린(金法麟) 총장께서 갑자기 심장마비로 돌아가셨다. 너무도 뜻밖의 일이었 는지라 비보(悲報)

를 전해 주는 이의 입과 그 비보를 듣는 귀가 의심스러웠고 꿈 속이기를 바라는 마음 간절하였으나, 마침내 꿈은 아니었으니 「인생은 무상하다」는 말이 다시 한번 뼈저리게 가슴에 사무침을 금할 수가 없다. 인생에 있어서 무상이란 것이 피할 수 없는 진리인 것을 모르는 바 아니지만 너무도 뜻밖의 일이었기에 그저 어안이 벙벙하고 아직도 꿈만 같다.

사람이란 누구나 나고, 늙고, 병들고, 죽고 하는 변화 가운데 살고 있으며, 세상의 모든 것 또한 시간의 흐름에 따라 흥망성쇠를 면치 못하는 것이다. 따라서 이 세계는 허망하고 거짓스러운 것이며 무엇하나 의지할만한 것이 없다는 것을 우리는 다시 한번 통감해야 할 것이다.

그러나 그렇다고 해서 모든 일을 운명에 맡겨버리거나 절망의 구렁텅이에 떨어져, 염세주의(厭世主義)나 허무주의(虛無主義)에 기울어져서는 안 될 것이다.

우리는 이 기회에 무상이라는 냉혹한 진리를 뼈저리게 느낌으로써 우리가 놓여 있는 위치를 정확하게 바라보고 앞길을 올바로 내다보는 기점을 삼아야 할 줄 안다.

따라서 현재라는 이 기점이 두 번 다시 올 수 없는 소중한 것임을 알아서, 생(生)을 즐기고 건강을 구가하며 한시라도 허송할 것이 아니라, 짧은 시간일망정 아끼고 선용(善用)하여 보람있는 생을 영위하도록 하기 위해 정진에 정진을 거듭하게 하는 뒷받침이 되도록 해야 할 것이다.

「인생은 무상하다」는 상식적인 진리는 종교세계로의 출발점이요 불교의 근본 교리인 「제행무상(諸行無常)」 바로 그것이다. 이제 우리는 김총장의 서거를 진심으로 애도하면서 그 분께서 마지막으로 다시 한 번 우리에게 일깨워 주신 「제행무상」을 마음 속 깊이 되새기고 되새겨, 참다운 인생의 모습을 찾도록 다짐해야 할 것이다. ✳

21. 석굴가람(石窟伽藍)

얼마 전 우리 문화재를 발굴하여 큰 성과를 올리고 세상 사람들의 관심을 모은 것이 팔공산 제2 석굴암의 발견이라는 것은 누구나 다 아는 사실이다.

그러면, 어째서 바위 절벽에 굴을 파고 그 속에 부처님상을 모시고 예배하며 공양하게 되었는가 하는 것을 생각해 보는 것도 결코 무의미한 것도 아닐 것이다. 전하는 바에 의하면, 석굴 가람제도(伽藍制度)의 기원은 서기 기원을 전후해서 인도에서 비롯되었고, 7세기경이 가장 전성할 때라고 기록되어 있다. 이와 같이 성행하던 석굴의 사원 제도는 북방의 고원 지대와 남방의 해안 지대를 거쳐서 중국으로 전하여져서 유행하였고, 이어서 우리 나라에서도 영향을 받게 된 것이다. 그러나, 석굴 가람을 경영한 목적은 북방계와 남방계가 구별되어 있다. 남인도의 경우를 보면, 몹시 더운 기온과 비오는 시기의 독을 가진 곤충 등의 해를 피해서 시원하고 안전한 곳을 구하는데서 석굴 사원을 생각하게 되었고, 중국을 비롯한 북방계에서는 도를 닦기 위한 안전의 도모보다 불교를 반대하는 이단들의 법난을 막고, 또 오래도록 불교를 전하기 위한 한 방법이라는 데 그 목적을 두고 있는 것이다. 이것은 비단 가람 뿐만 아니라 불교의 경문을 적은 책을 바윗 돌에 큰 글자로 깊이 새겨서 불에 타서 없어지는 위험을 막고 영원히 후세에까지 보존하려는 것과 같은 의도인 것이다. 그래서, 북방계의 석굴가람의 모양과 그 형식은 일정하지 않으나 남방계의 대표적인 「아잔타」석굴가람군의 예를 보면, 그 꾸며진 모양과 형식이 승당(僧堂)으로 사용되는 비하라(毘訶羅, Vihara)라는 것이 있고 단순히 예배만 하는 지제(支提 : Caitya)라 불리어지는 예배당(禮拜堂)이 있다. 승당에는 벽 한 쪽 정면에 부처님 상을 모시고 승려들이 살면서 도를 닦는 곳으로 되어 있고, 여러 승당에 하나의 비율로 있는 예배당은 승려들이 거처하지 않을 뿐더러, 불상도 모시지 않고 예배의 대상으로 굴 안의 가운데는 탑을 안치하고, 그 둘레

를 돌아다니면서 예배하는 곳이다. 신라 시대의 기록을 보면 불사가
있을 때는 물론, 절을 찾아 예배할 때는 뜰 가운데의 탑을 돌면서
예배하였다는 풍습과 일치되는 것이다. 우리 나라의 석굴가람은 이
러한 모양과 형식을 본뜬 것이나, 중국과 같이 외적(外敵)을 피하고
인도 남방과 같이 더위를 피해서 안전하게 도를 닦을 장소를 구한데
서가 아니라, 우리 민족만이 특별하게 갖고 있는 사상적 배경이 있
는 것이다. 이번에 새로 발견된 팔공산 것은 아직 그 깊은 연구가
없어서 알 수 없으나, 불국사 석굴암의 예를 보면 민족 문화의 꽃이
라 자랑하는 「미(美)」의 그 이면에는 동해를 넘나드는 오랑캐를 물
리치려는 호국 정신이 불타고 있고, 부모의 은혜를 보답한다는 효성
스러움의 도덕적 의식이 약동하는 민족혼을 풍겨주는 생활기록의 일
면이라 할 수 있는 것이다. ✱

22. 황룡사 구층탑(皇龍寺 九層塔)

우리 민족의 화려하고 아담한 예술작품 이라기보다 새로 일어나는
신라의 힘차게 뻗어나간 기상의 근원을 찾으려면, 먼저 신라의 서울
경주시 외곽의 구황리에 묵묵히 사바 세계의 무상함을 보여 주는 황
룡사 터에 구층탑이 세워져 있던 자리를 말하지 않을 수 없다.

황룡사는 신라 24 대 진흥왕 14 년에 세운 절로써 처음 용궁 남쪽
에 새로운 대궐을 지으려 했을 때 그 곳에서 황룡(黃龍)이 나왔으므
로 이것은 국가의 좋은 징조라 하여 궁궐 짓기를 중단하고 그곳에다
큰 절을 짓고 황룡사(皇龍寺)라 이름했다 한다. 그 절을 창건하게
된 동기와 당시 화려하고 성대하였던 꿈을 더듬게 하는 빈 터에 구
층탑의 자리가 남아 있으니, 이 탑이야 말로 황룡사 장륙상(丈六像)
과 천사옥대(天賜玉帶)와 아울러 신라 3 대 국보의 하나이며 통업
(統業)을 위한 민족의 기원 도량(祈願道場)이었다. 그 웅대한 모습
은 민족이 다같이 높이 받드는 대상이 되었으며 우리 나라 탑파(塔
婆) 가운데 전무후무한 존재였던 것이다. 이 구층탑은 우리 나라의

문물 제도를 크게 혁신시킨 위대한 종교 정치가인 자장법사(慈藏法師)가 당나라에서 「그대의 본국에 돌아가서 황룡사에 구층탑을 세우고 팔관회(八關會)를 베풀어 만방에 나라의 위엄을 떨치게 하라」한 신인(神人)의 부탁을 받고 귀국한 즉시로 조정에 탑을 세울 것을 청하니, 그때 선덕여왕(善德女王)은 신라에 능히 구층탑을 세울 전문 기술자가 없음을 탄식하고 백제에 많은 보물을 보내어 아비지(阿非知)라는 유명한 기술자와 수백 명의 작은 기술자들을 청하여 공사를 시작했던 것이다. 처음 기둥을 세우는 날 아비지는 자기 조국인 백제가 멸망하는 불길한 꿈을 꾸고 그 공사를 중지하기로 결심하였으나, 홀연히 천지가 진동하고 노승(老僧), 신장(神將) 등이 나타나서 탑의 기둥을 세우는 등의 이상한 일이 일어남을 보고 아비지는 부득이 마음을 돌려 공사를 끝마쳤는데, 얼마 안 가서 백제가 망하였다는 일화가 〈삼국유사(三國遺事)〉에 전해지고 있다. 이 구층탑은 조형미학적 양식면에서 보면, 인도의 벽돌로 조성한 복분식 탑파(覆盆式塔婆)에서 점차로 발전하여 기단(基壇)과 탑신(塔身)에 시설되었던 난순(欄楯)이 건축적으로 방(房) 모양의 형태로 변하였으며, 또 누각식(樓閣式)으로 변하고 누각식 탑파가 목조탑파(木造塔婆)로 변하여 중국에서 백제를 거쳐 이룩된 신라 목조탑의 조종(祖宗)이 된 것이다. 그리고, 신라 목조탑의 대표적 작품인 동시에 가장 구체적인 문징(文徵)이 남아 있는 것도 이 구층탑의 기록이다.

그 문징과 현재 존재하고 있는 초석(礎石) 등으로 미루어 볼 때 이 탑의 크기는 첫 층의 넓이가 약 73척 4치이고 각 기둥사이가 10척 4치로 7간 4면인 49간의 넓고 웅장한 건물이었으며, 중앙에는 폭이 4척, 높이 2척 7치 5푼의 입방(立方)형 돌기면(突起面) 위에 약 6치 내외의 원형요혈(圓形凹穴)이 있는 찰주석(擦柱石)이 놓여 있으며, 탑의 총 높이는 225척이라 전하나 지금의 자(尺)로 환산하면 3, 4백척은 충분하리라 한다.

원래 탑이 가진 바 의의는 부처님의 유물로 유적을 숭배하는 데서부터 시초하였던 것이지만, 그 후 여러 각도로 변천하여 신라 민족에 와서는 복회(福會)의 예배하는 곳으로, 혹은 팔관회의 모이는 장소로도 변하였으며, 특히 황룡사 구층탑은 종교적 대상일 뿐만 아니라, 신라인의 호국사상의 대상으로 변하여 나라의 위태로움을 방어하고 나라의 위엄을 국외에 떨치는 하나의 상징이 되었던 것이다. 그리고 안 홍(安弘)이라는 분은 그의 저서 「동도성립기(東都成立記)」에, 황룡사 구층탑은 구한(九韓)의 침범을 방어할 뿐만 아니라, 내공(來貢)을 목적으로 하는 것으로, 제 1층은 일본을 항복받고자 함이요, 제 2층은 중화(中華), 제 3층은 오월(吳越), 제 4층은 탁라(托羅), 제 5층은 응유(鷹遊), 제 6층은 말갈(靺鞨), 제 7층은 단국(丹國), 제 8층은 여적(女狄), 제 9층은 예맥(穢貊)의 항복을 받고자 한 것이라고 하였다. 여기에 기록된 나라들의 명칭에 대해서는 학자 간에 다른 설(說)이 많으나, 어쨌든 구층탑은 신라 국민의 철저한 국방 사상의 기반에서 이루어졌음을 알 수 있으며, 나아가서 신라인이 영토를 확장하여 이웃 모든 나라의 영도권(領導權)을 장악하겠다는 의욕에 불타고 있었다는 점과, 민족 문화 창조에서 다른 민족을 지배하려는 문화 정책의 의도를 역력히 엿볼 수 있는 것이다.

  여기에 황룡사 구층탑의 독특한 의의가 있는 것이며, 고려 태조의 건국 이념에까지 영향을 주어 이 탑을 소중히 하였으며, 이것을 모방하여 서경에다 구층탑을 세운 것 등은 단순한 불교 신앙에서만이 아니었던 것을 알 수 있다. 북방의 외적을 막고 사직의 무궁을 소원하는 데에 본래의 뜻이 있었으며, 민족 사상 통일에도 큰 도움을 주었던 것이다. 아무리 민족의 끓는 열성과 신념으로 이룩한 황룡사 구층탑도 부처님이 말씀하신 제행무상(諸行無常)의 원리에는 도리가 없었음인지 신라 32대 효명왕 7년에 벼락으로 일부 파손된 것을 비롯하여, 고려 고종 16년 몽고병에 의하여 타서 없어지기까지 9차례에 걸쳐 개수에 힘을 다하였으며, 현종 때에는 조유궁(朝遊宮)을 헐어서까지 그 중건에 힘썼던 것이다. 그러나, 필경에는 몽고병에 의하여 재가 되는 슬픈 운명에 이르렀으니, 이것은 삼라만상의 성주이멸(成住異滅)하는 진리를 말하는 것이나, 한편으로는 이 때의 국민 사상이 창조시의 국민 사상보다 호국에 대한 지성이 식었음인지, 몽고가 고의로 국민 사상이 많이 담겨져 있는 구층탑 파괴에 전력을 다했음인지, 그 진상을 말하기 어렵다고 하겠다. 언제나 우리 민족은 정신적으로 통일되었을 때만이 외적에게 강했고, 안으로는

웅장하고 아름다운 문화가 창조되었다는 것을 이 황룡사 구층탑의 경우에서도 찾을 수 있는 것이다. ✱

23. 원각사지 다층 석탑(圓覺寺址多層石塔)

서울 중앙에 자리잡고 있는 아담한 파고다 공원에는 하늘을 찌르고 우뚝 솟은 백색 대리석 석탑이 오가는 사람들의 발걸음을 멈추게 하고 있다. 이 석탑의 전체의 짜임새가 미의 극치에 달하였고, 의장(意匠)이 풍부한 것과 수법의 세련된 모습이 조선 시대 작품 탑파(塔婆)중 가장 우수한 것이며 그 시대의 어느 민족에게도 못지 않은 예술품인 것이다. 이 탑을 속칭 13층탑이라 부르고 있으나 그것은 잘못이며, 실은 기단(基壇)이 삼성(三成)이며 탑신(塔身)은 9층인지 10층인지 구별하기가 곤란하게 된 탑이다. 그래서 전문가들은 다층 석탑이라 할 뿐, 정확한 층수를 붙이기를 꺼리고 있다.

이 공원 전체와 낙원동 일대가 원각사라는 절터인데, 이 절은 세조 10년에 세조가 효령대군(孝寧大君)의 청에 의해서 부처님의 사리를 봉안(奉安)하기 위하여, 이태조가 창건했던 흥복사(興福寺) 자리에다 막대한 국비와 많은 인력을 들여서 오랜 시일에 걸쳐 완성을 본 것이다. 이 원각사의 탑은 그 속에 불교도들의 예배 대상이며 부처님의 유신(遺身)으로 숭앙을 받는 사리를 모시고 우리 한글로 번역된 〈원각경(圓覺經)〉을 비치하고 국가의 번영과 민족의 행복을 기원하며, 분열된 민족사상의 통일을 다짐하며 태종 이후 정책적으로 배척을 당한 불교를 재건한다는 상징으로 국가적이며 민족적인 의의를 가진 것이다. 이 탑의 양식은 고려 말에 이루어진 경천사탑(敬天寺塔 : 현재 경복궁 입구에 복원하였음)을 모방하여 우리 나라에서 보기 드문 모양으로 그 수법은 조선 시대의 독보적인 걸작인 것이다. 기단 삼층을 두출성형(斗出星形)으로 하여 20각을 이루고, 각 면에는 불교와 인연 깊은 동물, 식물 등을 비롯하여 인도 고대 전설의 설화나 부처님의 설화로 화면을 빈틈없이 조각하여 조화의 미를 이루었다. 탑신 1층에서 3층까지도 역시 두출성형으로 하고, 정면에는 13회(會)의 변상도(變相圖)를 새겨서 불교 교리의 축소도경(縮小圖經)을 자랑하고, 사이사이에 보살상(菩薩像), 사천왕상(四天王像), 팔부신장상(八部神將像) 등을 배열하여 대가람의 표본같기도 한 것이다. 이 중에도 서방(西方) 3층의 전단서상회(栴檀瑞像會)의 내용은 불상의 기원을 해설한 시적이며 극적인 흥미있는 변상도인 것이다.

이 탑은 세조 10년 여름에 기공하여 12년 4월 8일에 낙성하였다 한다. 그때도 명나라 사신이나 일본 사신들은 으레히 이 탑을 참관하고 감탄하였으며, 시대를 달리한 지금에도 우리 국민은 물론이고, 외국의 관광객들의 흥을 흐뭇하게 돋구어 주며 우리 민족 문화의 아름답고 우수한 것에 대하여 경탄하게 하고 있다. 그래서 이 원각사지의 다층석탑은 서울의 명물이며 민족 문화의 자랑인 것이다. *

24. 보신각(普信閣)과 시종(時鍾)

보신각(普信閣)은 종로 네거리 옛 화신백화점 건너편에 있는 종각이다. 여기에 매달린 종을 시종(時鍾)이라 부르고, 또는 인정(人定)의 속칭인 인경이라고도 부른다.

조선조 3년에 수도를 한양으로 정하고, 다음 해 4년에 중부 운종가〈종로 1가〉에다가 건국의 대업을 축하하고 아침 저녁으로 국민의 일하고 쉬는 한계를 분명히 하고자 하여 큰 종을 만들어 이 종각에 달았다. 그리고 저녁 7시 경에는 28숙(宿)에 응(應)하는 28회의 종을 쳐서 인정〈속칭 인경〉이라 하였고, 새벽 3시 경에는 33천에 응하는 33회를 울려서 파루(罷漏)라고 하였다.

이 신호에 맞추어 도성문을 열고 닫았으니 시종이라 한 것이다. 지금의 싸이렌 소리라 생각하면 틀림이 없을 것이다. 그 후 세종 때 종각을 헐고 십자가를 만들어 사방으로 통하는 누각으로 다시 지었다. 동서가 5간이고 남북이 4간인 큰 문루(門樓)였다. 밑으로는

8마(馬)가 통하고 누상에는 시종을 달았다. 그러나, 선조 25년 임진왜란으로 인하여 위관(偉觀)을 자랑하던 종루는 타버리고 종도 녹아 없어졌다.

그 후 선조 때 종각을 다시 짓고 지금 있는 시종을 달았다 하나 그 근거는 명백하지 않다. 그 다음, 고종 6년 10월에〈서기 1869〉종로 일대에 큰 불이 나서 종각이 타버렸으므로 다시 중창(重創)을 하였고, 고종 23년에 지금의 보신각이라는 액판(額板)을 걸었다 한다. 최근 도시계획 때에 원래의 위치보다 후방으로 이전하였고 6·25 동란에 다시 후방으로 이전하여 현재 위치에 세워진 것이다.

이 보신각에 달린 시종에 대해서는 학자 간에 설이 분분하나, 가장 많이 유행된 것이 원각사(圓覺寺) 종이라는 것이다. 그 이유로, 선조때 사람인 심 수경(沈守慶)이 지은〈유한집(遺閑集)〉과 영조 때의 이 긍익이 지은〈연려실기술별집 15(燃藜室記述別集十五)〉도성궁궐편(都城宮闕篇)에 보면, 원각사가 다 쓰러지고 종만 남았는데, 중종 때 재상이 된 김 안로(金安老)가 건의하여 동대문에 달기로 하고 그리로 옮겼다가 달지도 못하고, 김 안로가 죄를 입었음으로 약 60여년간 풀 속에 묻히었다가 임진왜란 후에 지금의 종각으로 옮겨졌다는 것이다. 그러나, 원각사 종은 세조 10년에 주조되었고, 이 시종은 세조 13년 2월〈서기 1468〉에 주조되었으니, 같은 종이 아닌 것은 분명하다. 이것은 더 깊이 연구할 문제이다. 현재의 시종은 구경(口經)이 7척 5치 3푼이며, 높이가 용두까지 12척 5치로 경주 박물관에 보관 중인 봉덕사 종에 다음가는 우리 나라에 현존하는 큰 종의 하나이다. 크기는 하나, 수법으로 보아서는 우수한 작품이라고 할 수 없는 종이다. 이와 형제되는 세조 7년의 종명(鍾銘)을 가진 흥천사 종이 덕수궁에 보관되어 있다. ✳

25. 석굴암 (石窟庵)

경주 토함산 중허리에 아담하게 자리잡고 있는 석굴암의 부처님을 본 사람이면 신라 사람들의 뛰어난 솜씨에 놀라지 않을 수 없을 것이다.

웅엄(雄嚴)한 연화좌대 위에 적연(寂燃)히 결가부좌한 석가여래상은 웅려(雄麗)하고 지혜와 자애에 싸여 돌이면서 돌이 아니며 인간의 사실이면서 인간을 초월해 있는 신성한 정경은 그 앞에서 누구나 머리를 숙이게 하고 어떤 위대한 힘에 흠뻑 싸여 드는 듯한 느낌을 주고 있다.

이것은 다름 아닌 신라 사람들의 신앙과 사상의 생생한 표현이며 생활의 예술화며 그들의 생명력을 보여 주는 것이다.

우리는 석굴암을 조성(造成)한 신라 사람들의 근본의도가 인도나 중국 사람들의 석굴가람(石窟伽藍) 경영과는 엄연히 구별되어 있음을 알 수 있다. 불교를 수행하고 그 유적을 영구보존한다는 다른 나라의 경우에 비해서 신라에서는 호국을 하겠다는 애국사상과 부모에게 효도를 하겠다는 국민도덕이 밑바탕이 되어 있는 점이다.

이것은 그 창건설화에서 뿐만 아니라 조영 구조면에서도 뚜렷이 나타나 있다.

다른 나라 사람들의 작품을 모방했다기보다 조그마한 돌조각 하나에도 소홀히 다루지 않은 그들의 창조력은 사상의 강조된 융화성과 종합성의 표현인 것이다.

그리고 중앙의 본존을 중심으로 조화된 가지가지의 변화는 고매한 정신세계의 구체화로써 신라 사람들이 갈망하던 이상 불국토 건설의 신앙의 내용을 보여주는 것이다.

이 창건에 대한 설화가 삼국유사에 김 대성(金大成)이 전세(前世) 부모와 현세(現世) 부모에게 효성을 다한다는 뜻에서 이루어졌다는 미담을 전하고 있는 것은 누구나 다 아는 바이다.

최근 그 옛 모습을 되찾고 영구보존을 피하여 국가에서는 힘을 들여 현대과학기술진을 총동원하고 있는 지혜를 다 짜내서 보수공사에 돌진하고 있다.

머지 않아서 우리는 그 웅장한 전실(前室) 앞에 서서 감로수에 속진(俗塵)을 씻고 창건 당시의 옛모습을 연상하면서 본존을 우러러 합장 예불할 것을 생각하니, 어딘지 모르게 심혈을 기울여 이에 뒷

받침 구실을 하고 계시는 분들의 노고에 머리를 숙이지 않을 수 없다. *

26. 삼소굴(三笑窟)

　양산(梁山) 통도사(通度寺)의　산내 암자에　극락암(極樂庵)이 있다. 이 극락암은 전국 영수납자(靈水衲子)들이 모였다 헤어졌다 하는 전문선원(專門禪院)이다.　이 선원의 조실에는 선객이면 누구나 다 아는 경봉노사(鏡峰老師)께서 70이 넘은 고령도 아랑곳없이 선객의 지도뿐만 아니라, 선원운영까지도 걱정을 하고 계신다.

　이 경봉노사는 3소굴(三笑窟)이라는 액판(額板)이 붙은 아담하고 조출한 곳에서 절학무위한도인(絕學無爲閑道人)의 도풍(道風)을 풍기고 있다.

　처음 노스님을 찾는 사람은 대개 3소굴의 뜻을 묻는다. 찾는 이의 근기에 따라서 지혜있는 답변의 책봉이 날카롭게 빛나기도 하지만 초학자(初學者)에게는 친절하게 그 뜻을 설명해 주신다.

　3소의 3은 수를 초월한 3이며 전(前) 33, 후(後) 33의 3이라 전제하시고 3소굴의 뜻을 독특한 화술로써 실감있게 깨우쳐 주신다.

　『내가 오래 전부터 염주를 하나 가졌는데 부산으로 대구로 서울로 여행을 하고 돌아다니다가 집에 와서 보니 염주를 어디다가 두고 왔는지 생각이 나지 않았다. 그래서 다시 염주를 찾으러 서울로 부산으로 가서 있을 만한 데는 다 찾아 보아도 나오지 않았다. 할 수 없이 지친 몸으로 집에 돌아와서 그동안의 객려(客鹿)를 씻어버리고자 목욕탕에 들어가서 옷을 벗고 보니 여태까지 애써 찾아 다니던 염주가 내 목에 떡 걸려져 있지 않는가.

　이 얼마나 우스운 일이냐 그래서 하하하 하고 크게 웃었지.

　이와 같이 우리들도 이 육신은 부모에게서 잠깐 빌려 받은 것이나 육신을 운전하고 다니는 본래 면목은 본래 거기 있는 것이니라. 이 것을 알지 못하고 오랫동안 다른데서 찾아다니다가 그 놈이 먼데 있지 않음을 알 때에 얼마나 우스운 일이냐.

그래서 내가 한 번 크게 웃었던 곳이라 3소굴이라 하노라.』

하시면서 한번 또 웃어 보신다.

이에 우리는 진리가 먼 곳에 있는 것이 아니라, 일상 생활에서 밥 먹고 잠자는 가운데 있다는 것을 알 수 있으며 따라서 불교도 어려운 것이 아니라 누구나 체증(體證)만 하면 언제든지 어디서나 대자유인이 될 수 있다는 산 교훈을 3소굴 법문에서 깨달을 수 있을 것이다. ✻

제3장 진리의 장

1. 사 대(四大)

물체를 이루고 있는 요소를 네 가지로 분류하는 법이 옛날 인도에서 행하여지고 있었다.

이 네 가지는 지(地), 수(水), 화(火), 풍(風)을 말하며 사대(四大) 또는 사대종(四大種)이라고도 하는데, 이는 곧 네 가지 요소라는 뜻이다.

지(地)라는 것은 단단한 부분을 말하는 것으로, 인체로 말하면 골격과 같은 부분을 이루는 것이다. 이는 물체가 오래 지속되게 하는 작용을 한다.

수(水)는 습기(濕氣)의 부분, 즉 물체에 포함된 물기를 말한다. 인체로 말하면 혈액을 구성하는 것이며, 이것은 물체가 하나로 뭉쳐지는 작용을 한다. 만약에 물체에 수분이 없으면 그 물체는 흩어져 분산되고 말 것이다.

화(火)는 열기(熱氣)를 말하는 것으로, 인체의 체온과 같은 것이다. 이는 모든 물체를 성숙시키는 작용을 한다.

풍(風)은 움직이는 것을 말하는데, 사람의 운동과 생장은 이 풍의 힘으로 되는 것이다. 즉, 이 풍은 생장하는 작용을 갖고 있다.

이와 같이 사대를 내세운 것은 불교 이전부터 인도에 있었던 학설에서 비롯된다. 즉, 그 당시 인도 사상의 이대사조는 전변설(轉變說)과 적취설(積聚說)이라 할 수 있는데, 전변설에 대립한 적취설이 우주의 삼라만상은 지, 수, 화, 풍의 네 가지 요소가 모여서 이루어진 것이라고 한 데서 시작되었던 것이다.

불교 이전의 인도의 2대사조의 하나인 전변설이라는 것은 우주의 삼라만상을 구성하는 하나의 정신적 존재인 범(梵)이라는 것이 있어서 그 범이 이리저리 돌아다니면서 변화를 일으켜 이 우주가 구성되었다고 하는 학설인 것이다.

그러나, 불교에서는 이 전변설 대신 지수화풍의 4대 요소를 내세우는 적취설을 그대로 받아 들였다. 그리하여, 사람을 포함한 모든 물체는 지수화풍의 4요소가 인연마다 뭉쳐 이루어진 것인 까닭에, 인연이 다 되면 다시 지수화풍의 본래 요소로 되돌아가는 것이라고 했다. 따라서 현실의 여러 모양에 대해서 아무런 애착을 가질 것이 아니라는 무상(無常)을 말하는 데에 인용되고 있는 것이다. ✳

2. 육 경(六境)

안(眼), 이(耳), 비(鼻), 설(舌), 신(身)의 오관(五官)의 기능을 불교에서는 오근(五根)이라 한다. 또한, 5근을 통솔하는 기능을 의근(意根)이라 하여 5근과 의근 이 두 가지를 합쳐서 육근(六根)이라 하는 것이다.

육근이 인식할 수 있는 대경(對境)을 육경(六境)이라 하며, 그 인식하는 것을 육식(六識)이라 한다.

눈으로 보는 것은 색경(色境)이며, 귀로 듣는 것은 성경(聲境)이며, 코로 냄새를 맡는 것은 향경(香境)이며, 입으로 맛을 아는 것은 미경(味境)이며, 몸으로 알 수 있는 것을 촉경(觸境)이라 하고, 마음으로 아는 것을 법경 (法境)이라 한다.

이 육경을 다시 육진 (六塵)이라고 부르니, 이것은 티끌이 마음을 흐리게 하는 까닭이라는 뜻에서 온 말이다.

불교에서는 이 육경 (六境)을 여러 전적 (典籍)에서 설명하고 있으니, 〈구사론 권 1〉의 예를 보면 다음과 같이 세밀히 분석하고 있다.

눈으로 볼 수 있는 색경 (色境)은 청 (青) · 황 (黃) · 적 (赤) · 백 (白) · 운 (雲) · 연 (烟) · 진 (塵) · 무 (霧) · 영 (影) · 광 (光) · 명 (明) · 암 (暗)의 12종의 현색 (顯色)이 있다 하였고, 장 (長) · 단 (短) · 방 (方) · 원 (圓) · 고 (高) · 하 (下) · 정 (正) · 부정 (不正)의 8종 형색 (形色)이 있다 하였다.

그리고, 귀로 듣는 성경 (聲境)은 생물의 몸으로 내는 소리와 다른 것으로 내는 소리로 구분하고 있으며, 언어와 언어가 아닌 박수 (拍手), 기성 (器聲), 관현 (官絃), 뇌명 (雷鳴)등이 있다.

이 소리는 듣는 이에게 쾌감을 주는 소리와 불쾌감을 주는 소리가 있어 8종으로 내세우고 있다.

다음, 향경 (香境)에는 불전 (佛前)에 피우는 것과 같은 훈향 (薰香)과, 마늘 파와 같은 악향 (惡香) 등의 4종이 있다 하였다. 그리고, 미경 (味境)에는 쓴 것, 신 것, 짠 것, 매운 것, 단 것 등 6미 (六味)가 있다고 하였고, 촉경 (觸境)에는 단단한 것, 축축한 것, 더운 것, 움직이는 것을 비롯하여 미끄러운 것, 거친 것, 무거운 것, 가벼운 것, 찬 것, 배고픈 것, 목마른 것 등 11종을 말하고 있다.

끝으로, 의근 (意根)의 대경 (對境)인 법경 (法境)은 넓게 말하면 일체만법 (一切萬法)을 말하는 것이지마는, 좁게 말할 때는 앞에서 말한 오경 (五境)을 제외한 남은 대경 (對境)을 전부 말하는 것이라 하였다.

다시 말하면, 의근 (意根)과 의식 (意識)은 육경의 전체에 작용하고 있으나, 특히 의근과 의식에만 작용의 대경을 삼는 것을 법경 (法境)이라 한다는 것이다.

이상과 같이 불교에서는 5관 및 의근 (意根)의 대상을 세밀히 설명하고 있는 것이다. ✱

3. 오 온(五蘊)

육근(六根)을 통해서 감촉되고 생각 속에 나타나는 유형무형(有形無形), 유정비정(有情非情), 천차만별(千差萬別)의 삼라만상(森羅萬象)은 이루 다 헤아릴 수 없는 것이다. 그러나, 이것은 크게 유위(有爲)와 무위(無爲)의 두 가지 법으로 대별할 수 있고, 세분해서 분류해 보자면 소승(小乘)의 오위(五位) 75법과, 대승(大乘)의 오위(五位) 백 법(百法)으로 분류된다. 이것은 불교의 만유분류법(萬有分類法) 중의 하나이다. 불교에서는 이와 같이 객관적으로 우주만유를 구분하는 반면에, 주관적인 면에서 인간 또는 자기 자신을 구분해 보려는 오온설이 전하여지고 있다. 오온은 해석하는 사람에 따라 오음(五陰), 오중(五衆), 오취(五聚)라고도 하며, 범어(梵語·Pañca-skandha)에서 유래된 말이다. 온(蘊)은 취(聚)의 뜻으로 같은 종류를 수집해서 분류한다는 뜻이다.

오온은 색(色)·수(受)·상(想)·행(行)·식(識)의 다섯 종류로서, 우리 자신이나 유정(有情)의 일체를 분류할 수 있다는 것이다. 이것은 유정 가운데 나〈我〉의 실체 존재를 사악한 것의 모임이라고 배척하고, 또한 '나'라는 실체 존재가 여러 종류의 요소가 모여서 구성된 것임을 설명하는 것이다.

(1) 색온(色蘊)이라는 것은 물질 또는 육체를 말하는 소위 색법(色法)이며,

(2) 수온(受蘊)은 인상(印象) 감각을 말하는 것이며,

(3) 상온(想蘊)은 지각(知覺) 표상(表象)이다. 수(受)·상(想)의 두 가지 온은 정신 작용 중 번뇌를 발생하게 하고 더욱 더 번뇌가 커지게 하는 대표적인 것으로 마음을 대표한다.

(4) 행온(行蘊)은 의지(意志), 기타의 마음 작용이며, 흘러 변천하는 것과 유위생멸(有爲生滅)의 법을 말하는 넓은 범위의 작용 전부를 일컬음이며,

(5) 식온(識蘊)은 의식(意識) 또는 마음으로 우리들의 내부에 진

행되고 있는 것을 명료하게 의식하고 있는 것을 말하며, 식온이 색온〈肉體〉과 연결됨으로써 수(受), 즉 고락(苦樂)의 감정이 발생한다는 것이다.

종래의 오온설에는 「존재하는 것의 범주의 법」, 「모든 존재자」, 「심신이며 세계의 일체」, 「유정성립(有情成立)의 요소」, 「유정의 생존을 구성하는 요소로서의 일체법」 등의 설(說)이 있으나, 이것은 모두 오온이 모여서 개체〔自己自身〕를 조직하고 있는 것이지 오온 그것이 진실한 「아(我)」는 아니라는 것을 설명해 준 것에는 틀림없는 것이다.

이와 같이 유정의 생성을 성립하게 하는 일체법은 무상이요, 고(苦)이며 무아(無我)임을 반증해 주는 것이 오온설의 진면목인 것이다. 이러한 의미에서 〈반야심경(般若心經)〉에서는 「오온개공(五蘊皆空)」을 도파(道破)하였고, 「색즉시공(色卽是空) 공즉시색(空卽是色) 수상행식(受想行識) 역부여시(亦復如是)」라 하였으며, 〈방광대장엄경(方廣大莊嚴經) 권 12〉에는 오온의 무상(無常)·고(苦)·공(空)·무아(無我)를 다섯 가지 비유로 설명하였으니,

색(色)은 물거품을 끌어당겨 만지지 못함과 같고,

수(受)는 물거품이 오래 있지 못함과 같고,

상(想)은 꿈 가운데의 허망한 봄과 같으며,

행(行)은 심초(芯草)의 굳은 힘이 없는 것과 같으며,

식(識)은 환각으로 변하여 뒤집어짐이 일어남과 같아서, 삼계(三界)는 실(實)이 아니며 일체(一切)는 무상(無常)이라 한 것이 그것이다. ✻

4. 업(業)

착한 일을 하면 좋은 결과를 얻고 나쁜 일을 하면 나쁜 결과가 온다는 것은 불교의 원칙이 되어 있다.

과거의 인(因)은 현재의 과(果)를 초래하였고, 현재의 과는 또다시

인이 되어 미래의 과가 된다는 인과율(因果律)에서 볼 수 있듯이, 우리의 행위는 과거에 지어진 어떠한「무형의 힘」에 의해서 지배되는 것이다. 그렇다고 해서, 숙명이나 운명론적인 것을 말하는 것은 아니다. 선인선과(善因善果), 악인악과(惡因惡果)의 사상은 우리들의 노력에 의해서 항상 발전하는 의지의 자유를 말하는 것이다. 자유의지의 결단과 노력에 의해서 현재의 고통도 달게 받아 넘길 수 있고, 미래의 낙을 위해서 선을 닦을 수도 있는 것이다. 이 밑바탕이 되는「무형의 힘」을 불교에서는 업(業)이라 부르고 있다.

그래서, 인생고의 근원을 뽑으려면 먼저 업을 일으키는 근원인 번뇌를 단절해야 한다는 것이다. 아무나 성불(成佛) 못하는 이유가 숙업(宿業)의 두터움 때문이라는 것이 이것을 가리켜서 하는 말이라 하겠다.

업이라는 말은 범어 'karman' 또는 'karma'를 번역한 것으로 조성(造成), 행위, 소작(所作)의 뜻이며, 의지에 의한 심신의 활동을 말한 것이다. 그리고, 업에는 우리들의 정신 작용인 마음씨를 말한 의업(意業)이 있고, 마음에 생각한 것을 몸으로 행동하는 신업(身業)이 있으며, 마음에 생각한 것을 입으로 표현하는 구업(口業)이 있다. 우리가 욕설을 한다거나 사람을 중상모략하는 것은 악한 구업을 짓는 것이다.

이 세 가지인 신·구·의(身·口·意) 삼업이 가장 많이 불리어지고 있다. 또, 업에는 그 성질상 선업과 악업과 선도 아니고 악도 아닌 무기업(無記業)의 3업이 있다. 그리고, 입과 몸으로 지은 업이 외부에 표현되어 다른 사람이 알 수 있는 표업(表業)이 있고, 그 반대인 무표업(無表業)이 있다.

사람은 누구나 착한 일을 하면 마음이 평안하고 만족스러운 쾌감을 느낄 수 있으나, 나쁜 일을 했을 때에는 마음이 불안스럽고 불쾌한 느낌이 오랫동안 가시지 않는다. 따라서, 이 쾌(快), 불쾌(不快)의 감정이 그 다음에 오는 마음씨와 언어와 행동에 적극적으로, 또는 소극적으로 영향을 주며 지배하고 있다고 말할 수 있다. 이것이 다른 사람은 알 수 없는 무표업이며 업이 상속(相續)하는 밑바탕이 되는 것이다.

또, 업에는 사람이라는 굴레를 지어 주는 인업(引業)이 있고, 사람이라는 바탕에 남녀, 귀천, 미추(美醜)의 세밀한 결과를 지어주는 만업(滿業)이 있다.

이와 같이 업에는 2업, 3업, 5업, 10선업, 10악업 등의 분류법이 있어서 교학상의 연구 대상이 되어 있다.

우리가 시시각각으로 지어가는 업은 반드시 그 대가인 과보를 초래하고 있으니, 업의 결과며 업의 인이 되는 언어와 행동은 물론, 무형의 마음씨도 그 인과응보(因果應報)의 책임을 져야하는 것이다.

그래서, 어떠한 고통이라도 달게 받는 마음의 준비가 필요하며 미래의 낙을 위해서 선업을 짓는데 게을리해서는 안될 것이다. ✱

5. 열 반(涅槃)

불교의 궁극적인 목적은 열반(涅槃)이다. 열반은 인생 최후의 귀취(歸趣)이며 절대 최고의 이상이요 해탈 안락(解脫安樂)의 세계이다. 또한, 항상 있어 변하지 않는 실재이며 부처님의 크게 깨달으신 내용인 구경(究竟)의 진리인 동시에 불교의 중심 사상이다.

열반이라는 말은 범어 Nirvāṇa의 음역(音譯)으로 열반나(涅槃那)라고도 한다. 열반의 실체는 언설(言說)마다 생각을 초월하였으므로 가설적인 말로는 그 진의(眞義)를 표현할 수 없다 하여 그 의역(意譯)을 피하여 왔다. 그러나, 〈열반경(涅槃經)〉에 보면 열반을 나타내는 무량(無量)의 이름이 있다는 말이 있으므로 그 의역의 종류가 많음을 알 수 있다. 직역의 대표적인 것으로는 멸(滅), 멸도(滅度), 소멸(消滅), 사멸(死滅) 등이 있으며, 가장 적극적인 의역으로는 원적(圓寂), 적정(寂靜) 등이 있으니, 이는 그 의(義)가 우주에 가득하고 덕(德)이 티끌이나 모래와 같이 가득 갖추어져 있으며, 그 실체는 진성(眞性)을 다하였다는 것을 의미한 것이다.

불교 이전의 인도에 있어서도 일반 철학자들은 열반이라는 말을 사용하였다. 그 때의 열반의 의의는 수행을 하면 죽은 후에 천당에 태어날 수 있다는 이상이었으며 동경의 대상이었다. 그러나 부처님이 깨달음을 이루신 뒤에는 그 뜻을 완전히 달리하여 영구히 생노병사의 고뇌를 떠나 안온상주(安穩常住)의 이상 세계를 지금의 이 몸으로도 체험하여 나타낼 수 있다는 뜻으로 변하였다. 이와 같이 열반의 현신체현자(現身體現者)인 부처님은 누구에게나 그 의의를 가르치고 널리 펼쳐서 인생의 번뇌 악업(煩惱惡業)을 떠나 생사의 고해를 건너 무위상주(無爲常住)의 세계에 살 수 있는 것을 보여 준 것이다.

초기 불교 시대에는 열반을 체득하는 방법으로, 인간들은 먼저 삶과 죽음이 흘러 변하는 제일 원인인 무명을 끊어야 한다고 하였다. 무명(無明―본능적인 욕구에 어두워서 그 진실을 알지 못하는 것)을 끊으면 행(行―생존의 욕락을 추구 발동하는 것)이 없어지고, 행이 없어지면 식(識―자아 의식에 의한 판단)이 사라지며, 식이 없어지면 명색(名色―심신의 조직을 자아라고 잘못 해석하여 개체감을 확립하는 것)이 없어지고, 명색이 없어지면 육입(六入―개체적 만족을 위한 육근의 활동)이 없어지고, 육입이 없어지면 촉(觸―욕락의 경지에 접촉하는 것)이 없어지고, 촉이 없어지면 수(受―고락의 감정)가 없어지고, 수가 없어지면 애(愛―종의 욕구심)가 없어지고, 애가 없어지면 취(取―개체에 대한 애착)가 없어지고, 취가 없어지면 유(有―일정한 신분과 경계)가 없어지고, 유가 없어지면 생(生―생존의 고집적 관심)이 없어지고, 생이 없어지면 노사(老死―생을 배반하는 고뇌)가 없어지므로 열반을 체득할 수 있다고 하였다. 이와 같이 생사가 영원히 끊어지고 현세의 인과를 완전히 끊은 곳에 해탈의 진실한 경지인 소위 멸(滅)·정(靜)·묘(妙)·리(離)의 네 가지 덕을 구비한 멸제, 즉 열반의 묘과(妙果)를 얻을 수 있다는 것이다. 그러나, 아무리 현신(現身)이 열반의 묘경(妙境)을 체득하였다 하여도 과거로부터 뿌리깊은 업인(業因)의 결과체인 색심(色心)이 있는 한 그 무엇이 남아 있다 하여 이것을 유여의열반(有餘依涅槃)이라고 하였다. 그래서, 색심이 완전히 끊어지고 고락(苦樂) 우희(憂喜)의 관계를 벗어나서 다시는 현세에 머무르지 않는 무여의열반(無餘依涅槃)과 구별하였던 것이다. 이것은 모두 우주의 고과(苦果)를 해탈함을 목적으로 하고 현상계가 공무(空無, 虛)해서 집착할 바가 못된다고 하여 제법무아(諸法無我)의 진리를 밝히는 것이 열반의 참된 의미라 할 것이다.

그러나, 열반을 이렇게 이해하는 것은 소극적이고 상대적이며 비활동적인 해석이라 하여 여기서 한걸음 더 나아가 발전한 것이 소위 궁극적이고 절대적이며 활동성이 있는 해석 방법이니, 즉 실체계(實體界)에다 중점을 두고 실체와 일치됨으로써 종극(終極)의 이상을 삼는 것이 열반이라고 한 것이다. 실체의 다른 이름이 열반인데, 혹은 공(空)이라고도 하며, 혹은 현상의 본체인 상주불변의 진여(眞如)라고도 하였다. 그리고, 상(常)·락(樂)·아(我)·정(淨)의 네 가지 덕이 구비된 실상일여(實相一如)라고도 하여 끝내 적극적인 언사(言辭)로써 열반을 표현하였다.

이와 같은 열반관은 절대적 활동성과 이상적 실제라고 말할 뿐 아니라, 또 인격적 의의를 가진 것이라 하였다. 동시에 열반은 무량의 속성(屬性)을 갖추고 있는 인격적 영성(靈性)이라고도 하였다.

열반을 체득한 때가 불교의 목적을 달성한 때이며, 열반을 체득하는 방법이 불교의 실천 방법이며 수행 방법인 것이다. *

6. 삼법인(三法印)

불교의 사상을 가장 알기 쉽고 가장 간단 명료하게 설명한 것이 삼법인(三法印)이다.

삼법인이라는 것은 세 가지의 법칙를 의미하는 것으로, 불교가 불교인 이유를 표시하는 기치(旗幟)며 다른 종교와 구별할 수 있는 표준을 말하는 것이다.

다시 말하면, 불교의 특징이며 불교라는 것의 규준(規準)이며 진실이며 움직이지 않고 변하지 않는 것이며 왕인(王印)과 같은 것이니, 즉 제행무상(諸行無常), 제법무아(諸法無我), 열반적정(涅槃寂靜)이 그것이다.

첫째, 제행무상인이라는 것은 현실 세계의 모든 것은 가만히 있는 것이 아니라 항상 변화 작용을 계속한다는 것이다.

이와 같이 말로서는 제행무상을 간단하게 설명할 수 있으나, 우리들은 사실상 현상계의 상(象)에 대해서 「가만히 있는 것」이라는 상상에 사로잡히기 쉬우며 정작 무상상(無常想)을 보고 행하기에는 극히 곤란한 것이다. 이러한 이유로 하여 여러 경전 중에서도 특히 무상에 관한 것만을 추려서 역설한 것이 많은 것이다.

또한, 이러한 이유로 많은 고승들은 무상함이 골수에 사무쳐 그 생각한 바를 뛰어난 문장으로 수없이 기록했고 그것이 전하여지고 있는 것이다.

불교 신앙의 출발은 이 무상관(無常觀)에서부터 시작되는 것이니, 현실 생활이 지상 최선이라는 생각을 부정하고 진실 자유의 열반이라는 극락 세계의 경지를 나타내고자 함에 있는 것이다. 따라서, 무상관은 중생들이 살고 있는 세계에 대한 관찰이며 현상에 대한 부정이며 진실경에 오르는 사다리라 할 수 있다.

다음의 제법무아인이라는 것은 불교의 근본 사상이며 특징이다. 만물은 인연의 화합체요, 각기 물체에는 주체가 없다는 요지이며 부처님의 보는 관점에서 이루어진 사색과 신앙을 여실히 보여준 가치경(價値境)을 말하는 것이다. 그러나, 후대에 이르러 이 무아(無我)의 이유를 설명하는 데 여러 가지 분단적 방법을 취하여 불교 교리의 계통을 세웠다.

무아는 우리들의 현전(現前)의 여실상(如實相)을 말하는 것이다. 따라서, 부처님의 내관(內觀)에 나타난 최초의 무아관은 부처님 자신의 관찰임에 틀림없음과 동시에 인류 전체에 대한 관찰이었고, 나아가서는 모든 존재에 관한 관찰이었던 것이다.

이상의 제행무상과 제법무아의 법칙을 알지 못하고, 만법은 유상(有常)하고 유아(有我)라고 집착하였을 때에 고(苦)가 싹트는 것이며 그 관찰 여하에 따라 우리는 고(苦)와 낙(樂)의 두 갈래길로 나누어지는 분기점에 서게 되는 것이다.

그래서 일체개고(一切皆苦)라는 법칙을 하나 더 덧붙여서 사법인(四法印)이라고도 한다.

열반적정인이라는 것은 무아를 긍정하는 법칙이다. 열반의 본뜻은
적멸(寂滅), 멸도(滅度), 원적(圓寂) 등이지만, 이것은 부처님의 정
견(正見) 자체를 표시한 말이므로, 스스로 바르게 깨달음을 몸소 경
험하지 못하고는 무엇이라고 설명 붙일 수 없는 절대적인 경지이다.
현신(現身)의 유무에 관계없이 의심을 끊고 해탈(解脫)을 얻어 미래
의 존재를 짓지 않는 것이 열반적정이라는 것이다.

열반의 내용 역시 부처님의 자증경(自證境)이며 불가사의하고 불
가지의(不可知意)한 미묘경(微妙境)이지만, 이것을 현실 세계의 중
생에게 설명하고자 열반 삼덕(三德 : 法身・般若・解脫)과 열반 사덕
(四德 : 常樂我淨)의 거울로써 전도고뇌(顚倒苦惱)를 밝게 비추고 있
는 것이다. *

7. 사성제 (四聖諦)

불교의 근본 진리는 불완전한 언어로서는 표현할 수 없는 절대의
경지라 하였다. 그러나, 교화(敎化)의 면에서 설명할 수 없는 진리를
설명하게끔 옮겨 보려는 모순에서 수많은 명사문구(名辭文句)의 표
현이 생기게 되었으며, 그 중 어느 것이 가장 근본적인 표현인가 하
는 것도 문제가 되었다. 이에 대해서 옛날부터 부처님의 직관순수자
증내용(直觀純粹自證內容)인 무아(無我)를 가장 대표적이라 하였다.

부처님의 직관순수자증내용인 무아의 진리를 객관화한 것으로 사
성제(四聖諦)라는 것이 있으니, 이것은 불교의 근본진리를 해명한 것
중에서 가장 합당한 표현이라 할 수 있는 것이다.

사성제는 네 가지 성스러운 진리라는 뜻으로 사제(四諦), 사진제
(四眞諦)라고도 하며 네 가지의 진리, 진실, 진상이라는 뜻과 같은
것이다. 부처님께서 12 인연관에 의해서 무아의 대도(大道)를 이룬
후 보리수 밑에서 녹야원(鹿野園)에 이르러 다섯 비구들에게 최초의
설법을 한 것이 이 사성제의 법문이라 하여 원시불교 교리의 대강
(大綱)이 되어 있다.

“나도 옛날엔 너희들과 같이 사성제를 알지 못하고 오랫동안 생사의 괴로운 바다에 떠다니었다. 만약에 능히 사성제를 알게 되면 생사의 윤회(輪廻)는 끊어지고 제유(諸有)를 받지 않느니라.”
라는 〈열반경〉에 보이는 구절과 같이 사성제는 깨닫지 못한 한계선을 정하는 중요한 위치를 차지하고 있는 것이다.

네 가지의 진리라는 것은 고(苦), 집(集), 멸(滅), 도(道)의 네 종류를 말하는 것으로, 첫째 고제(苦諦)라는 것은 현실의 혼미한 세계는 고해(苦海)라는 것이다. 태어남도 괴로움이며, 늙어감도 괴로움이며, 죽음도 괴로움이며, 미운 자와 만나는 것도 괴로움이며, 사랑하는 자와 헤어지는 것도 괴로움이라 하여 사고(四苦)·팔고(八苦) 등을 말하고 있고, 인생은 시시각각으로 죽어가는 것, 멸하여 가는 것에 틀림없는 괴로움의 적집체(積集體)이며 인생은 괴로움에서 출발하여 괴로움으로 끝난다는, 모든 존재는 사라지는 운명에 얽매여져 있다는 진상(眞相)을 말한 것이 고제이다.

다음, 집제(集諦)라는 것은 인생이 괴로움의 바다에 빠진 원인은 갈구해 마지않는 애착심에서 일어난다는 것을 밝힌 것이다. 인생은 성욕, 식욕, 수면욕 등의 다섯 가지 감각의 만족을 느끼려는 애욕의 집착에 사로잡혀 있으며, 물질에 대한 애착심, 영원한 생명을 희구하는 애착, 생존에 대한 애착 등이 모든 괴로움을 만드는 원인이라는 진상을 말한 것이 집제이다.

번뇌가 원인이 되어 인생은 생사윤회 속에서 헤매고 있으며 부자유의 지옥에 속박되어 있다. 이와 같은 인생고의 진상인 애착심을 완전히 끊는 것이 궁극의 이상경임을 밝혀 준 것이 세째번의 멸제(滅諦)이다.

인생이 끊임 없이 생사에만 윤회하고 이 필연의 운명에서 벗어날 수 없다면 인생은 참으로 슬픈 존재가 되고 말 것이다. 이것만이 인생의 전부가 아니며, 사라져 버리는 세계와 부자유한 속박의 세계에서 벗어나 자유의 세계로 나아가는 진상을 밝힌 것이 멸제라는 것이다.

마지막으로, 도제(道諦)라는 것은 이와 같은 인생고를 다하고 이상경에 이르려면, 또는 모든 괴로움을 없애고 열반에 들어가려면 어떠한 방법으로 해야 하느냐 하는 것을 밝힌 것이다. 어둠의 세계에서 깨달음의 세계로 나아가는 수도 방법으로는 팔정도〈八正道—정견(正見), 정사유(正思惟), 정어(正語), 정업(正業), 정명(正命), 정정진(正精進), 정념(正念), 정정(正定)〉와 육도〈六度—보시(布施), 지계(持戒), 인욕(忍辱), 정진(精進), 선정(禪定), 지혜(智慧)〉와 삼학〈三學—계(戒), 정(定), 혜(慧)〉 등이 있고, 이에 의하여 깨달음의 경지에 도달할 수 있다는 것이다. *

8. 팔정도(八正道)

인생은 고(苦)다. 이 고라는 것은 인간이 애써 구하기를 바라는 사랑하는 마음, 곧 애착(愛着)에서 이루어지는 것이다. 고를 없애는 데는 길이 있으니, 그 길이라는 것은 바른 생활에 의해서만이 이루어지는 것으로 이것은 무아(無我)의 진리를 조직, 분석한 것이며 불교의 근본 원리가 되어 있는 것이다. 이 원리에 의해서 수행하는 길〔道〕을 인생과 종교의 목적에 도달할 수 있는 길이라고 하여 정도(正道)라 하며, 또 참된 해탈의 문에 들어가는 정로(正路)라고 해서 성도(聖道)라고도 하는 것이다. 이 도(道)야말로 불교의 대표적인 실천의 길이며, 현실 세계의 이상적 경지인 깨달음을 얻는 세계로 나아가는 정도(正道)라 한 것이다. 이 정도에는 여덟 가지가 있는데 정견(正見)·정사유(正思惟)·정어(正語)·정업(正業)·정명(正命)·정정진(正精進)·정념(正念)·정정(正定)의 팔정도(八正道)가 그것이다.

(1) 정견(正見)이라는 것은 불교의 진리를 지각한 바른 견해와 사상과 지혜를 말하는 것이며, 바르게 미오(迷悟)의 경지를 알아서 열반의 진실된 경지에 이르고자 하는 지혜행을 이르는 것이니, 보시(布施)를 믿고 구도자를 믿는 것 등의 행(行)을 말하는 것이다.

(2) 정사유(正思惟)라는 것은 정사(正思), 정지(正志), 정의업(正意業)이라고도 하여 좋지 못한 원(願)이나 망(望)을 버리고 바르게

사성제〔苦集滅道〕의 이치를 사유 억념(思惟憶念)해서 정견을 조성하며 욕(欲)을 버리고 무엇에도 끌리지 않는 바른 마음의 행(行)을 말하는 것이다.

(3) 정어(正語)라고 하는 것은 바른 언사(言辭)를 사용하는 정어업(正語業)을 뜻한다. 망어(妄語)와 악구(惡口), 기어(綺語)를 하지 않으며, 양설(兩舌)과 무고(誣告) 등을 멀리한 언어망(言語亡)으로 표현된 바른 행동을 말하는 것이다.

(4) 정업(正業)이라는 것은 몸으로 바른 행동을 하는 몸의 업을 말하는 것이다. 정견과 정사유에 의해서 얻어진 진실상(眞實相)을 언어로써 바르게 함을 기약할 뿐만 아니라, 그 행동으로 살생(殺生), 투도(偸盜), 사음(邪淫) 등을 행하지 않고 항상 자비와 기쁜 마음으로 몸가짐을 해야 된다는 것이다.

(5) 정명(正命)이라는 것은 바른 생활을 말하는 것이다. 행주좌와(行住坐臥), 어묵동정(語默動靜)의 일상 생활에 있어서 불교의 궤도에 어김없는 바르고 여법(如法)한 생활을 해야 한다는 뜻이다.

(6) 정정진(正精進)이라는 것은 정방편(正方便) 또는 정노력(正努力)을 말하는 것으로, 끊임없이 지적(知的)이고 쾌활한 불도(佛道) 행위를 하여, 악을 없애고 선을 더해 욕심을 버리고 생각함을 바르게 해서 정도를 향하여 분투 노력하는 것을 말한다.

(7) 정념(正念)이라는 것은 정도를 생각함으로써 그릇된 생각을 일으키지 않고 정법에 순종하여 따르는 것이다. 정정진의 의식적인 면을 말하는 것으로 정견의 목적을 항상 마음에 머물게 하며 정정을 조성하는 것을 말하는 것이다.

(8) 정정(正定)이라는 것은 바른 선정(禪定)의 종교 생활을 말하는 것으로 신심(身心)이 적정(寂靜)해서 어지러운 생각을 사라지게 하고 정신을 통일하여 정도에 집중하는 것이다.

이와 같은 팔정도는 원시 불교의 근본 수행방법이었으나, 후대에 육바라밀(六波羅蜜), 삼학(三學) 등으로 변천하였다. 그러나, 이는 모두 어둡고 혼미한 세계에서 깨달음을 얻는 세계로 나아가는 성스러운 길임에는 틀림이 없는 것이다. *

9. 인 연(因緣)

우주 만유에 있는 모든 법(法)의 실상 본체(實相本體)를 말하는데에는 공간적이며 직관적이고 실천적인 면이 있는 반면에, 우주 만법이 생기(生起)하는 상상(相狀) 및 그 이유를 밝히는 시간적이며 본원으로부터 전개되는 논리적 설명을 하는 태도의 면이 있다.

불교의 교리상에서는 전자를 실상론(實相論) 또는 본체론(本體論)이라 하고, 후자를 연기론(緣起論) 또는 인연론(因緣論)이라 하여, 일체 세간과 출세간(出世間)에 있어서의 모든 법이 생기고 멸하고 나타나는 원인을 설명한 것이다.

인연이란 말은 범어(梵語) 'Hetu-pratyaya'의 역어(譯語)로써 능생조성(能生助成)의 의미를 가진 말이다. 즉, 만법이 생성하는 가까운 원인과 먼 원인의 총칭을 의미한 것이다. 다시 말하면, 인(因)이라는 것은 결과를 초래할 제일 가까운 원인을 말하는 것이며, 연(緣)이라는 것은 인을 도와서 결과를 발생하게 하는 것을 도와 주는 역할을 하는 조연(助緣)을 말하는 것이다. 예를 들면, 인은 흡사 곡식의 종자와 같아서 종자가 싹이 트는 데는 비, 이슬, 물, 흙과 같은 연(緣)을 빌지 않으면 싹이라는 결과를 보지 못하는 것과 같이, 곡식이라는 한 결과의 물체에서 직접적인 원인은 종자이지만, 간접적인 원인으로서의 비, 이슬 등의 조연(助緣)을 빌지 않으면 완성을 보지 못하는 것이다. 이 인(因)과 연(緣)과 결과(結果)의 관계를 합쳐서 부르는 말이 인연화합(因緣和合)이라는 말인 것이다.

이와 같은 원리를 불교적으로 설명할 때, 업(業)을 인(因)으로 하고 번뇌(煩惱)를 연(緣)으로 하여 현상 세계에 결과가 발생하며, 지(智)를 원인으로 하고 정(定)을 연(緣)으로 하며 깨달음이 있는 세계의 결과가 발생한다는 등의 설이 모두 이 인연화합을 말하는 것이다.

인연을 4인·5인·6인·10인 등으로도 분류하나, 교리적으로 가장 대표적인 설이 12연기설, 또는 12인연설이다. 즉, 무명(無明)을 연(緣)으로 해서 행(行)이 발생하고, 행(行)을 연(緣)으로 해서 식(識)이 발생하고, 식(識)이 연(緣)해서 명색(名色)이 발생하고, 육입(六入)—촉(觸)·수(受)·애(愛)·취(取)·유(有)·생(生)—을 연(緣)해서 노사(老死)가 생(生)한다는 것이다. 이것이 소위 순관설(順觀說)이라는 것이며, 이밖에도 역관설(逆觀說), 심리설(心理說), 논리설(論理說), 시간설(時間說) 등의 많은 설이 있는 데, 이는 교리상의 문제가 되어 있는 것 중의 하나이다. 다시 이 인연설을 철학적으로 종파적으로 분류하여 깊은 연구의 결과를 전하고 있으니, 그 중 중요한 것은 업감연기(業感緣起)·뢰야연기(賴耶緣起)·진여연기(眞如緣起)·법계연기(法界緣起) 등이다.

업감연기라는 것은 구사론(俱舍論) 등의 설로써, 만법의 연기되는 소의(所依)를 업력의 소감(所感), 즉 선과 악의 업력에 의해서 결과를 감(感)하여 인과순환(因果循環)이 무진(無盡)이라는 설이며, 뢰야연기라는 것은 유식론(唯識論) 등의 설로서, 만법개발의 본원(本源)은 중생의 심식(心識), 즉 아뢰야식(阿賴耶識) 중에 있으며 선·악 등의 업력은 이 아뢰야식 중의 종자로서 집착하여 유지되었다가 모든 법이 그 종자에 힘을 부여해서 연기된다는 설이다. 진여연기라는 것은 기신론(起信論)의 설로서, 만법은 진여(眞如)가 무명의 연을 동반하고 발생하여 흡사 고요한 바다에 바람의 연을 원인으로 하여 천파만파가 무진장으로 일어난다는 설이며, 법계연기라는 것은 화엄경(華嚴經)의 설로서, 하나의 티끌도 모두 만법을 구비하여 연기하며 그 연기하는 관계가 무진하여 한 법만이 연기의 본원이 아니라는 것을 말하는 것이다.

또, 인연의 학술적인 설명은 각 종파에 따라서 각각 그 견해를 다르게 하고 있으나, 여기서는 생략하고 오직 우리 인생이 무엇으로부터 왔으며, 이제 움직이는 이 자체가 무엇이며 장차 어떻게 될 것인가 하는 근본 문제의 사고가 모두 이 인연법에 의한 수행 과정이라는 것을 말하여 둔다. *

10. 반 야(般若)

인생의 궁극적 목적과 최고의 이상을 달성하려면 자기 스스로 해탈(解脫)하고, 나아가 모든 중생을 해탈의 경지로 인도해야 한다. 그러자면 거기에는 반드시 어떠한 힘, 즉 지혜(智慧)가 요청되며, 그 지혜를 얻는 방법과 그 본질의 해명이 뒤따라야 하는 것이니, 이러한 의미에서 불교에서는 지혜, 즉 반야(般若)라 하는 것이 가장 중요한 위치를 차지하고 있는 것이다.

반야라 하는 말은 범어(梵語) pranā 의 음역이니, 파야(波若), 발야(鉢若)라고도 하며, 의역으로는 지(智), 혜(慧), 명(明) 또는 지혜라고도 하며, 청정(清淨), 원리(遠離)라고도 해석하고 있다. 이 반야는 보는 각도에 따라서 뜻을 달리하는 두 가지 입장이 있다. 그 하나는 육바라밀(六波羅蜜)의 하나인 반야이니, 이는 성자(聖者) 구도자(求道者)가 불도를 수행하는 과정에 있어서 증득하여 얻는 상대적인 지혜라는 것으로 보는 것이다. 또 하나는 부처님 삼덕(三德)의 하나인 반야이니, 이것은 구경해탈(究竟解脫)의 도에 이르는 크게 깨달은 자의 절대 평등의 지혜라는 것으로, 이 두 가지 지혜를 전부 일컬어서 반야라고 이름한 것이다. 그래서, 인격을 완성한 부처님이 가진 절대적 지혜를 심중반야(深重般若)라 하고, 인격의 미완성자인 수행자가 가진 상대적 지혜를 천박반야(淺薄般若)라 한 것들이다. 〈대지도론(大智度論)〉 47권에서, 「반야는 지혜이며 모든 지혜 중에 가장 으뜸이 되는 지혜이므로, 무상(無上), 무비(無比), 무등(無等)으로써 이보다 더 높은 지혜는 없다.」고 설명한 것과, 또 같은 〈대지도론〉 18권에서 모든 보살(菩薩)은 초심(初心)으로부터 일체종지(一切種智)를 구하는 중간에 있어서 제법실상(諸法實相)을 아는 것이 반야바라밀(般若波羅蜜)이니, 라고 설명한 것이 이 절대지(絕對智)와 상대지(相對智)를 말한 것이다. 이와 같이, 만유의 실상을 실험하여 증명하는 것을 반야라 하며, 그 진실무상(眞實無常)한 것을 성취한 자를 부처님이라고 하는 것이다. 이러한 의미에서, 반야를 부처

94

님의 스승이니, 또는 부처님의 어머니이니 하고 찬송하는 것이다. 또, 반야는 불과(佛果)를 성취하는 데 가장 중대한 것이라 하여, 〈오부반야경(五部般若經)〉, 〈팔부반야경(八部般若經)〉 등의 많은 경전에서 광범위하게 설하고 있다. 여러 경전에서 반야의 본질을 해명한 것 중 몇 가지를 예로 들어 보면, 참다운 지혜를 연구하고 묘각(妙覺)의 큰 결과를 얻으면 사지(四智), 오지(五智) 등의 지혜가 일어나며 부처님의 세 가지 덕의 하나인 반야가 이루어진다 하였으며, 비(悲)와 지(智)의 양문(兩門)을 성취하여 일체중생제도(一切衆生濟度)에 바친다고도 하였다. 또 무루(無漏)의 혜근(慧根)이라 하였으며, 반야의 지혜로써 공(空)을 지견(知見)한다고 하며, 반야는 단순히 무상공적(無相空寂)의 초월적인 무념무상(無念無常)이 아니고 차별된 모든 모습 위에 생기있게 나타나는 교화력(敎化力), 즉 방편이라 하였으며, 또 반야는 일체만유의 지식 경험을 부정함으로부터 출발하여 변해서 일체 만유의 지식, 경험, 긍정에 도달하는 진실한 인식을 하는 것이라고 하는 등이다. 이와 같이, 수행면과 진리면에 걸쳐 있는 매우 오묘한 의의를 가진 반야는 여러 가지로 분류된다. 성문(聲聞), 연각(緣覺), 보살(菩薩)의 삼승(三乘)에만 국한한다 하여 불공반야(不共般若)라 하는 이종반야(二種般若)를 비롯하여, 유상무상반야(有相無相般若), 세간출세간반야(世間出世間般若)라는 것이 있고 반야소증(般若所證)의 이체(理體), 중생본구(衆生本具)의 자성청정(自性淸淨)인 실성(實性)을 말하는 실상반야(實相般若)와, 이 실지(實智)를 본체론적(本體論的)으로 말하는데 대해서 지혜의 작용면에서 이름한 관조반야(觀照般若)와, 모든 법을 분별하는 권지(權智), 또한 반야를 표현하는 방편 면에서 이름한 방편(方便) 또는 문자반야(文字般若)라는 등이 있다. 반야의 지혜가 경계소연(境界所緣)의 일체제법(一切諸法)이 된다 하여 경계반야(境界般若)라고도 하였으며, 반야관조(般若觀照)의 지혜가 권속(眷屬)과 짝이 됨으로써 이루어진다는 지혜로 사선근지(四善根智), 오분법신(五分法身)이 된다는 권속반야(眷屬般若) 등으로 나뉘고 있는 것이다. 불교에서 반야바라밀(般若波羅蜜)이라고 할 때의 반야의 의미는, 깨닫지 못한 세계인 차계(此界)에서 깨달은 세계의 이상의 경지로 도달한다는 것으로, 해탈(解脫)하는 것, 오(悟)를 개현(開顯)하는 것, 지혜에 의한 해탈, 지혜가 곧 해탈이라고 하는 것을 일컫는 것이며, 이 해탈의 경지에 이르는 방법으로는 육바라밀(六波羅蜜)의 만행(萬行)을 수행하여야 한다는 것이다. 육바라밀이라는 것은 보시(布施), 지계(持戒), 인욕(忍辱), 정진(精進), 선정(禪定), 지혜(智慧)라는 육도(六度), 즉 여섯 종류의 수도 형식을 말하는 것이며, 앞의 다섯 가지 수행법으로 복덕장엄(福德莊嚴)의 기본을 삼고, 끝의 지혜를 얻어서 지혜장엄(智慧莊嚴)을 하는 동시에 복과 지혜의 두 장엄이 완성되는 것을 말하는 것이다. 이와 같이, 반야의 지혜는 참된 지혜와 사물을 제대로 아는 지혜와, 이 지혜를 알게 하고 나타내는 방법의 지혜가 있음을 알 수 있으며, 이 지혜의 존엄성만이 범부(凡夫)와 부처님을 판단하여 구별하는 척도(尺度)임을 알아야 한다. *

11. 보 리(菩提)

보리(菩提)라는 말은 범어 Bodhi의 음역으로 각지(覺智), 도(道) 또는 무상지혜(無上智慧)라 의역하며, 우리나라에서는 반야(般若), 도량(道場) 등과 같이 보리(菩提)라 하는 것이 습관으로 되어 있다. 보리에는 두 가지 의의가 있으니, 하나는 대오계(大悟界)의 과지(果智), 즉 완전 원만한 절대지를 말하는 것이며, 또 하나는 이 불과(佛果)의 절대지에 이르는 인(因)의 과정을 말하는 것이다. 그러나, 보리는 정각무상(正覺無相)의 진지(眞智)이기에 무어라고 번역할 말이 없으며, 무지(無知)이면서 지(知)하지 않는 것이 없고 무위(無爲)이면서 유위(有爲) 아님이 없으니, 오직 큰 깨달음의 도일 따름이다. 이름할 수 없는 법인 까닭에 억지로 이름하여 보리라 한다고 〈유마경 보살품(維摩經 菩薩品)〉에 말하였으니, 이것은 번뇌와 보리의 체(體)가 둘이 아니라는 것이며, 보리에 대해서는 무어라 해명의 여지가 없음을 말하는 것이다. 이 보리를 얻은 이를 부처님이라 하니, 보리는 부처님과 범부를 구별하는 표준이 된다고 할 수 있는 것이다.

그러므로, 불과(佛果)의 면에서의 보리는 무상정각(無上正覺) 또는 무상정변지(無上正遍知)라 하여, 최상·최우수의 평등 원만한 지혜를 말하였다. 그러나, 보리를 얻고자 하는 인(因)의 면에서는, 위로 도를 깨달아 부처가 됨을 구하고, 아래로 일체 중생을 교화하여 모두 성불하게 하겠다는 원을 발하는 이를 보리살타(菩提薩埵)라 하며 줄여서 보살이라고 하는 것이다.

이와 같이, 보살이 보리를 구하는 마음을 내는 것이 보리의 열매에 이르는 원인이 된다는 의미에서 발심보리(發心菩提)라 하며, 번뇌에 항복(降伏)하고 바라밀(波羅蜜)을 행하는 것을 복심보리(伏心菩提)라 한다. 제법실상(諸法實相)의 이치를 깨달은 반야바라밀의 상을 명심보리(明心菩提)라 하고, 반야지(般若智)에서 방편력을 얻어 이에 얽매이지 않고 번뇌를 멸하고 일체지에 이르는 것을 출도보리(出到菩提)라 한다. 또한 불교의 깨달은 지혜를 무상보리(無上菩提)라 하여 다섯 종류의 보리로 분류하기도 한다. 자성 청정(自性淸淨)하여 수행을 게을리 않는 법신(法身)의 체본(體本)을 법신보리(法身菩提)라 하며, 만행을 수행한 보불(報佛)의 원통무애(圓通無碍)를 보신보리(報身菩提)라 하고 보(報)로부터 용(用)을 일으켜 만기(萬機)에 나아간 익물원통(益物圓通)을 화신보리(化身菩提)라 하여 삼신보리(三身菩提)라고 분류하기도 하며, 진성보리(眞性菩提), 청정보리(淸淨菩提), 방편보리(方便菩提) 등의 명칭으로 불리어지는 보리도 있다.

보리를 얻고자 하는 마음을 갖는 것을 보리심(菩提心)이라 하며, 보살은 반드시 보리심을 발하는 것이니 이것을 발심(發心)이라 한다. 발심에도 수사(隨事), 순리(順理)의 발심이 있는데, 생사열반(生死涅槃)의 상을 보고 생사를 싫어하고 열반을 구하는 것을 상발심(相發心)이라 하며, 생사의 본성은 열반과 다름이 없다는 것을 알아서 차별적인 상을 여의고 평등심을 일으키는 것을 식상발심(息相發心)이라 한다. 또 보리의 본성은 스스로의 마음이라는 보리즉심(菩提即心), 심즉보리(心即菩提)를 알아 자기의 본심에 돌아가는 것을 진발심(眞發心)이라 한다.

신수(神秀)라는 스님이,

신시보리수(身是菩提樹)

심여명경대(心如明鏡臺)

시시권불식(時時勤佛拭)

물사야진애(勿使惹塵埃)

〔몸은 보리나무, 마음은 밝은 거울.

부지런히 갈고 닦아서 티끌 묻지 않도록]이라 한 것을 육조대사 (六祖大師) 혜능이 보고

보리본무수(菩提本無樹)

명경역비대(明鏡亦非臺)

본래무일물(本來無一物)

하처야진애(何處惹塵埃)

〔보리 나무 본래 없고 마음 거울 비어 있어 본래 아무 것도 없거 늘 어디에 티끌이 묻으랴]한 것은 보리를 해명해 주는 것으로, 일찍 이 우리 나라에서도 즐겨 부르던 선시(禪詩)이다. *

12. 무명(無明)과 광명(光明)

사람은 누구나 무지(無知)해서 지혜의 세계로, 암흑에서 광명의 세 계로 향하는 본성을 가지고 있다. 광명의 세계와 지혜의 세계는 꼭 같이 성인(聖人)의 경지인 까닭이다.

성인은 어둠이 없이 무한히 밝고, 어리석음이 없는 한없이 지혜스 러운 까닭이다. 우리 범부들이 성인이 되지 못하는 것은 마음이 어 둠에 싸여 있고 어리석은 데에 있기 때문이다. 이것을 불교 술어로 무명(無明)이라 하고, 이와 반대되는 것을 지혜(智慧) 또는 광명(光 明)이라 한다. 무명이라는 말은 범어로 Avidyā라 하며 무지라고도 의역한다. 불교에서는 중생과 부처의 한계를 이 무명에 두고 있다. 그래서, 이를 설명하는 해석과 소멸하는 방법을 여러가지 어려운 말 로 나타내고 있다. 불교의 근본 교리의 하나인 십이인연설(十二因緣 說)에서는, 선악의 업을 일으키고 생사의 고(苦)를 받는 근본 번뇌가

무명에서 출발하는 것이라 하여 맨 처음에 내세우고 있다. 〈구사학 (俱舍學)〉이나 〈유식학(唯識學)〉에서는 치번뇌(癡煩惱)라 하여 진실에 미(迷)하고 어두워서 사리(事理)를 바르게 알지 못하는 온갖 번뇌의 근본이 된다고 하였고, 저 유명한 〈대승기신론(大乘起信論)〉에서는 무명을 불각(不覺)이라 하여 본각(本覺)과 구별하고 있다. 「여실히 진여(眞如)의 법이 하나인 줄 알지 못하는 것」이라 하고, 「일법계(一法界)에 사무치지 못한 까닭으로 홀연히 한 생각 일어나는 것」이라 하여 무명의 일어나는 것을 설명하는 것들이 그것이다. 천태학 (天台學)에서는 세상 모든 존재는 있는 것도 아니요, 없는 것도 아니라는 이치에 어두워서 중도(中道)의 이치에 장애가 되는 것이며, 오직 중관(中觀)의 이치로써 끊을 수 있는 대상이 무명이라 하였고, 정토학(淨土學)에서는 아미타불을 부르면 반드시 극락세계에 가서 난다는 본원(本願)을 의심하는 어리석은 생각을 무명이라 하였다.

이와 같은 교리의 해설은 우리 인생에는 어둠과 어리석음이 근본 바탕이 되어서 항상 광명과 지혜를 향하고 있다는 것을 말한 것이다. 그래서, 무명의 정반대인 밝음과 지혜가 우리의 이상이 되어 있으며, 항상 우리들을 인도하고 있는 것이다. 그리고, 드디어는 이 광명에 인도되어 스스로 광명의 주인이 되는 것이다. 이와 같은 광명의 주인을 자각자(自覺者)라 부르며, 무명과 무지가 없는 무한한 지혜가 광명을 가짐을 부처님이라 부르고 깨달음이라고 이르며, 그 광명은 가장 철저한 진실의 광명인 까닭에 진실명(眞實明)이라고 부른다. 또, 이 광명은 해와 달의 광명을 초월하였고, 중생의 마음의 밑바닥까지 비추어 어둠이 없기 때문에 무상존(無上尊)이라 하며 사람과 하늘의 큰 스승이라 한다.

우리들이 항상 마음닦기를 게을리 않는 것은 지혜의 광명을 얻고자 함이요, 밝지 못한 어리석음에 사로 잡히고자 함이 아니니, 아주 작은 시간이라도 아껴서 무명의 검은 울타리를 깨쳐버리고 정진에 정진을 거듭하여야 할 것이다. ✽

13. 진　여(眞如)

　암흑과 고통에서 헤매는 범부(凡夫)라 해서 멸하는 법 없고 광명과 해탈의 열반경에서 즐기는 부처님이라 해서 더함이 없는 이른바 불생불멸(不生不滅) 부증불감(不增不感) 불구부정(不垢不淨)의 묘법이며 부처님이나 중생이 다 같이 갖추고 있는 것을 일러 진여(眞如)라 한다.

　만유본연(萬有本然)의 자태이며 모든 있는 그대로의 모습이며 거짓없는 진실한 상주불변(常住不變)이며 평등보편(平等普遍)한 일체의 진성(眞性)인 것이다.

　진여(眞如)라는 말은 범어(梵語) Tathātā의 의역이며 여여(如如) 여실(如實)이라고도 하는데 우주만유의 본체라는 뜻이다.

　처음에는 인도 사상계를 휩쓸던 연기(緣起)의 이법(理法)을 영원불변의 진리라 하여 진여라 하였다. 그래서, 〈이부종륜론(異部宗輪論)〉이라는 인도 최고(最古)의 불교 사료에서는 선(善)·악(惡) 무기(無記)의 삼성진여(三性眞如)와 아울러 도지진여(道支眞如) 연기진여(緣起眞如)를 세우고 팔성도(八聖道)와 연기의 이법만이 진실한 영원 불변하는 진여라고 한 것이다. 이것이 곧 소승불교의 진여관이라 할 수 있다.

　그러나, 소승불교에서 발달한 대승불교에서는 모든 존재의 본성은 인(人)과 법(法)이 모두 무아(無我)의 이(理)에 돌아가며 차별의 현상을 초월하는 절대의 하나인 것을 진여라 하였다.

　연기의 이법(理法)을 진여라는 데서 여래법신(如來法身)의 자성을 진여라 부르게 된 것이다. 그래서, 진여를 구체적으로 알기 쉽게 설명한 것이 〈불지경론(佛地經論)〉이다. 2권 7에 진여라는 것은 모든 현상의 본성이며 본체는 원래 일미(一味)이나 그 상(相)은 여러 가지로 구별된다. 또, 그 체(體)는 불일불이(不一不異)이고 사고나 언어로써 표현할 수 없으며 모든 거짓과 그릇된 것을 떠난 까닭에 진여(眞如)라 이름하였다. 또한, 모든 선(善)의 소의(所依)가 되기 때문에 법계라 하며, 손감(損減)이 없기에 실유(實有)라 하며, 증익(增益)이 없으므로 공무(空無)라 하며, 오직 이것만이 진실이기에 실제(實際)라 가명(假名)한다 라고 하겠다.

〈대반야경〉에서도 법계(法界), 법성(法性), 평등성(平等性) 등의 12가지 이름이 있고, 〈법화현의(法華玄義)〉에도 14가지 이름을 세웠으니, 이와 같이 다른 이름이 많은 것은 진짜 이름이 없다는 것을 증명하는 것이다.

〈유식론(唯識論)〉에서는 진여를 설명하기를 모든 현상은 아뢰야식(阿賴耶識)에서 생(生)하는 것이며 허망분별(虛妄分別)의 법을 이탈한 인법이무아(人法二無我)의 자성실성(自成實性)인 진여는 현상을 초월한 절대 정적(絕對靜的)인 것이며 진여 자체는 절대로 현상이 될 수 없다고 하였다.

그리고 기신론(起信論)에서는 중생심(衆生心)의 본체를 진여라 하고 언어와 사유(思惟)를 초월한 이언진여(離言眞如)와 강제로 언어를 빌어서 표현하는 의언진여(依言眞如)의 둘로 분리하였고, 절대불변의 심진여문(心眞如門)의 불변진여와 무명에 의해서 염정(染淨)의 현상을 일으킨 심생멸문(心生滅門)의 수연진여(隨緣眞如)를 세우고, 만유(萬有)가 생기(生起)하는 원리를 불변·수연의 두 진여에 두었다. 그러나 화엄 교리(華嚴敎理)에서는 진여 그대로가 만유 현상이며 만유 현상 그대로가 진여라는 본체즉현상(本體即現象)의 진여관을 주장하였으며, 천태종에서는 진여 자체내에 염정(染淨)과 선악이 구비되어 있다고 하였다.

이상과 같이 진여는 어려운 뜻으로 쓰여지고 있으나, 불교를 처음 공부하는 사람에게는 「우리가 본래부터 가지고 있는 맑은 마음씨」라고 하여 둘까. *

14. 제법실상(諸法實相)

모든 존재의 진실하게 있는 본래의 모양을 대승불교에서는 흔히 제법실상이라 한다. 제법 (諸法)이라는 것은 출세간(出世間)이나 세간(世間)의 일체 우주간 모든 법인 차별의 현상과 인연을 따르는 것을 말하며, 실상이라는 것은 그 직실(直實)한 체상(體相)인 평등의 실재(實在)와 불변의 이치를 말한 것이다. 그래서, 제법실상을 만법일여(萬法一如)라고도 하며, 대승불교의 기치(旗幟)라는 의미에서 일법인(一法印)이라고도 부르는 것이다. 〈지도론(智度論) 권 제18〉에 의하면 제법실상을 모든 사물과 도리를 밝게 관찰하는 깊은 지혜라는 의미에서 반야바라밀(般若波羅蜜)이라 하였다. 수도자가 깨달은 세계의 피안(彼岸)에 이르고자 수행하는 근본이 반야바라밀에 있는 까닭이다.

그러나, 제법실상을 가장 세밀하게 설명한 것은 천태종의 교리에서 세운 소위 삼중설(三重說)의 해석이다.

제 1 중의 해석은, 인연에 의해서 생겨난 현상계의 제법이란 인연에 의해서 거짓으로 나타난 것이며, 실체가 없는 본질은 공리(空理)인 실상(實相)이라 하였고, 제 2 중설은 실체와 가상의 모든 것을 제법이라 이름하고 이와 같은 실체와 가상을 초월한 절대 긍정인 중도(中道)의 이치를 따로 세워서 제법의 본질은 중도의 이치가 실상이라 하였다. 이상의 두 가지의 제법실상을 해석하는 것을 대승불교의 설이라 부르고 있으며, 끝으로 제 3 중의 해석은 현상적 세계의 일체 사사물물(事事物物)은 그대로가 즉공(即空), 즉가(即假), 즉중(即中)이라는 실상의 이치에 결합해서 제법이 곧 실상이라 하였다. 이것을 대승원교(大乘圓敎)의 설(說)이라 부르고 있다. 또, 삼론종에서는 중론(中論) 등의 교리에 의해서 공리(空理)를 제법실상이라 하였다. 공리라는 것은, 미루어 살펴 아무리 구해도 부득(不得)할 수도 없고 인지(認知)할 수도 없는 것이며, 고정 불변한 저 혼자의 모양을 얻을 수 없는 불가득공(不可得空)을 말하는 것이다. 그래서, 긍정과 부정을 초월한 절대 부정으로서의 부사의(不思議)의 도리를 제법실상이라 한 것이다. 조선 선조 때 서산대사가 우리 나라 불교를 명실공히 선종(禪宗)으로 통일하여 독특한 불교를 창설한 이후에는 제불조사(諸佛祖師)가 바로 깨친 인인개개(人人箇箇) 본자구족(本自具足)한 본래 면목 그대로를 제법실상이라 하고, 이것을 진참실구

(眞參實究)하는 것을 전통으로 삼았다.

그러나, 지금 세상에는 모든 존재가 진실하게 있는 그대로의 모양을 바로 보지 못하는 느낌이 적지 않으니 어이된 일인가? ✳

15. 삼 학(三學)

불교의 목적인 열반(涅槃)의 세계에 도달하고자 하는 사람은 누구나 배워서 행하여야 할 세 가지 극히 필요한 일이 있다. 이것을 삼학(三學)이라 하는데 즉 계(戒, 羅戶)·정(定, 三昧)·혜(慧, 般若)이다.

계(戒)라는 것은 일상 생활에 있어서 악(惡)을 짓지 말며 선(善)할 것을 받들어 행하며, 한 몸의 육체적 쾌감을 조절하고 억제하여 적은 죄라도 두려움을 아는 불교 실천도의 기초를 말하는 것이다. 다시 말하면, 신·구·의(身口意) 삼업(三業)으로 악을 짓지 말고 잘 수행해서 사람에게나 물질을 대함에 있어서 해를 끼치지 말며 줏대가 있어 자신이 스스로 행하여야 한다는 것이다.

계를 보통 계율(戒律)이라고 하여, 오계(五戒)·팔계(八戒)·십계(十戒)·이백 오십계(二百五十戒)·삼백 사십 팔계(三百四十八戒)등을 세워서 그것을 지켜서 가지는 대상을 재가(在家)의 청신남(清信男), 청신녀(清信女)와 미성년의 출가자인 사미(沙彌), 사미니(沙彌尼), 비구(比丘), 비구니(比丘尼) 등으로 구별하고 있다.

정(定)이라는 것은 마음의 움직임을 쉬고 안정해서 움직일 줄 모르는 행동을 하며, 욕과 악을 여의고 하나의 대상에다 마음을 집중시켜 흐트러져 어수선하게 하지 않는 정신 작용 및 그 상태를 말하는 불교 실천도의 대강(大綱)이다. 다시 말하면, 일상 생활에서 자기의 마음에 맞지 않는 것을 참아서 몸과 마음을 바로잡고 실행하는 능력을 준비하는 것이다.

정(定)의 종류에도 사선(四禪), 사무색정(四無色定), 구사(九思), 팔배사(八背捨) 등이 있으며, 구종대선(九種大禪), 백팔삼매(百八三

昧) 등을 세우기도 한다.

혜(慧)라는 것은 참된 지혜를 연구하고 수행해서 의혹을 없애고 진실의 세계를 그대로 관찰할 수 있는 마음의 밝음을 말하는 것이다. 사제(四諦), 십이인연(十二因緣)의 관행(觀行)이나 연기실상(緣起實相)의 수관(修觀)을 발하는 것도 이 혜를 얻고자 함에서 행하여지는 실천도(實踐道)이다.

열반의 이상 경지에 도달하여 참된 생활을 하려면 먼저 이 삼학을 얻어야 하며, 삼학을 배우는 가운데서 차례로 집착이 떨어지고 번뇌로부터 해탈의 시기가 온다는 것이다.

계·정·혜 삼학은 서로 나누어질 수 없는 관련성으로 이루어져 있어서 하나라도 빠져서는 안되는 것이다. 지계청정(持戒淸淨)에서 출발하여 마음의 안정을 얻고 정지(定地)에 도달함으로써 참된 지혜가 개발되어 의혹을 깨뜨리고 열반을 증명하게 되는 것이다. 계는 번뇌의 도적을 잡는 것이요, 정은 묶는 것이며, 혜는 도적을 죽여 없애는 일이라는 것이 고래로 전하여지고 있다.

팔정도(八定道)와 육바라밀(六婆羅蜜)과 아울러 고(苦)를 없애고 영원한 낙(樂)을 얻는 방법으로 삼학을 세우는 까닭도 여기에 있는 것이다. ✳

16. 삼 덕(三德)

〈열반경〉에 보면 누구나 반드시 본래로부터 가지고 있는 불성(佛性)을 마치 소의 젖과 같은 것이라고 하였다.

누런 소나 검정 소나 흰 소나 소의 종류를 가리지 않고 그 젖은 똑같은 것이다.

그 빛깔이 같을 뿐 아니라, 맛도 꼭 같아서 어떠한 송아지라도 먹기만 하면 잘 자랄 수 있는 양분을 가지고 있는 것과 같이 일체중생도 만인공통의 불성(佛性)에 의해서 똑같이 깨쳐서 부처가 될 수 있다고 하였다.

그리고, 이 불성에는 법신과 반야와 해탈의 3가지 요소가 간직되고 있는 까닭에 누구나 부처가 될 수 있다고 하였다.

여기서 말한 법신(法身)이라는 것은 바꾸어 말하면 순수 이론으로서의 부처님을 말하는 것이며 원리로서의 불신(佛身)을 뜻하는 것이다.

반야라는 것은 순수 직관의 지혜, 즉 영묘하고 부사의(不思議)한 지혜를 말하는 것이다.

그리고, 해탈이라는 것은 모든 번뇌의 속박으로부터 이것을 벗어난 대자유의 이상경을 말하는 것이다.

열반경에서는 이 세 가지 요소를 삼덕(三德)이라 하고 서로가 불가분(不可分)의 관계에 있다고 설명하고 있다.

원리로서의 불신(佛身)이 영묘부사의(靈妙不思議)한 지혜에 의해서 모든 미혹(迷惑)의 번뇌를 여의면 비로소 깨달음〈悟〉의 이상경(理想境)에 도달할 수 있다는 것이다.

이와 같은 경지를 불교의 목적인 열반의 경지라는 것이다. 이 열반의 경지에 이르고 보면 미혹의 번뇌가 다 없어진 고요하고 안락하고 영원히 깨끗한 세계에서 살 수 있다는 것이다.

법신과 반야와 해탈의 삼덕을 얻지 못한 세계는 미혹의 세계, 무상(無常)의 세계, 고뇌(苦惱)의 세계, 부제(不濟)의 세계라는 것이다. 즉, 한 시각도 쉴새 없이 찰나찰나(刹那刹那)로 변화해 마지않는 무상의 세계를 영구불변의 상주의 세계로 생각하고 있으며, 일시적인 향락에 도취되어 영원한 안락인줄로 생각하고 있는 곳에서 잘못이 이루어지는 것이다.

이 세계는 중생의 세계, 고(苦)의 세계인 것이다. 그래서 열반의 이상계(理想界)에서 사느냐 고(苦)의 현실에서 헤매느냐하는 판가름은 삼덕(三德)을 갖추었느냐 갖추지 못하였느냐에 좌우되는 것이다.

이 얼마나 쉽고도 어려운 노릇인가를 깊이 생각해 볼 일이다. ✳

17. 사 선(四禪)

소승선(小乘禪)의 내용을 말할 때 회선팔정(回禪八定)을 내세우고 있다.

여기서 소승선이라고 하는 것은 부처님으로부터 비롯해서 서기 기원 후 4세기 말 구마라집(鳩摩羅什)의 시대까지의 소승 경전에서 발견할 수 있는 선관(禪觀)의 내용을 말하는 것이다. 그 선관의 내용은 4선을 벗어나지 않는다 해서 4선을 소승선이라 부르게 된 것이다.

이미 이 4선 사상은 부처님께서 출가하시기 이전부터 외도들이 내세우고 수도하는 방법으로 삼았다는 설도 있으며, 더욱이 부처님이 출가 구도시에도 외도들에게 4선의 법을 들었다는 기록도 있을만치 유명한 것으로 전해지고 있다.

그 내용을 살펴보면 초선(初禪), 이선(二禪), 삼선(三禪), 사선(四禪)의 네 가지로 구분되어 있고, 수도하는 사람들의 하열(下劣)한 욕망을 정복하고 정신을 수습해서 고요한 정적의 세계로 돌아가게 하는 방법을 말한다.

그래서, 초선은 가장 초보적인 식욕과 이성에 대한 욕심을 여의고 마음을 한 군데에다 정해서 기쁜 생각이나 언짢은 생각을 일으키지 않으나 제법의 의(義)는 하찰(何察)해서 마음의 추동함을 면하지 못한 경지를 말한 것이다.

제 2선은 초선에서 닦은 마음의 추동을 아주 그치게 하고 활연(活然)히 고요해서 기쁘고 경사스러운 생각이 쉴 새 없이 일어남을 말하는 것이고, 3선은 2선에서 닦은 기쁘고 즐거운 감정의 물결〔情波〕을 고요히 가라앉게 하며 잠연히 적정의 묘락(妙樂)을 받는 경지를 말하는 것이고, 4선은 3선에서 닦은 묘락마저 버리고 정념(正念)이 분명해서 민연응적(珉然凝寂)한 세계를 말하는 것이다.

이와 같은 사선의 해탈은 〈구사론(俱舍論)〉에서나 〈순정 이론(順正理論)〉에서나 또는 〈비바사론(毘婆娑論)〉 등에 자세히 해명되어 있어 불교사상 연구에 크게 이바지하고 있다.

그리고, 일설(一說)에는 초선을 닦으면 색계(色界)의 초선천(初禪天)에 가서 나고, 2선은 이선천(二禪天), 3선은 삼선천(三禪天), 4선(四禪)은 사선천(四禪天)에 난다 하여 천당에서 공부할 수 있는 길을 열기도 하였다. 그러나, 현재 우리는 이와는 전혀 다른 방법과 사상의 선을 수행하고 있다.

그것은 조사선(祖師禪)이라 하여 대승선 중에서도 가장 고차적인 선으로 언어로서는 무어라 표현할 수 없는 것이며 오직 자증(自證)할 따름인 것이다. *

18. 사법계(四法界)

불교의 우주관에는 본체인 진여(眞如)로부터 현상계의 만유를 생성하는 것이라는 진여 연기설(眞如緣起說)이 있으며, 이보다 한걸음 더 나아가서 차별의 현상계가 그대로 본체라고 하는 법계 연기(法界緣起), 또는 일심 법계(一心法界)라고 부르는 설(說)이 있다. 전자(前者)가 기신론(起信論)에 그 근거를 두었다 하면, 후자(後者)는 화엄경(華嚴經)에서 그 골자를 뽑아낸 것이라 하겠다. 법계 연기 또는 일심 법계라고 하는 것은 우주 간에 존재하고 있는 티끌 하나라도 진여의 움직임이 아닌 것이 없으며, 그 생명의 움직임이 이른바 일다상즉상입(一多相即相入)의 묘한 경지를 이루고 있다는 것이다. 이와 같이 우주의 전체를 일심에 합치게 하는 면에서 만유를 세밀히 관찰하는 데에 네 가지의 다른 의미를 가진 범주를 세워서 설명하는 것을 사법계(四法界)라 한다.

법계란 말은 불교의 이상을 표현하는 개념의 하나로써 진여(眞如)·법성(法性), 실상(實相) 등을 가리키는 것을 상례로 하고 있으나, 여기서는 진여 법성이 두루 가득한 우주 만유를 의미하는 것이며, 사법계(事法界)·이법계(理法界)·이사무애법계(理事無碍法界)·사사무애법계(事事無碍法界)를 말하는 것이다.

(1) 사법계라는 것은, 우주만유는 천차만별의 모양을 가진 차별 현상계(差別現象界)의 개별상(個別相)으로 나누어진 한계를 가지고 있다는 것을 말한다.

여기서 사(事)라는 것은 물심차별(物心差別)의 사상(事相)이 마치 바다에 무한히 일어나 움직이는 파도와 같다는 것이나, 구사(俱舍)의 75법 법상(法相)에서 백 법(百法)을 말하는 것 등은 이 사법계(事法界)를 설명하는 것에 벗어나지 않는다.

(2) 이법계라는 것은 우주 만유의 근본인 보편성, 즉 평등의 본체를 말하는 것이다. 현상 차별을 여읜 평등 무상(平等無相)한 본체는 진실한 것이며, 마치 천태만상(千態萬相)으로 일어났다가 없어지는 파도의 본질은 바닷물을 벗어나지 못한다는 것이며, 만유의 모든 법이 차별은 있으나, 그 본체는 불(佛)이라고 더하지 않으며 범부 중생이라고 덜하지 않는 절대평등이라는 것이다. 이와 같이, 법계는 이성에서는 실체를 가리키고, 사상에서는 현상계를 가리켜서 그 의미를 달리하고 있다.

(3) 이사무애법계라는 것은 실체와 현상이 독립된 인연으로 끊어진 것이 아니라, 융통무애(融通無碍)한 하나가 둘이 될 수 없는 관계로서 차별이 없다는 것이다. 마치 바닷물과 파도가 같은 물질인고로, 아무런 걸림없이 상입(相入)하는 것과 같은 것이며 소위 색즉시공(色卽是空) 공즉시색은 이 소식을 전하는 것이라 하겠다.

(4) 사사무애법계는 차별의 현상계 그 자체가 불이일여(不二一如)한 절대부사의(絕對不思議)라는 것이다.

현상과 현상의 개개의 본질이 불이일여해서 상입의 묘한 이치를 이루고 있는 것이 소위 일즉일체(一卽一切), 일체즉일(一切卽一) 중중무진(重重無盡), 일미법계(一味法界) 임을 말하는 것이다. 마치 파도와 파도가 상즉상입(相卽相入)하는 것과 같이 !

이상은 우주 만유 전체의 면에서 사법계를 말한 것이지만, 하나하나의 개별에도 전체와 같이 사법계관(四法界觀)으로써 관찰할 수 있는 것이다. *

19. 오 견(五見)

　우리 인간은 무엇을 생각하면서 스스로 사상(思想)을 가지고 있는 존재이다. 이와 같이 생각하는 것을 불교에서는 견(見)이라 하고 사상 또는 견해(見解)라는 뜻으로 쓰고 있다. 그리고, 견(見)의 내용이 부처님께서 설파하신 사성제〔苦·集·滅·道〕의 진리를 자각한 것을 정견(正見)이라 하고, 반대되는 것을 악견(惡見)이라 하여 뚜렷하게 구별하고 있다. 여기서 오견(五見)이라는 것은 우리들의 근본 번뇌를 이루고 있는 그릇된 생각인 악견 다섯 가지를 말하는 것이다. 즉 신견(身見), 변견(邊見), 사견(邪見), 견취견(見取見), 계금취견(戒禁取見)의 다섯 가지이다.

　첫째, 신견이라는 것은 아견(我見) 아소견(我所見)이라고도 하며, 「나」라는 것이 본래 육체와 정신작용으로 꾸며진 색(色)·수(受)·상(想)·행(行)·식(識)의 오온(五蘊)의 화합체인 줄 알지 못하고 항상 변함 없는 내가 있는 것으로 믿고 이에 집착할 뿐만 아니라, 「나」에 소속된 물건까지 내 것이라는 생각에 사로잡혀 있는 견해를 말하는 것이다. 이와 같은 견해가 근본이 되어서 여러 잘못된 견해를 일으키고 있는 것이다.

　둘째, 변견이라는 것은 한쪽의 극단에 집착되어 있는 견해이다. 「내」가 있다고 잘못 생각한 것이 원인이 되어서 「나」는 죽은 뒤에도 영원히 변하지 않는 항상 머무르는 존재라는 소견과, 또 「나」는 죽은 뒤에는 아무 것도 없이 단절되는 것이라는 견해의 극단적인 소견을 가지는 사람들을 말하는 것이다. 불교에서는 이 두 극단의 사상을 잘못이라 하여 중도(中道)의 법문(法門)을 세우고 인과법으로써 이를 설명하고 있다.

　셋째, 사견이라는 것은 두 극단의 변견의 생각을 떠난 중도 인과(中道因果)의 도리를 부정하는 견해를 말하는 것이다. 즉, 불교의 근본 사상을 부정하는 사람들의 견해라 할 것이다.

　넷째, 견취견은 잘못된 지견(知見)이나 졸렬한 일들을 훌륭하고 참된 것인 줄 알고 이것에 사로잡히는 견해이다. 위에서 말한 신견, 변견, 사견이 잘못인 줄 모르고 이것을 참다운 것이라 생각하는 것을 말하는 것이다.

다섯째, 계금취견이라는 것은 잘못된 외도(外道)들의 계율이나 금제(禁制)를 믿고 천상에 태어나는 인연이나 진리를 깨치는 바른 길인 줄 아는 사람들의 견해이다. 이상 오견의 해석에는 종파에 따라서 견해가 다른 것도 있다. 우리는 일상 생활에서 그릇된 오견에 사로잡히지 말고 오견으로 살며 그 체득을 위해서 정진하는 데에 참된 삶의 보람이 있을 것이다. *

제4장 반야의 장

1. 팔 유(八喩)

불교의 여러 경전들을 보면 부처님께서 설법하신 방법이 매우 다양다기(多樣多岐)함을 알 수가 있다.

그 가운데에서 직설적인 방법과 함께 가장 많이 사용되고 있는 방법은 비유에 의한 것이다. 경전 중에는 비유경과 같이 전부 비유만으로 된 경전도 더러 있지만, 일반적으로 다른 경전도 대부분 비유의 설법 형식을 내포하고 있는 것이다.

그런데, 여러 경전에 보이는 비유도 여러가지 형식이 있으니, 그것을 추려 보면 대략 다음과 같이 여덟 가지 종류로 나눌 수가 있다.

첫째는 순유(順喩)이니, 이는 차례대로 일어나는 일로써 비유해 나가는 것을 말한다. 예를 들면, 큰 비가 줄기차게 내려서 큰 물이 난다는 것과 같은 것이다.

둘째는 역유(逆喩)인데, 이는 순유와는 반대로 거꾸로 된 일로 비유하는 것을 말한다. 즉, 큰물이 난 것은 큰 비가 줄기차게 내렸기 때문이다 라고 하는 것과 같은 것이다.

셋째는 현유(現喩)로서, 이는 앞에 있는 일로 비유해 나타내는 것이다. 즉 중생의 마음은 원숭이와 같다고 하는 따위이다.

넷째는 비유(譬喩)인데, 이는 어떤 일을 가정하여 비유하는 경우를 말한다. 예를 들면, 사방에서 큰 산이 몰려오듯이 생노병사(生老病死)의 4고(四苦)가 항상 닥쳐온다고 하는 따위이다.

다섯째는 선유(先喩)로, 이는 먼저 비유를 말하고 뒤에 법으로 말하는 형식이다.

여섯째는 후유(後喩)이니, 이는 선유와는 정반대로 먼저 법을 말하고 뒤에 비유를 하는 형식이다.

일곱째는 선후유(先後喩)로서, 먼저나 뒤에나 모두 비유를 드는 경우이다. 예를 들면, 파초가 열매를 맺으면 말라 죽는 것과 같이 어리석은 사람이 이양(利養)을 얻는 것도 역시 그러하며, 또 노새가 새끼를 배면 목숨이 오래지 못한 것과 같다는 따위이다.

마지막으로 여덟째는 변유(遍喩)인데, 이는 처음부터 끝까지 전부 비유로 말하는 것을 가리킨다. **

2. 독화살의 비유

부처님께서는 모든 사물에 대하여 말씀만 내시면 그것은 곧 한 구절의 시(詩)로서 광명을 찬란하게 비추어 듣는 사람들을 감탄하게 하였다.

그 뿐만 아니라, 허공에 반짝거리는 별이나 흐르는 물에까지 무한한 생명을 주었으며, 세상에 일어나는 어떠한 사건이나 또는 세상에 산재(散在)해 있는 어떠한 기물이라도 부처님께서는 중생교화의 재료가 되었던 것이다. 그래서, 부처님께서는 이론을 따지며 묻는 제자들을 언제나 꾸중하시고 바른 길로 인도하셨던 것이다.

하루는 '마라구마라(磨羅鳩磨羅)'라는 제자가 여러가지 이론을 내세우며 귀찮은 질문을 하였다. 그 때 부처님께서는 그 이론이 많음을 꾸짖으시고 독(毒)묻은 화살을 들어서 수도에 힘쓰지 않고 이론만을 따지는 비구들을 깨우쳐 주셨다.

『어떤 사람이 독침을 맞아 곧 목숨이 없어질 것을 옆에서 친한 사람이 보고 가엾게 여기어 그 독을 뽑을 의사를 찾으려고 하였다. 이때 그 화살을 맞은 사람은 말하기를, 「나는 그 화살을 뽑기 전에 활을 쏜 사람의 신분을 알고서 뽑겠소. 그 사람이 키가 큰 사람인가 작은 사람인가 아니면 중간쯤 되는 사람인가? 그리고 얼굴 빛은 검은 사람인가, 흰 사람인가, 누런 사람인가? 또, 그 사람은 상류 계급인가 하류 계급인가 중류 계급인가를 알아야 하겠고, 이 화살을 만든 재료는 무엇인지 확실히 알고서 이 화살을 뽑겠소」하면서 쓸데없는 이론만 내세우며 떠드는 사이에 독은 전신에 퍼져서 이 사람은 죽고 말았다.

이 어리석은 사람과 같이 세상에는 수행하지 않고 정진(精進)도 하지 않으며 죽은 뒤에 「내세(來世)가 있느냐? 없느냐?」「세계의 시초(始初)가 있느냐? 없느냐?」「또한 세계의 종말(終末)이 있느냐 없느냐?」 등의 쓸데없는 이론만을 캐다가 해탈(解脫)의 길에 나아가지 못하고 한 평생을 마치고 마니 이것이 생사(生死)를 돌고 도는 근본이 되느니라』라고 하시고 '마라구마라'를 깨우쳐 덕을 닦고 지혜를 연마해서 열반의 구경(究竟)에 이르게 하였다.

이것은 이론만 즐기는 사람을 독화살 맞은 사람에 비유해서 설법하신 것이지마는, 실천·수도함이 없이 이론만 세우는 불교인들을 깨우치게 한 말씀인 것이다. ✻

3. 두 마리 쥐와 등덩굴(二鼠齧藤喩)

사람의 육체는 무상해서 오래 보존할 수 없다는 것을 검고 흰 두 마리 쥐가 등덩굴을 물어 뜯고 있다는 것에 비유해서 두 마리의 쥐〔二鼠〕와 등덩굴의 비유〔藤喩〕로 이서치등유(二鼠齧藤喩)라 부르고 있다.

이 말은 〈유마경(維摩經) 상 권〉에 사람의 몸은 언덕의 우물과 같다는 데에 근거한 것이다. 그 내용을 살펴 보면, 국왕에게 죄를 지은 사람이 벌받기가 두려워 도망치는 것을 왕이 술취한 사나운 코끼리로 하여금 뒤쫓아가게 해서 잡게 하였다. 도망치는 죄인은 위급함을 피하다 마침 언덕에 자리 잡고 있는 우물 속으로 뛰어 들어가서 공교롭게도 그 중간에 늘어진 등덩굴을 붙들고 매달려서 쉬었다. 잠깐 위급함을 면한 죄인은 정신을 차려서 아래를 내려다 보니 뒤쫓아오는 코끼리보다 더 무서운 악룡이 독을 피우며 내려오기만 고대하고 있고 주위에는 다섯 마리 독사가 혀를 널름대며 해치려 하고 있었다. 공포에 찬 죄인은 위를 쳐다보니 희고 검은 두 마리의 쥐가 차례로 번갈아 가면서 생명을 의지하고 있는 등덩굴을 싹싹 갉아먹고 있으며, 뒤쫓아오던 코끼리는 어느 새 쫓아와서 내려다보며 올라 오기만을 기다리며 지키고 있다. 이 때 머리 위에 뻗어난 나뭇가지에서 벌꿀이 넘쳐 흘러서 한 방울 한 방울 입 속으로 똑똑 떨어지는 달콤한 맛에 순간이나마 공포를 잊게 되었다는 것이다.

  이 한 토막 우화는 우리 인생의 무상함을 그대로 그려낸 교훈인 것이다. 언덕의 우물은 인생의 삶과 죽음에 비유하였고, 취한 코끼리는 육체를 가진 인생을 죽음의 길로 뒤쫓고 있는 무상에 비유하고, 악룡은 지옥, 아귀, 축생 등의 무도(無道)에 비유하고, 다섯 마리의 독사는 인간의 정신과 물질면을 구성한 색수상행식(色受想行識)의 오음(五陰)에 비유하고, 등덩굴은 사람의 수명에 비유하고, 두 마리 쥐는 낮과 밤이 서로 되풀이되어 쉴 새 없는 시간의 흐름이 죽음을 재촉하는 데 비유하고, 벌꿀이 입으로 흘러 떨어지는 것은 인간이 달콤한 오욕에 빠져서 헤어나올 줄 모르는 것에 비유해서 말한 것이다. 이를 〈정명경(淨名經 : 유마경의 다른 이름)〉의 일곱 가지 비유라고도 하는데, 우물, 코끼리, 악룡, 독사, 등덩굴, 쥐, 벌꿀 등 일곱 가지를 들어서 인생의 무상을 비유했다는 뜻이다.

  사람은 누구나 벗어날 수 없는 생사라는 우물 속에 빠져서 허무함이란 사나운 현실에 쫓기고 있으며, 얼마 후에는 기필코 끊어지고야 말 등덩굴같은 수명에 매달려서 악도에 떨어질 공포와 육체 및 정신을 구성한 독사와 같은 다섯 가지의 위험을 모르고 벌꿀의 단맛에 만족을 느끼고 있다는 것이다. 옛날부터 이것을 그림으로도 그려서 후세 사람들을 경계하는 방책으로 했으나, 그림에는 코끼리보다 호랑이를 그려서 무상호(無常虎)라 이름 지은 것이 많으며, 흑백 쥐 두 마리를 해와 달로 설명하기도 하였다.

우리는 벌꿀의 애욕인 단맛에 도취되어 생사를 벗어나지 못함을 깨닫고, 바른 진리를 깨쳐서 극락의 기쁨 속에서 크게 자유로워야 할 것이다. *

4. 묵묵부부(默默夫婦)

세상의 어리석은 사람들이 조그마한 이익에 눈이 어두워 크게 손해를 당해도 그런 줄 모르는 것을 깨우쳐 주는 이야기로 묵묵부부(默默夫婦)의 떡 나누어 먹는 이야기가 있다. 여기서 묵묵(默默)이라는 것은 눈을 뜨고 모든 것을 보고도 말을 하지 않는 묵언행동(默言行動)을 말하는 것이다.

옛날 인도 어느 곳에 젊은 부부가 살고 있었다. 하루는 이웃 집에서 맛 좋은 떡 세 개가 들어왔다. 부부는 떡을 하나씩 나누어 먹고 나머지 하나를 누가 먹느냐가 문제가 되었다. 서로가 조금도 양보하지 않았다. 하는 수 없이 서로 약속하기를 말을 하지 않는 사람이 먹기로 했다. 두 사람은 별안간 벙어리가 되었다. 얼마 뒤에 도적이 이 집에 들어와서 보니 사람은 있는데 서로가 말이 없었다. 도적은 좋은 기회라 생각하고 집안 물건을 밖으로 가지고 나갔다. 그래도 부부는 약속을 지킨다고 말을 하지 않았다. 도적은 더욱 신이 나서 이번에는 부인을 끌고 가려 하였다. 그래도 남자는 보기만 하고 말이 없었다. 부인은 견디다 못해 남편을 보고, "잘난 떡 한 조각에 도적이 와서 재물을 다 가져가고 심지어는 나까지 끌고 가는 것을 보고도 가만히 있는 사람이 어디 있느냐?"고 화를 냈다. 이 말이 떨어지자 마자 남자는 손뼉을 치면서, "이제 떡은 내가 먹는다." 하면서 떼굴떼굴 구르며 좋아했다고 한다.

물론 하나의 우스운 이야기에 지나지 않으나 세상의 어리석은 사람들의 비유로 쓰여지는 교훈이 되어 있다.

털끝 만한 명리(名利)에 얽매여 큰 손해를 당하고도 조금도 잘못인 줄 모르며, 일시적인 정욕(情慾)에 빠져서 지옥(地獄)·아귀(餓鬼)·축생(蓄生)의 3악도(三惡道)에 떨어져 무한히 고뇌(苦惱)를 받고 있으며, 또 나아가서는 진리를 구하는 도(道)를 닦지 아니하고 세상의 쾌락에 끌려 뒤에 무한한 고통 받을 것을 모르는 것이 묵묵부부의 떡 시비와 다를 것이 없다는 것이다.

우리는 목전(目前)의 사소한 명리(名利)나 한때의 욕망이나 쾌락에 끌리지 말고, 영원한 진리를 찾기 위해서 묵묵부부의 떡 시비와 같은 어리석음은 삼가야 할 것이다. *

5. 장자 궁아유(長者窮兒喩)

어떤 장자에게 외아들이 있었는데 어려서 밖에서 놀다가 집을 잃게 되었다. 단 하나밖에 없는 외아들을 잃은 장자는 백방으로 찾아 보았지만 헛수고였다. 그래도 희망을 포기하지 않고 아들을 찾고자 번잡한 시중으로 집을 옮기고는 계속 아들을 찾고 있었다.

그럭저럭 10여 년의 세월이 흘렀다. 집을 나간 아이는 거지가 되어 이곳저곳을 떠돌아 다니다가 마침내 본국으로 돌아와 방황하게 되었다.

시중에 굉장한 저택을 가지고 있던 그의 아버지가 어느 날, 보기에도 애처러운 거지아이가 자기집 문전에서 걸식하는 것을 얼핏 보고 용모는 변하였지만 그가 바로 목메어 찾던 자기 아들임을 알고 미친 듯이 기뻐하면서 집안으로 데리고 들어가려 하였다.

그러나 거지아이는 그 저택이 너무도 훌륭함에 오히려 겁을 먹고,「이렇게 훌륭한 집에서 걸식을 한다고 나를 야단치려는 것일 게다」라고 생각하고는 재빠르게 도망쳐 버렸다. 놓쳐서는 안되겠다고 생각한 부친은 사람들로 하여금 뒤를 쫓게 하였지만 거지 아이는 부친의 참뜻을 알지 못하고 나쁜 짓을 한 일이 없으니 용서해 달라고만 애원할 뿐이었다.

도저히 안되겠다고 생각한 부친은 꾀를 내어 두 사람의 허름한 인부를 보내 함께 그 집에 가서 머슴살이를 하자고 꾀었다. 거지도 어느 정도 안심이 되어 그 집의 머슴으로 들어오게 되었다. 세월이 감에 따라 차츰 승진을 시켜 드디어 그 집의 집사(執事)가 되었을 무렵 그도 차츰 장자의 친절한 마음씨를 알게 되었다.

그러던 어느 날, 장자는 병에 걸려 중태에 빠지게 되었다. 장자는 국왕, 대신, 친척, 부호 등 여러 사람을 초대하여 큰 잔치를 베푼 뒤 자초지종을 얘기하고 재산을 아들에게 물려줄 것을 유언하였다. 집사는 비로소 진상을 알고 한량없는 부친의 애정에 감격의 눈물을 흘렸다.

이것은 〈법화경 신해품(信解品)〉에 나오는 유명한 비유인데 자부(慈父)이신 부처님의 애정에 의하여 그 제자들이 고귀한 불도의 재보를 얻게 됨을 비유한 것이다. *

6. 일월삼주(一月三舟)

부처님을 달에 비유하여 달의 모양을 법신(法身)에, 달의 광명을 보신(報身)에, 달의 그림자를 응신(應身)에 해당시켜 일월삼신(一月三身)이라 한다.

이와 비슷한 말로서, 부처님이 나타나시는 곳에 따라 보는 사람은 다르게 볼 수 있음을 비유한 일월삼주(一月三舟)라는 것이 있다. 즉 부처님은 달과 같으나 이것을 보는 중생들은 그 근기(根機)에 따라 각각 다르게 생각한다는 것이다. 이는 세 사람이 각각 다른 배를 타고 각자 다른 위치에서 보는 것과 같이 각각 다르게 본다는 데서 나온 말인 것이다.

밝은 달이 허공에서 비치고 있을 때, 배 한 척은 한 자리에 멈추고 있고 다른 배 하나는 남으로 천리를 달렸는 데도 달을 그대로 따라 왔다.

또 다른 배 하나는 북쪽으로 천리를 달려와 달을 보니 역시 거기에까지 따라왔다.

중간에 멈추고 있는 배에서 달을 보니, 달은 가만히 그 자리에 머무르고 있어 움직이지 않았다. 이것은 달이 중심처가 되어 있기 때문에 남북으로 따라간 듯하나 사실은 따라가지 않은 것을 말한 것이며, 따라서, 보는 사람의 위치에 따라 달이 수많은 곳으로 따라간 듯하나, 달의 당체(當體)는 조금도 움직임이 없음을 말한 것이다.

이 일월삼주의 비유는 당나라 청량법사(淸涼法師)가 〈80 화엄경 권 16 승수미정품(昇須彌頂品)〉에 나타난 경구를 해설한 비유이다.

그 경문(經文)에 보면, 세존께서 보리수 아래를 떠나지 않고 수미산정(須彌山頂)에 올라 제석전(帝釋殿)으로 향하셨다고 한다.

얼핏 보면 이해가 잘 되지 않는 말이다. 그래서, 청량 법사는 후학들을 위해서 친절하게 부처님께서 보리(菩提)를 얻으신 뒤로는 그 지(智)가 무변(無邊)해서 이르지 않은 곳이 없으며 그 모습이 광대해서 없는 곳이 없으니 이것이 달과 같다 고 해설하였다.

이는 부처님께서 보리수 아래에 계시면서 천궁(天宮)에도 가실 수 있고 제석전에도 가실 수 있으나 각수(覺樹)는 여의지 않고 계시는 것이라는 뜻이다.

일체 방법은 유심소조(唯心所造)라는 근거가 되는 말이기도 하나, 불변의 부처님의 진리는 일월삼주와 같이 교화면에서도 천차만별의 경계(境界)에 하나도 빠짐없이 복음을 베풀고 있으니, 그 법(法)의 깊고 묘(妙)함을 새삼 느끼게도 하는 것이다. *

7. 법화 칠유(法華七喩)

우리 나라에서 가장 많이 유행되었던 〈법화경(法華經)〉에는 중생들의 근기(根機)에 따라 여러가지 법의 문을 열어서 깨침에 이르게 하였다. 그리고, 한편으로는 법신(法身)의 불멸과 보편성을 말하여 깨칠 수 있는 법을 뒷받침하고 있다. 그러나, 그 설한 법문이 어렵고 또 심오해서 누구나 이해하기가 어렵게 되어 있다. 그래서, 그 어려운 법문을 알기 쉽게 하기 위하여 비유를 들어서 설명한 것이 〈법화경(法華經)〉의 목적의 하나로 되어 있다. 그 비유를 간추려 보면 가장 중요한 것이 일곱 가지라고 해서 세상 사람들은 법화칠유(法華七喩)라 부르고 있다.

그 하나는 화택유(火宅喩)라 하여, 3계(三界)의 오탁악세(五濁惡世)에서 8고통(八苦痛)에 고민하고 있는 것이 마치 불난 집에서 철모르는 어린 아들이 천진하여 놀고 있는 것과 같다 하고, 장자가 이를 구출하기 위해서 양수레, 사슴수레, 소수레의 세 종류의 수레를 대문 앞에 세워 놓고 아이들을 불러내어 문 밖으로 나오게 한 다음, 백우거(白牛車)에 태워 고민과 위험한 불난 집에서 완전히 구출해 낸다는 것이다. 이것을 어려운 말로 표현하기를 3거(三車)는 성문(聲聞), 연각(緣覺), 보살(菩薩)의 3승(三乘)이라 하고, 백우거(白牛車)를 1승(一乘)이라 하고, 장자(長者)를 부처님에 비유하고, 불난 집은 우리의 현실의 세계를 비유한 것이라 하고 있다.

이와 같은 비유는 〈신해품(信解品)〉에 보이는 궁자유(窮者喩)에서도 스스로 비굴한 생각을 하고 있는 중생들에게 여러 가지의 방편을 설해서 대보살(大菩薩)임을 자각하게 하였다.

약초유(藥草喩)에서는 약초의 크고 작은 구별은 있으나 다 같은 빗방울을 받아 같은 약효를 나타내고 있는 것을, 부처님의 교화는 누구나 성불하게 한다는 것에 비유하였다.

화성유(化城喩)에서는 성불이 지극히 어려운 것이라 생각하고 중간에서 지친 사람에게 중도에서 성불의 방편을 다루어 어려운 생각에서 용기를 내게 하는 비유이다.

의주유(衣珠喩)는 자기 옷 속에 보석이 감추어져 있는 것을 알지 못하다가 그것을 발견하고 궁색을 면한 것을, 중생들이 본래 가지고 있는 불성을 명주(明珠)에 비유하였다.

이밖에 정주유(頂珠喩), 의사유(醫師喩) 등이 있어서, 같은 방법으로 우리들의 깨침을 촉진하게 하고 누구나 불성을 가지고 있다는 것을 말해 주는 묘한 법문들이다. ✻

8. 염화미소(拈華微笑)

　　부처님께서 꽃가지를 들어서 대중에게 보이니 가섭존자가 빙그레 웃으셨다는 말을 선종(禪宗)에서는 염화미소(拈華微笑)라 한다.

　　선의 기원을 말하기 위해서 옛부터 전하여 오는 이야기다. 따라서, 언어를 떠나 마음에서 마음으로 전하는 방법으로 널리 알려져 있는 말이기도 한 것이다.

　　〈범천왕문불결의경(梵天王問佛決疑經)〉에 이 때의 광경을 자세히 전하고 있다.

　　부처님께서 어느 때 영산회상(靈山會上)에서 법좌(法座)에 올라 대범천왕(大梵天王)으로부터 받으신 한 가지 꽃을 들고서 말없이 대중을 보셨다. 아무도 이에 응하는 사람이 없이 묵묵히 있을 따름이었다. 이 때, 가섭존자만이 부처님의 참뜻을 깨닫고 미소를 지었다. 이것을 기록들에는 파안미소(破顏微笑)라고도 전하고 있다. 이에 부처님께서는 대중을 향해 말씀하시기를, 「나에게 정법안장(正法眼藏) 열반묘심(涅槃妙心) 실상무상(實相無相)의 미묘한 법문이 있으니 이제 마하가섭에게 부촉(付屬)하노라」고 선포하였다고 전해진 이야기다.

　　물론, 이것은 부처님 당시에 이루어진 기록은 아니고 중국에서 가장 선종이 성행하던 송나라 때의 기록이라 말하는 사람도 있으나, 다른 종파(宗派)에서 내세우는 교판(敎判)에 대해서 선종에서 말하는 이심전심(以心傳心)의 뜻을 충분히 보여 주고 있는 것이다.

　　그래서, 선가(禪家)에서는 이것을 문제삼아 어째서 부처님께서 꽃가지를 들어 보였을 때 가섭은 파안미소(破顏微笑)를 했는가를 체증(體證)하고자 심혈을 경주하고 있으며, 부처님께서 가섭존자에게 부촉하신 정법안장이란 무엇인가? 열반묘심이란 무엇인가? 하고, 공안으로 연구의 대상으로 삼고 있기도 한 것이다.

　　우리도 이것을 한 토막의 이야기로 넘길 것이 아니라, 또는, 〈범천왕문불경(梵天王問佛經)〉이라는 자체가 불설이니 위경(僞經)이니

하고 따질 것이 아니라, 여기에 보여 주는 참뜻인 염화미소(拈花微
笑)의 골자를 캐내야 할 것이다.

부처님께서 꽃가지를 들어 보였는데 어째서 이것이 무슨 뜻이기에
가섭존자만이 파안미소를 하고 부처님의 정법을 이어받아 정통의 직
제자(直弟子)가 되셨는가를! 그러기에는 행(行), 주(住), 좌(坐),
와(臥), 어(語), 묵(默), 동(動), 정(靜)면에서 이것을 연구해야 할
것이며, 이것만이 우리가 가장 바로 사는 길인 것이다. ＊

9. 고통스러운 것

새, 비둘기, 뱀, 사슴의 네 짐승이 같은 산에 살고 있었는데, 어느
날 밤 그들이 한데 모여「이 세상 고통 가운데 어떤 것이 제일 클
까?」를 이야기하고 있었다.

새는 말하기를

「배 고프고 목마른 것이 제일 큰 고통이다. 배 고프고 목마를 때
에는 몸은 여의고 눈은 어두워 정신이 편치 않다. 그래서, 몸을 그
물에 던지기도 하고 화살도 돌아보지 않는다. 우리들이 몸을 망치는
것은 이 때문이다.」

비둘기는 말하기를,

「음욕(陰欲)이 가장 괴롭다. 색욕(色欲)이 불길처럼 일어날 때에
는 돌아볼 것이 없다. 몸을 위태롭게 하고 목숨을 죽이는 것은 이
때문이다.」

뱀은 말하기를,

「성내는 것이 가장 괴롭다. 독한 생각이 한번 일어나면, 친한 사람
낯선 사람을 가릴것 없이 남을 죽이고 또 자기를 죽인다.」

사슴은 말하기를,

「두려운 것이 가장 괴롭다. 내가 숲 속에서 놀 때, 사냥꾼이나 늑
대가 오나 해서 마음이 늘 떨고 있다. 어디서 무슨 소리가 나면 곧
굴속으로 뛰어 들고, 어미 자식이 서로 갈리어 애를 태운다.」

이런 대화를 들은 오통비구(五通比丘)는 그들에게 말하기를,

「너희들이 말하는 것은 다만 가지 뿐이요, 아직 뿌리를 모른다. 천하의 고통은 몸이 있기 때문이다. 만일 능히 고통의 근원을 끊으면 열반에 들 수 있을 것이다. 도(道)는 고요하고 고요하며 형용할 수 없고 근심, 걱정이 아주 끝나 그 이상 편안함이 없는 것이다」라 하였다.

이것은 〈법구비유경 안락품(法句譬喩經安樂品)〉에 보이는 짤막한 구절인데, 우리가 평소 무엇을 사유(思惟)함에 있어 자기 본위의 어리석은 견해에 빠져 본말(本末)과 간지(幹枝)를 그릇하기 쉬움을 비유해 주기도 하는 것이다. *

10. 응병여약(應病與藥)

부처님과 보살을 비롯하여 선지식들이 중생들을 교화할 때, 그 대하는 근기에 따라 설법하는 것을 비유해서 응병여약(應病與藥)이라는 말을 쓴다. 이것은 분명코 병에 따라 알맞는 약을 써서 병을 낫게 한다는 뜻이다.

부처님께서 설하신 진리는 오직 하나 뿐으로 차별이 없지만, 이것을 듣는 중생의 근기는 천차만별로 다른 까닭에 삼승(三乘)이니 오승(五乘)이니 하는 교리를 설하게 되었고, 8만 4천의 법문이 열리게 되어 각각의 기틀에 따라 교화의 이익을 보게 된 것이다. 이것은 마치 훌륭한 의사가 환자의 병에 따라서 약을 잘 써서 병을 낫게 한다는 것과 같다는 뜻이다.

그래서, 여러 경전에는 부처님을 훌륭한 의사에 비해서 설한 곳이 많이 있으나 특히, 〈열반경 15〉에는 이것을 흥미있게 말하고 있다. 「부처님은 훌륭한 의사와 같아서 선지식이라 부르느니라. 왜냐하면, 병을 알고 약을 아는 까닭에 병에 따라 약을 쓰기 때문이니라.

이것을 비유해서 말하면, 훌륭한 의사가 먼저 풍(風)·열(熱)·수(水)의 세 가지 병상을 알아서 약을 쓰는 것과 같으니, 풍병자(風病

者)에게는 소유(蘇油)를 쓰고, 열병자(熱病者)에게는 석밀(石蜜)을 쓰고 수병자(水病者)에게는 강갈을 써서 낫게 하나니, 부처님도 이와 같이 모든 범부들에게 세 가지 병을 알고 고치나니라.

첫째는 탐욕병이니, 사람은 죽으면 4대(四大)로 화합된 육신은 다 흩어지고 마지막에 백골만 남는 것이니 애착하고 탐낼 것이 없는 것이라 하여 관골상(觀骨相)을 일러 주시고,

둘째로는 진규병이니, 크게 사랑하고 크게 불쌍히 여기는 마음으로 여러 사람들에게 복을 주고 고통을 없애게 하는 자비상(慈悲相)을 일러 주시고,

셋째는 우치병이니, 사람은 무명(無明)으로부터 행(行)을 일으키고 행으로부터 식(識)을 나게 하고 내지는 생노병사까지 낫게 하는 12 인연상(十二因緣相)을 관하게 하여 이 병을 고치게 하나니라」는 뜻을 밝혀 났다.

이와 같이, 응병여약이라는 말은 탐·진·치의 3독병을 고쳐서 계(戒)·정(定)·혜(慧) 삼학(三學)의 바른 길로 이끌어 주는 것이 불교의 가르침이라는 것을 알기 쉽게 풀어 놓은 말이기도 한 것이다. ✻

11. 거문고 줄

인간 생활에 있어서 모든 것이 까다롭고 어렵다고만 하나, 실은 그렇지만도 않다. 의식주(衣食住), 언어(言語), 동작(動作)이 전부 그리하지만, 학구생활의 경우에도 수학(修學)과 교우(交友), 인격(人格)의 도야 등 모든 방면에 있어서 향상하면 할수록 어렵고 막연하다. 흔히 요즘말로 골치가 아프다는 것이다. 그러나, 불타(佛陀)에 있어서는 모두가 쉬우며 까다로운 것이 없다. 모든 어려움과 피로움을 넘어선 인류 영원의 스승이기 때문에 이 모든 골치거리가 있을 수 없다. 가장 어려운 인간의 생활 문제에 대하여 불타는 어리석은 소유욕(所有慾)의 소치(所致)로 공연히 피로워한다고 하셨다. 지나친 욕심을 내지 않고 쌓아 모으려 하지 않고 어리석은 마음이 없는

곳에 피로움이 없다는 것이다. 이러한 성자이므로 불타는 인간 완성을 지향하여 수학하는 구도, 학구자에게도 언제나 따뜻하게 쉬운 길을 일러 주신다. 골치를 앓아 쩔쩔매는 인간에게 가장 손쉬운 방법을 써 주신다. 불타의 가르침은 하나도 어렵지 않고 까다롭지 않다. 단지 추종할 줄 몰라서 또 그렇게 안하기 때문에 어려울 뿐이다. 그 쉽고 자세한 말씀과 가르침이 모두 불교인 것이다. 헤아릴 수 없는 실례 중에서 우리 인간 완성으로 지향하는 학구자들에게 알맞는 것을 예를 하나 들어 보자.

세존(世尊)께서 어느 날 수도(修道)하는 한 사문(沙門)에게

「출가(出家)하기 전에 무엇을 했던가?」

하고 물으셨다.

「거문고 타기를 즐겼습니다.」

「그래 거문고 줄이 느슨하면 어떻지?」

「소리가 안 납니다.」

「줄이 너무 팽팽하면 어떻던가?」

「소리가 끊깁니다.」

「줄이 높지도 되지도 않고 알맞게 되면 어떤고?」

「모든 음을 마음대로 내게 할 수 있습니다.」

「참 인간을 닦아나가는 데도 역시 이와 같이 그 마음을 꼭 알맞게 잘 조절하면 완성할 수 있다.」

세존의 말씀에 사문(沙門)은 도(道)를 이루었다.

불타는 농어부・사공・목수 등 모든 경우에 이처럼 쉽고 적절하게 가르쳐 주셨다. 알고 보면 너무나 쉬운 도리다. 저 콜롬부스가 달걀을 세우듯이, 이제 여물어 간 이 자리에 우리도 마음의 거문고 줄을 새로이 조절해야 겠다. ＊

12. 한 등(燈)의 정성

부처님께 공양을 올릴 때 지극 정성을 다하는 사람과, 그렇게 정

성을 들이지 않고 양(量)만 많이 올리는 사람을 비교해서 정성을 다해서, 올리는 사람이 비록 양은 적으나 그 공덕이 몇 갑절 크다는 옛 고사(古事)에 빈자일등(貧者一燈)이라는 말이 있다. 이것은 〈아사세왕수결경(阿闍世王受決經)〉에 처음 나오는 말이다.

이 경에 보면, 부처님께서 하루는 아사세왕의 청을 받아 왕궁에 들어가서 설법을 하시고 밤이 어두워서 기원정사로 돌아오시게 되자, 왕은 어두운 길을 밝히기 위해서 백두(百斗)나 되는 많은 참기름을 내서 궁문으로 부터 기원정사까지 길가에 불을 밝혔다.

이때, 성 안에 매우 가난한 노파가 있어서 왕이 연등 공양을 한다는 이야기를 듣고 자기도 지금까지 가난해서 부처님께 아무것도 공양을 못했음을 한탄하고 적은 불이나마 한 등 밝혀서 부처님의 돌아오시는 길을 밝히겠다 하고 그 길로 나서서 돈을 구걸하여 참기름을 조금 사서 불 한 등을 밝혔다.

그리고 그 노파는 발원(發願)하기를 이 한 등불이 비록 적기는 하지마는 만약 내가 내세에 태어나서 불도(佛道)를 닦아서 부처님과 같이 성불할 수 있다면 이 한 등(燈)의 불은 밤새 광명을 비추리라 하였다. 그랬더니, 이상하게도 왕이 많은 돈을 들여서 밝힌 불은 얼마 가지 않아서 바람에 꺼지고 기름이 다 타서 꺼지고 했는데, 이 할머니의 한 등만이 밤새워 꺼지지를 아니하였다.

새벽에 부처님께서 제자인 목련존자를 시켜서 왕이 켜 놓은 불은 다 끄고 오라고 하셨다. 불은 거의 꺼지고 몇 개 남지 않았으나, 이 노파의 불은 아무리 불어도 꺼지지를 않았다는 내용이다.

사월 초파일이 되면 모두가 정성어린 등불을 켜는 것도 여기서 연유된 것이라 생각되며 세상에 돈많은 사람이 정성을 들이지 않고 돈만 자랑하는 것보다는 지극 정성으로 부처님께 바치는 공양이 크다는 것을 깨우치는 교훈인 것이다.

이것은 불문에는 빈천(貧賤)의 차별없는 대자비(大慈悲)의 길이 있음을 밝히는 것이다. ✽

13. 선재동자(善財童子)의 구도

옛날 인도에 선재라는 영리하고 착한 소년이 있었다.

불교 연구에 뜻을 품고 하루는 문수보살이 설교하는 곳에 가서 물었다.

「어떻게 하면 불교를 잘 알 수 있으며, 또 훌륭한 지도자를 만나 공경하고 가까이 모시면서 지도를 받을 수 있습니까?」

그 때 보살은

「아, 착한 소년이여. 여기서 남쪽으로 얼마 가면 가락(可樂)이라는 나라가 있는데, 그 나라 안에는 화합산(和合山)이 있고, 그 산 중에 공덕운(功德雲)이라는 훌륭한 스님이 살고 있으니, 그 분에게 가서 물으면 불교 수행하는 법을 알 수 있을 것이다.」

하였다. 선재동자는 일러 주는 대로 곧 찾아가서 불교를 잘 배웠다.

그 뒤, 공덕운 스님은 또 남쪽에 있는 해문국(海門國)의 해운(海雲)스님을 찾게 하여서 선재동지는 또 남쪽에 있는 나라를 찾아가게 되었다.

선재동자는 이와 같이 거듭하기를 53개국을 차례차례로 찾아 다녔다.

이와 같이 하는 사이에 남쪽나라의 여러 왕성과 해안과 산림과 벌판을 두루 심방하게 되었고, 선인, 동녀, 장자, 야신(夜神) 등 여러 계급의 사람들과도 면회를 하면서 불교를 연구하고 다시 제일 먼저 가르침을 받은 문수보살에게 되돌아온 뒤에 최종에는 미륵보살을 찾아가서 설법을 듣고 완전히 불교 연구와 수행을 끝마치고 이상의 세계이며 진리의 세계인 법계에 들어가게 되었다.

이것은 오로지 〈80권 화엄경〉 최종에 보이는 입법계품(入法界品)의 설화의 한 토막이다. 선재동자는 산을 넘고 물을 건너가면서 온갖 어려운 고비를 다 극복하고 불교의 진리를 깨칠 때까지 용맹스럽게 정진하였다.

이것을 불교에서는 보살의 대서원이라 하며, 한번 뜻을 세우면 어떠한 난관에 부딪쳐도 일보도 양보하지 않는 철석같은 **신심**을 말해 주기도 한 것이다.

이것이 화엄학에서 내세우는 실천제일주의를 말하는 것이다.

우리는 세상을 살아가면서 많은 일들을 계획한다. 하지만, 이제는 한번 뜻을 세웠으면 선재동자의 구도정신을 거울삼아 용감히 정진할 뿐, 어떠한 장애물에도 굽히지 말아야 할 것이다. **✻**

제5장 가르침의 장

1. 예 불(禮佛)

부처님을 공경하는 마음을 행위로 나타내 보이는 것을 예불(禮佛)이라 한다.

예불에는 여러 가지 방법이 있다. 옛날 인도에서는 불상이나 부처님 사리를 모신 탑파를 예배의 대상으로 하여 먼저 절을 한 번 하고 다음에 오른쪽으로 한 바퀴 도는 것이 예법으로 되어 있었다.

단 한 번만 돌 때도 있으나, 대개 세 번씩 도는 것이 상례라고 한다. 그러나 때로는 9회, 18회, 30회, 108회의 경우도 있다.

이와 같이 탑을 도는 예법이 우리 나라에서도 일찍부터 전해져서 신라의 풍습을 전하는 삼국유사(三國遺史)의 여러 곳에서 탑돌이 기록을 볼 수 있는 것이다. 그리고, 합장하는 것이 예불의 방법이기도 하다. 인도 사람들은 이 때의 합장을 금강장(金剛掌)이라 부르는 것이다.

또, 옛날 인도나 서역 지방의 비구니들은 부처님께 예불할 때 양쪽 무릎을 꿇고 절을 하였고, 비구들은 오른쪽 무릎을 꿇고 왼쪽 무릎을 세워서 예법을 하였다 한다.

그러나, 부처님께 가장 높은 경의를 보일 때는 오체투지(五體投地)의 예법으로써 하는 것이다. 몸뚱이의 다섯 부분을 땅에 붙인다는 뜻으로, 두 무릎을 땅에 붙이고 다음에는 두 팔꿈치를 땅에 붙이고 두 손을 펴서 부처님의 발을 받드는 것 같이 하면서 두 손 사이에 머리를 땅에 붙이는 예법이다. 이것은 부처님의 최하의 부분인 발을 최고의 부분인 머리로 예배함으로써 최고의 존경을 보인다는 뜻이다. 이것을 정례(頂禮)라 하며 우리들이 조석으로 예불할 때나 공양을 올릴 때에 「지심정례(至心頂禮)」라 하고 부르는 것도 이것을 뜻하는 것이다. 〈법원주림(法苑珠林)권 20〉에 보면, 7종의 예불을 말하고 있다. ① 아만교심례(我慢敎心禮) ② 창화구명례(唱和求名禮) ③ 신심공경례(身心恭敬禮) ④ 발지청정례(發智淸淨禮) ⑤ 편입법계례(編入法界禮) ⑥ 정관수성례(正觀修誠禮) ⑦ 실상평등례(實相平等禮) 등이 그것이다.

이 중에 편입법계례라는 것은 부처님이나 중생들의 마음이 모두 상통하고 있는 법계(法界)의 이치를 사무쳐 깨달아서 한 부처님께 예배할 때 일체 제불에게도 통하는 예불이라는 것이며, 정관수성례라는 것은 부처님께 예배하는 것이 자기에 감추어져 있는 불성(佛性)을 예배한다는 것이며 실상평등례라는 것은 예배의 대상이 공한 자타불이(自他不二)의 예배를 말한 것이라 한다. ✳

2. 오탁악세(五濁惡世)

사람이 살고 있는 곳이라면 피할 수 없는 여러 가지 사회의 악과 정신적, 생리적인 악을 다섯 가지로 분류해서 오탁악세(五濁惡世)라 한다. 흐리고 맑지 못한 부정이 우글거리는 더러운 세상이라는 뜻이다.

이 오탁악세를 해석한 말에 대하여 옛부터 여러 학자들 사이에 서로 다른 견해를 보이고 있으나, 〈비화경(悲華經)〉에 보이는 설을 따

르면,

첫째, 겁탁(劫濁)이 있는데, 이는 시대가 악하다는 뜻이다. 물의 재난으로 인해서 기근이 계속 일어나고 악성 전염병이 유행하고 전쟁이 그칠 사이가 없어서 한 시각이라도 편안하고 즐겁게 지낼 때가 없는 사회악을 말하는 것이다.

둘째, 견탁(見濁)이라 하여 삿되고 악한 사상과 견해를 가진 자들이 세력을 얻어서 돌아다니고, 올바르고 착한 생각을 가진 사람들은 그 틈에서 밀려나가는 세상이다.

셋째는 번뇌탁(煩惱濁)이다. 자기의 것은 아끼고 남의 물건은 탐내며 자질과 실력은 돌보지 않고 권세와 명예 등을 욕심내어 갖은 수작을 부리다가 뜻을 이루지 못하면 짜증을 내고 다른 이들을 중상모략하기를 일삼아, 정신적으로 악질인 무리들이 우글거리는 세상을 말하는 것이다.

넷째는 중생탁(衆生濁)이라 하여, 사람들의 자질이 극도로 저하해서 견탁의 세상을 좋아하고 번뇌탁의 세상에 사로 잡혀서 육신이 거짓 화합체(和合體)인 줄 모르고 영원한 보존을 꾀하는 사람들만이 사는 세상이다.

다섯째는 명탁(命濁)이라 해서, 사람의 수명이 점점 짧아져 가는 세상이다. 불교에서는 인간의 수명을 최고 80세에서 최하 10세로 설정하고 있다. 우리의 수명이 80세 전후임을 보아 현세는 분명코 오탁악세 중에서도 말기에 속하는 때라 할 것이다.

이와 같은 오탁악세를 당해서 생각을 바로 하고 이에 물들지 않게 삼법인(三法印), 사성제(四聖諦), 팔정도(八正道), 십이인연(十二因緣) 등의 법을 설해서 흐리고 악한 세상과 정신을 정화하고, 맑고 깨끗한 세상과 인간을 창조하는 원리(原理)를 펴신 분이 바로 부처님이시다. 그래서, 우리는 가는 세월을 보며 오탁악세에 물들지 않는 자신의 깨끗한 그 한 자리를 다시 돌이켜 살펴서 앞으로의 세월을 위한 무한한 복으로 삼음직하다.

탁한 진흙탕 속에 핀 연꽃이 깨끗하듯이, 쓰레기통에 떨어진 장미라도 향기가 그윽하듯이……✳

3. 제악막작(諸惡莫作)

불교의 목적(目的)을 간단명료하게 표현한 것으로 「전미개오(轉迷開悟)」라는 말이 있다. 삶과 죽음의 미망(迷妄)의 근본인 번뇌를 회전(回轉)해서 불도열반(佛道涅槃)을 증득(證得)한다는 뜻이다.

이와 비슷한 표현으로 불교의 대의를 나타낸 「제악막작 중선봉행(諸惡莫作 衆善奉行)」이라는 말이 있다. 도리를 배반하고 자기와 타인을 손해하며, 현재 또는 장래에 괴로움을 초래하는 원인이 될 수 있는 살생(殺生), 투도(偸盜), 사음(邪婬), 망설(妄說), 음주(飮酒) 등의 악을 짓지 말고, 현재 또는 미래에 나와 남에게 이익을 가져오는 신뢰(信賴), 무탐(無貪), 무진(無嗔), 무치(無痴), 근(勤), 경안(輕安), 불방일(不放逸), 불해(不害) 등의 선행을 받들어 행하라는 뜻이다.

이러한 표면적인 선악을 말하는 것 뿐만 아니라, 한층 더 깊은 뜻으로는 성불을 목적으로 하는 보살이 수행해야 할 적극적인 면과 소극적인 면으로도 말할 수 있는 것이다. 즉, 신(身)·구(口)·의(意)의 삼업(三業)에 관해서 악을 억제하고 선계(善戒)를 가져서 대보리(大菩提)를 성취하고 대자대비의 마음으로 일체중생을 제도해야 한다는 뜻이라고도 할 수 있는 것이다.

이와 같은 「제악막작 중선봉행」이라는 말은 조과선사(鳥窠禪師) 도림(道林)이라는 분이 처음으로 세상에 널리 알린 것이라 전하여지고 있으니, 지금으로부터 약 일천 백여 년 전의 당나라 원화년간(元和年間)에 시인 지사〈知事 : 태수(太守)〉백 락천〈白樂天 : 거이(居易)〉이라는 사람이 부임하여 그 곳의 가장 도가 높은 조과선사를 예방하였을 때에 때마침 선사의 거처가 무성하게 우거진 소나무가지 사이였음을 보고 이에 놀란 태수 백 락천은,

「선사의 주처(住處)가 심히 위험합니다.」하고 인사를 하였더니 선사는,

「태수는 나보다 위험이 더 심하오.」

라 하였다. 백 락천은 의심스러운 표정으로,

「제자는 직위가 강산을 누르고 있는데 무엇이 위험하오리까.」

하니, 선사는 태연하게

「신화(薪火)가 상교(相交)하고 식성(識性)이 그칠 바 모르니 어찌 위험하지 않으리오.」

라고 하였다. 이 때 백 락천은 이어

「어떤 것이 불법의 대의이옵니까?」

라고 물었는데

「제악막작 중선봉행 (諸惡莫作 衆善奉行)」

이라 하니, 태수는 놀라는 기색으로

「이것은 세 살 짜리 어린 애라도 말할 수 있는 것입니다.」

라고 하였더니, 선사는

「세 살 짜리 어린 애라도 말할 수 있지마는 여든 노인도 행하기가 어렵다.」하니 백 락천은 감탄을 금하지 못하고 조석으로 찾아 뵈었다는 일화에서 유명해진 것이다.

진정한 의미에서 선악(善惡)의 표준을 세우기는 쉬운 것이 아니다. 수행하는 사람은 좋지 못한 친구를 멀리하라는 말과 같이 털끝만큼이라도 자기의 나아가는 길에 도움이 되는 것은 선이고, 해로운 것은 악이라는 것도 하나의 기준이라 할 수 있는 것이다.

이러한 의미에서「제악막작 중선봉행 자정기의 시제불교(諸惡莫作 衆善奉行 自淨其意 是諸佛敎)」라 함이 우리 인생에 대한 지침 (指針)이 되고도 남음이 있음을 말하고 싶다. ＊

4. 전미개오(轉迷開悟)

불교란 무엇인가? 하는 물음에 대해서「전미개오(轉迷開悟)하는 것이다.」라는 묘한 답이 있다.

우리 인생은 스스로가 지은 무형 (無形)의 힘에 따라서 지옥, 축생(畜生)등 고뇌의 세계에 나고 죽는 것이 다람쥐 쳇바퀴 돌듯이 빙빙

돌고 돌아서 마치 밑바닥 깊이를 모르는 바다와 같다고 해서 생사고해(生死苦海)라 하고, 그칠 줄 모르는 고통과 번뇌의 세계라 해서 생생(生生)의 고해라 부르고 있다. 그러나, 삶에는 이와 반대로 타오르는 번민과 고통의 불길을 없애 버리고 깨침의 지혜를 완성하여 삶과 죽음의 고통과 번뇌를 뛰어 넘는 깨달음의 세계가 있다. 이 세계에 이르는 것을 불교 용어로 열반(涅槃)이라 하여 불교의 궁극적인 실천 목적이 되어 있으며, 다른 종교와 구별짓는 특징이기도 한 것이다.

이와 같이, 우리 인생의 생사고해에서 어두운 세계를 회전시켜 극락 세계의 밝은 깨침의 여러 이상경(理想境)과 안락의 대자유 세계로 인도하는 것을 전미개오라 한다. 그래서, 부처님께서 평생을 다하여 교화하시고 설법하신 것은 모두 사람들로 하여금 삶과 죽음의 고통을 벗어나서 언제나 안락하게 살 수 있는 열반의 피안(彼岸)에 이르게 함에 있었던 것이며, 이것이 인생의 미망(迷妄)을 회전시켜 깨달음을 열게 한 것이다.

그러므로, 부처님께서는 인간 이상의 어떠한 존재도 인정하지 않으시고 각자의 지혜에 의해서 실천하며 수행함으로써 전미개오하여 모든 고통과 번뇌를 벗어나서 열반의 오묘한 경지에 안주할 수 있는 지혜와 실행을 겸한 지적인 종교를 펴신 것이다.

그러나, 후대에 와서 부처님의 가르침을 믿고 받드는 사람들이 전미개오하는 방법을 여러 갈래로 나누어 실천하게 되었다. 현실 세계에서 부처님과 똑같이 삶과 죽음의 고통을 여의고 모든 괴로움과 번뇌를 벗어남을 실현하려는 선종(禪宗)과 같은 자력(自力)을 말하는 성도문(聖道門)이 있고, 현세에서 닦은 원력으로 극락 세계에 나서 아미타불의 힘을 빌어 무한 생명과 무한 광명을 얻어서 생사의 고통을 여의려는 염불종(念佛宗)과 같은 의타(依他)의 정토문(淨土門)이 있으며, 무한 시간을 수행하고 얻어지는 점교(漸敎)도 있고, 즉신성불(即身成佛)하는 돈교(頓敎)도 있다.

방법이야 어떻든 간에 전미개오의 광명이 있으므로 해서 우리는 고통의 바다 한 가운데에서도 이 세계를 꿈꾸며 살아가는 기쁨이 있는 것이다. ✻

5. 심즉시불(心即是佛)
―마음이 곧 부처님―

우리 나라의 독특한 선풍(禪風)을 일으켜 새로운 종파를 세운 불일
보조국사(佛日普照國師)는 그 저서인 〈수심결(修心訣)〉에서 말하기
를, 사람마다 가지고 있는 마음이 곧 부처라 하였다. 이것은 누구나
부처님과 꼭같이 우주의 진리를 깨달아 밝은 사람이 될 수 있다는 것
을 말한 것이며, 불교의 궁극 목적인 견성성불(見性成佛)을 다짐하는
동시에 다른 종교와 구별되는 특징을 밝힌 말이다. 그리고, 이어서 말
하기를, 우리의 마음이 곧 부처인 줄 알지 못한 까닭에 오랜 시간을
두고 고뇌의 세계에서 헤매고 있으니, 이 고뇌의 세계에서 벗어나서
해탈(解脫)을 하려면 부처를 구하는 길밖에는 다른 길이 없기 때문
에 부처가 바로 각자의 마음이라, 마음을 어찌 다른 곳에서 구할 수
있으랴 하였다. 그리고, 다시 마음은 우리의 육체를 떠나서 있는 것
이 아닌 동시에 육체는 여러 요소가 모여서 이루어진 까닭으로 생멸
(生滅)이 있는 변화가 있으나, 마음은 생멸이 없고 조촐하고 더러움
도 없으며, 부처님이라고 더 많은 것도 아니고 범부라 해서 적은 것
도 아니며, 적게는 눈에 잘 보이지 않는 티끌 속에 감추어지며 크게
는 천지를 덮을 수 있는 것이라 하였다. 그래서, 마음을 깨달은 이
는 부처님이며 깨치지 못한 사람은 범부라는 표준을 밝히고, 각자의
마음을 여의고 따로 다른 곳에서 불법을 구하려는 사람들의 어리석
음을 자세히 말하였다. 만약에 마음 밖에서 부처를 구하는 사람이 있
다면 이는 유한한 시간으로부터 무한한 시간에 이르기까지 팔만대장
경을 한없이 외고, 단식을 하고, 몸을 태우고, 뼈를 깎아 매어 가루
를 만들고, 피를 뽑아서 사경(寫經)을 하여도 고통만 심할 뿐, 모래
를 쪄서 밥되기를 기다리는 어리석은 일이며 털끝만한 이익도 없음
을 설파하였다.

과거의 여러 성현도 오직 이 마음을 밝힌 분들이며, 현재의 성현
도 이 마음을 닦은 분들이며, 미래의 수행자들도 반드시 이 마음을

밝히는 것을 근본으로 할 것이라는 것은 마음이 곧 부처이기에 하는 말이다. 옛 사람들이 「이즉돈오(理即頓悟)이나 사즉돈오(事即頓悟)」라고 하였으니, 마음이 곧 부처라는 이론을 알기는 쉬우나 실천에 옮기기는 어려운 것이다. *

6. 상즉상입(相即相入)

불교 교리의 가장 심오한 면을 깨우쳐 주는 술어에 상즉상입이라는 말이 있다. 이 말의 뜻은 우주의 만상은 서로 대립하지 않고 서로 융합해서 작용하면서 무한히 밀접한 관계를 맺고 있다는 것이다. 다시 말하면, 이것과 저것이 서로 자기를 없애고 다른 것과 같아진다는 뜻이며 파도이면서 곧 물이며 물이면서 파도와 같다는 것이다. 이것은 〈화엄(華嚴) 십현문(十玄門)〉에서 일다상용(一多相容) 부동문(不同門)과 법상즉자재문(法相即自在門)을 골자(骨子)로 한 것을 상입과 상즉으로 바꾸어 놓은 말이다.

체(體)의 공(空)과 유(有)를 다룬 상즉이란 것은 모든 현상(現象)의 체에 대해서 서로 마주한 것이 빈것〈空〉이면 다른 한쪽은 반드시 있는〈有〉것이며, 따라서 같이 빈 것〈空〉이 있는 것〈有〉이 될 수 없기 때문에 물이 항상 서로 융합하고 일체화되어서 서로가 걸림이 없다는 뜻이다. 예를 들면, 하나〈一〉가 없으면 많은 것〈多〉이 성립될 수 없는 까닭에 하나가 있음으로써 곧 일체가 있게 되는 것과 같은 것이다. 제법(諸法)의 용(用)의 유력(有力)과 무력(無力)에 대해서 다루어진 상입은 모든 현상은 연(緣)의 작용에 의해서 이루어진 것이며, 그 작용은 서로 한 쪽이 유력하면 다른 한쪽은 반드시 무력한 것이며, 동시에 같이 유력하거나 무력할 수 없다는 것이다.

그래서, 항상 유력과 무력 양자는 서로 작용하면서 대립되는 것이 없으며 서로 걸림없이 화합되어 있는 것을 말한 것이다.

다시 말하면, 연(緣)에 의해서 작용이 일어난다는 것은 각각의 연에 어떠한 적은 힘들이 있어서 그것들의 연이 모여서 처음으로 작용을 일으키는 것이 아니라, 각자(各自)의 연중(緣中)에서 하나의 연이라도 빼놓고는 현상은 전연 일어나지 않으며, 다른 모든 연은 무의미하게 된다는 것이다. 그래서 연의 작용은 하나인 유력이 능히 다(多)를 포함하고, 따라서 다(多)는 무력(無力)해져서 일(一)에 섭입해 버리기 때문에 다(多)가 곧 일(一)이 되는 것이며, 이와 반대로 일(一)을 무력한 것이라 하면 다(多)는 유력한 것이 되어서 일(一)이 곧 다(多)가 된다는 것이다.

이상과 같이 체용(體用)을 상즉과 상입으로 구태여 나누어 말할 수 있으나, 실제로는 체(體)를 떠난 용(用)이 있을 수 없고 용을 떠난 체가 있을 수 없기에 상즉상입(相即相入)이라 붙여서 불리어지는 것이다. *

7. 비인(非人)과 시인(是人)

부처님 당시 인도의 여러 철학자들은 헛된 이론 따지기를 즐겼고, 또는 신통(神通)이라는 불가사식(不可思識)한 행을 배우기를 자랑으로 삼았다. 그러나, 부처님께서는 그러한 희론(戱論)과 희행(戱行)을 물리치시고 우리들의 현실 생활 속에서 스스로를 구하는 길을 가르쳐 주신 것이다. 그리고, 그 당시 또 한 편으로는 뼈저린 고행(苦行)을 권해서 생천(生天)을 기하는 사람들도 있었고, 또는 모든 전통을 버리고 오직 향락으로만 살려는 사람들도 있었다.

그러나, 부처님께서는 이와 같은 양극단을 버리고 중도의 길을 깨우쳐 주셨다.

그 설법의 하나로 비인(非人)과 시인(是人)의 설법이 있다. 부처님께서 항상 누구에게나 먼저 사람이 되라고 하셨다. 사람이 되라는 것은 사람다운 사람이 되라는 뜻으로써 그 때는 일반적으로 사람답지 못한 비인의 생활을 하는 사람들이 많기 때문에 사람다운〈是人〉사람의 생활을 하라는 말씀이었다. 그래서, 부처님께서는 보시와 계율로써 공덕(公德)과 사덕(私德)을 가르쳤으며, 공인(公人) 또는 사인(私人)으로서 사람다운 사람이 되라는 것을 권하셨던 것이다. 그리고 여기에만 그치지 않고 나아가서 우리들의 미(迷)한 것을 지시하고 전미개오(轉迷開悟)의 법을 가르치시어 사람다운 생활에 신념을 주었고 깊은 생활을 불어 넣어 주었던 것이다. 즉, 사람다운 사람〔是人〕으로부터 참된 사람〔眞人〕이 되게 한 것이다.

그래서, 〈증일아함경(增一阿含經) 권 27〉에서 부처님께서 사람답지 못한 사람〔非人〕과 사람다운 사람〔是人〕을 말씀하시기를, 웃을 때 웃을 줄 모르고 즐거울 때 즐거울 줄 모르고 자비심(慈悲心)을 일으켜야 할 때 자비심을 낼 줄 모르고 악(惡)을 짓고도 부끄러워 할 줄 모르고 선(善)을 듣고도 마음에 집착하지 않는 사람들은 확실히 사람답지 못한 비인(非人)이며, 웃을 때 웃고 즐거울 때는 즐거워하고 자비심을 내야 할 때는 자비심을 내고 악(惡)을 짓고 부끄러워하고 선을 듣고 마음에 착(着)하는 사람들은 확실히 사람다운 사람〔是人〕이다. 그렇기 때문에 너희들은 사람답지 못한 벗을 여의고 사람다운 사람들 사이에 사는 것을 배우라 하셨다.

우리 나라 고려 때 불일보조국사(佛日普照國師)도 부초심지인(夫初心之人)은 수원리악우(須遠離惡友)하고 친근현선(親近賢善)하라는 것이 비인과 시인을 말한 것이라 하겠다. ✳

8. 삼 요(三要)

옛날 고봉(高峰) 선사는 그 저서인 〈선요(禪要)〉에서 불교를 공부하는 사람을 위해 삼요(三要)라는 말로써 지도 원칙을 세웠다.

이것은 공부하는 사람은 누구를 막론하고 꼭 지녀야 하는 세 가지의 요소를 뜻하는 것이다.

첫째, 대신근(大信根)을 내세웠다. 크게 믿어야 한다는 뜻이다. 사람은 누구나 불성(佛性)을 가졌고 따라서 존엄성을 가졌으니 크게 깨치면 부처도 될 수 있고 성인도 될 수 있고 큰 학자도 될 수 있다고 믿는 생각이다. 자기의 목적을 세우고 그 목적을 꼭 성취한다고 믿고 공부를 해야 한다는 것이다. 과거의 여러 성인과 훌륭한 사람들을 보더라도 나도 꼭 그와 같이 될 수 있는 존재라는 것을 믿으라는 말이다.

둘째는 대분지(大憤志)라 하였다. 크게 분발하라는 뜻이다. 과거의 성인을 믿고 나도 사람으로 세상에 나서 다른 사람들과 같이 훌륭하게 되지 말라는 법은 없으니 나도 분발하면 그와 같이 될 수 있다는 생각이다. 성공을 믿고 분연히 뜻만 세우고 목적을 향해서 정진하는 것만으로는 그 목적을 달성하지 못한다 하였다.

거기에는 또 다른 하나의 요긴한 요소가 있다 하였다. 그것은 대의정(大疑情)이다. 부처님이란 무엇인가, 마음이란 무엇인가, 나는 무엇인가, 세계는 무엇인가, 인생은 무엇인가 라고 하는 것과 같은 어떠한 의문의 문제를 일으켜서 연구하고 탐구하려는 것이다. 이와 같은 의문이 없고 따라서 의문에 대한 연구가 없이는 크게 깨치지를 못한다고 단언하였다. 누구나 공부하는 사람은 위에서 말한 세 가지 마음가짐의 요소를 구비해야 목적을 이룰 수 있는 것이며, 세 가지 중에서 하나만 빠져도 솥의 세 다리 중 하나가 부러진 것과 같이 못 쓰는 물건이 되고 만다 하였다.

그래서, 불교에는 성불(成佛)하는 데는 믿음(信)을 근본으로 삼고 있으며, 수도하는 데는 먼저 모름지기 뜻을 세워야 한다 하였으며, 이와 같은 것을 성취하려면 크게 의심을 내서 연구해야 한다 하였다. 또 말하기를, 크게 의심을 내서 연구하는 사람만이 크게 깨칠 수가 있다 하였다. **＊**

9. 교리상(敎理上)의 일심(一心)

부처님의 말씀이라 전해지는 경전 중에는 일심(一心)이라는 말이 여러 가지 뜻으로 쓰여지고 있다. 이것을 크게 나누어 보면, 우주 만법의 본질계(本質界)와 현상계(現象界)를 연구하는 철학적인 면과 일면 상통할 수 있는 법계제법(法界諸法)의 체상(體相)을 연구하는 교리상의 일심이 있고, 중생들이 고(苦)를 벗어나 낙(樂)을 얻는 종교적인 출리득탈(出離得脫)의 안심기행(安心起行)을 보여 주는 실수상(實修上)의 일심(一心)이 있다. 교리상에서 말하는 일심은 소위 법계의 체성 또는 유정(有情)의 일성심(一誠心)을 가리키는 것이 되는 것이다. 다시 말하면, 일심이라는 것은 유일한 마음, 둘이 아닌 마음, 평등한 마음, 절대의 마음 등으로 말할 수 있다. 그러나, 여러 경전에는 「진여 여래장(眞如如來藏), 제8식아뢰야식(第八識阿賴耶識), 일체의 심소(心所), 육체의 심장(心藏)」 등이라 하여 갈피를 잡기 어렵게 되어 있다.

그래서, 일찍이 당나라 종밀 선사(宗密禪師)는 이 일심을 네 가지로 구분하여 다음과 같이 밝혀 놓았다.

「마음이라는 것은 성(性)과 상(相)을 통해서 이름은 같으나 뜻은 다르니라.」

또한 여러 경전에 보면, 마음은 독(毒) 같이 나쁜 것이니 제지(制止)하고 단제(斷除)해야 된다고 하였고, 또 어떤 곳에는 마음은 부처님이라 하여 극히 칭찬하고 권해서 닦고 익히게 하였다.

또 다른 경전에는 선심(善心), 악심(惡心), 정심(淨心), 구심(垢心), 탐심(貪心), 진심(瞋心), 자심(慈心), 비심(悲心) 등으로 나누기도 하였고, 혹은 마음이 경계(境界)를 낸다고 하였고, 혹은 경계가 마음을 낸다고도 하였다. 또는 적멸(寂滅)이 마음이라 하였고, 연려(緣慮)가 마음이라고도 하였다.

그래서, 서로서로 다른 뜻을 가진 일심은 네 가지로 분류할 수 있으니,

첫째, 육단심(肉團心)이라 육체 내의 오장 중 심장을 말하는 것이며,

둘째, 연려심(緣慮心)이라 8식이 각각 심소에 의해서 경계를 연려하는 것이며,

세째, 집기심(集起心)이라 오직 제8식인 아뢰야식 하나만을 말해 주는 것이며,

네째, 견실심(堅實心)이라 진심을 말하는 것이 과하여 이 진심을 최고위에다 두었다.

이와 같이 종밀 선사는 교리상으로 광범하게 쓰여진 일심을 간명하게 4종으로 분류하여 우리들이 알기 쉽게 간추려 놓았다. ＊

10. 백척간두진일보(百尺竿頭進一步)

불교를 실천하는 데는 여러 가지 길이 있으나, 그 중 가장 빠르고 누구나 행할 수 있는 것은 선(禪)에 의한 방법이다.

우리들은 생활 의식을, 그리고 세계 인식을 정정(訂正)하기 위하여 먼저 우리들의 생활 의식의 밑바탕에 흐르고 있는 모든 심리적 작용을 정지하고 마음을 백지 상태에 환원하고 생활의 가치를 재인식하는 것을 선(禪) 또는 선적 생활(禪的生活)이라 하였다.

이와 같은 경지에 이르기에는 꾸준한 노력과 격심한 마음의 투쟁이 있은 다음에 얻어진 것이며, 때로는 이 세상의 생활에 돌아오지 않고 혼자 법열(法悅)에 도취되어 있는 이도 있다. 그러나, 그 때 다시 한 걸음 더 나아가서 우리의 현실 생활을 반성하고 가치 인식의 완전을 기해서 이 세상에 다시 나오는 수도 있다.

이 향하(向下)의 생활을 백척간두 진일보(百尺竿頭 進一步)의 생활이라 부르고 있다. 선적 생활의 참된 목적은 여기서 찾아 볼 수 있는 것이다.

다시 말하면, 선정(禪定)을 얻은 경지를 구극의 세계라 생각하고, 그 세계에 안주한다면 이것은 동상(同上)의 사한(死漢)이라 하여 조그마한 자기 일개인의 만족에 희열을 느낄 수 있으나 결코 일체중생과 같이 깨달음의 길을 열어 주지는 못하는 것이다.

백척간두 진일보의 생활은 우리들의 세계 인식을 시정하고 사소한 자기 의식을 전개하여 폭 넓게 법계(法界)를 파악하고 세계와 인생을 재발견하게 하여 새로운 생활로 출발한다는 것이다.

그래서, 지금까지 우리들이 보고 생각하는 세계는 고(苦)의 세계이며 의지할 곳 없는 세계이며 바로 알지 못하며 안심하고 살 수 없는 세계인 것인데 반하여, 영원한 행복이며, 찬란한 세계인 것이며,

불국(佛國)의 세계인 것이며, 정토(淨土)의 세계이며, 극락(極樂)의 세계, 부처님의 세계 등으로 불리어지는 세계와 바꾸어지는 것이다.

이것은 우리 중생들이 일찍부터 이 세상은 번뇌에 허덕이는 고(苦)의 세계에서 긴 선적 생활의 노력에 의해서 얻어진 세계의 법열이 그렇다는 것을 대승불교에서 바꾸어 말한 것에 불과한 것이다.

이와 같은 백척간두 진일보의 세계에 도달하기 위해서는 일상 생활에서 선적 태도를 뺄 수 없다는 것을 명심해야 할 것이다. ✽

11. 공 부(工夫)

조선시대의 고승 서산 대사는 그가 지은 〈선가귀감(禪家龜鑑)〉에서 공부하는 방법을 간곡하게 일러 주었다. 무엇보다 공부는 간절한 생각을 가지는 것이 비결이라 하였고, 그 간절한 생각으로 공부하는 예를 들어서 누구나 알기 쉽게 깨우쳐 주었다.

공부하는 사람은 닭이 알을 품은 듯 해야 한다 하였다. 이것은 닭이 알을 품어서 병아리를 부화 하는 것은 열이 오래 지속되게 전력을 기울이는 것이니, 공부하는 사람도 꾸준히 오래 계속해야 한다는 뜻이다.

또, 다음에는 고양이가 쥐를 잡듯 공부를 하라 하였다. 이것은 공부하는 사람은 잠시도 방심하지 말라는 뜻이다. 고양이가 쥐를 잡는 것은 우리가 생각하듯 쉬운 것은 아니다. 전심을 기울여 쥐구멍을 노리고 쥐 나오기를 기다렸다가 번개처럼 덤벼들어 잡아먹는 것이다. 공부하는 사람도 마음을 공부하는 데만 집중시켜 다른 것에는 머리를 쓰지 말라는 교훈이다.

다음에는 어린 아이가 어머니를 그리듯, 배고픈 사람이 밥을 생각하듯, 목마른 사람이 물을 생각하듯이, 간절히 하라 하였다. 공부는 억지로 하는 것이 아니라 본능적으로 일어나는 간절한 생각으로 해야 한다는 뜻이다.

그리고 또, 서산 대사는 절에서 공부하는 사람들은 의지가 굳고 끈기있는 노력이 필요하다는 것을 모기가 무쇠로 된 소〈鐵牛〉잔등에 붙어 입부리를 부비고 피를 뽑아 먹으려는 것과 같이 해야 한다 하였다. 작은 모기란 놈이 무쇠로 된 쇠등에서 입부리를 부벼대는 것은 상식으로 판단하기 어려운 일이지마는 전심으로 피를 뽑겠다고 부비고 또 부벼대면 끝내는 입부리 뿐만 아니라 모기 몸뚱이 전체가 소와 한덩어리가 되어 철우(鐵牛) 속으로 들어가고 만다 하였다.

이는 공부를 하려면 신명(身命)을 돌보지 않은 혼연일체의 정진이 필요하다는 뜻이다.

옛 성현들은 이와 같이 공부를 했고 후배들을 지도하였다. 그러나 요즘 사람들의 공부하는 태도는 어떠한가. 한번 반성해 볼 일이며, 더구나 생사를 초탈할 무상법(無上法)을 체득하고자 하는 사람들에게는 더 말할 것도 없을 것이다.

12. 사 리(事理)

세상에서 쓰여지는 말에 「사리(事理)가 밝다」「사리를 아는 사람」「사리에 어긋난다」 등이 있다. 이것은 분명히 사람으로서 행해야 할 원칙에 주안을 둔 용법이라 하겠다. 그런데, 그 어원을 알고 보면 그것은 불교의 교리에서 세속화된 말의 하나이다.

불교에서 사(事)라는 뜻은 사상(事相) 또는 사법(事法)이라 하여 차별적인 현상계를 가리키는 말이고, 이(理)라 하면 진리(眞理) 또는 이성(理性), 다시 말하면 보편적인 진리, 평등적인 본체를 말하는 것이다.

범부의 미정(迷情)에 의하여 나타난 차별적 사상을 사(事)라 하는데 대해서, 성자의 지견(智見)에 의하여 밝혀진 보편적 진리를 이(理)라 한 경우가 있고, 연기(緣起)의 법칙에서 일어난 현상계의 차별적인 사법(事法)을 사(事)라 하는데 대해서, 그 본체인 평등적인 이성을 이(理)라는 때도 있다.

이와 같은 사리(事理)의 교리적 설명은 여러 곳에서 설해져 있고, 이에 대한 종파(宗派)의 견해도 상호간에 약간의 차이를 보여 주고 있다.

〈구사론(俱舍論) 권 25〉에는 부처님께서 설하신 사제(四諦)의 진리를 이(理)라 하였고, 무상한 현상의 상(相)을 사(事)라 하였다.

그리고 〈기신론(起信論)〉에서는 이(理)를 진여(眞如)라 하였고, 진여가 연(緣)에 따라 작용해서 사(事)라는 만법을 현상한다고 하고는, 이 이(理)와 사(事)의 관계를 사즉이, 이즉사(事即理, 理即事)라 하였다. 〈화엄(華嚴)〉에서는 사와 이가 둘이 아니고 한덩어리가 서로 융화되어 아무런 걸림이 없다 하여 사법계(四法界)를 설명하면서 세 번째에 이사무애(理事無碍) 법계를 내세웠다.

천태종(天台宗)에서도 사와 이를 본적(本迹) 이문(二門)에다 붙여 속제의 사를 적문이라 하였고, 진제의 이를 본문이라 하였다.

또, 천태교리에서는 장교(藏敎)를 계내(界內)의 사교(事敎)라 하였고, 통교(通敎)를 계내의 이교(理敎)라 하였고, 별교(別敎)를 계외의 사교(事敎)라 하였고, 원교(圓敎)를 계외의 이교(理敎)라 하여 장통별원(藏通別圓)의 화법사교(化法四敎)를 설명하고 있다.

이사(理事)의 교리를 알기 쉽게 말하면 금(金)으로 만든 금반지, 금시계, 금팔지, 금목거리 등의 천차만별의 물건들은 사(事)의 세계이나, 무엇에나 금은 그 근본이 되는 까닭에 그 바탕이 되어 있는 이(理)의 세계가 되는 것이다. 그렇다 해서 사와 이가 분리되어서는 존립할 수 없는 이치를 말해 주는 것이 불교의 사리관(事理觀)이다. ✱

13. 일용점검(日用點檢)

불교를 수도하는 분들은 자기 생활에 대해서 나날이 진퇴(進退)의 여부에 반성과 점검을 해보는 것이 상례로 되어 있다.

그래서, 과거 우리 나라의 고승들의 전기(傳記)를 보면 하루 해를 다 보내고, 그 날의 생활을 반성(反省)하면서, 땅을 치며 원통해 하고, 헛되이 하루해를 보낸 것을 안타깝게 여기곤 하였다. 이와 같이, 불교 공부하는 사람들이 시간을 아끼며 후배를 위해서 훌륭한 교훈을 남긴 분들은 이루 다 헤아릴 수 없을 만치 많다.

그 중에도 고려 때 태고선사(太古禪師)는 후배들을 위해서 10여 종목의 조건을 간추려서 일용점검(日用點檢)의 요체(要諦)로 삼았다.

그 첫째는, 공부하는 사람은 무엇보다 보은과 감사를 잊어서는 안된다는 것을 강조하였다. 그래서, 참선 공부를 하는 사람은 4은(四恩)이 깊고 두터움을 알아야 한다 하였다. 이것은 공부할 수 있는 터전을 마련해 준 이가 누구인가를 알아 이에 감사하며 그에 만분지일이라도 보은(報恩)하기에 힘써야 한다는 것이다.

그것을 네 가지로 구분해서 4은이라 하였다.

인생의 광명이신 부처님의 은혜와, 생명과 재산을 보호해 주는 나라의 왕과, 나를 세상에 태어나게 해서 불교 공부를 하기까지 길러 주신 부모님과, 스승님의 은혜, 이 외에 의식주란 생활의 요소를 제공해 주는 분들을 비롯해서 얽히고 설킨, 서로 돕고 사는 사회인들의 은혜라 하였다. 이와 같은 네가지의 은혜가 깊고도 두텁다는 것을 일용점검하고 반성해서 감사의 생각이 뼈에 젖어야 한다는 것이다. 여기에 비로소 자비사상(慈悲思想)이 수반되어 일어나게 되고 실천하게 되는 것이다.

다음에는, 지수화풍(地水火風)의 4대 요소로 집합된 이 추한 육체는 생각과 생각 사이에 쇠퇴해 가고 썩어가는 것임을 알아야 한다는 것이다. 잘난체 하기 쉬운 사람이기에 수시로 점검해서 보잘 것 없는 존재라는 것을 깨닫고 오직 공부에만 열중하라는 훈계인 것이다.

이 외에도 여러 조목을 들어서 공부하는 이의 일상반성(日常反省)하는 요체로 삼고 있다. 우리도 우선 위의 두 가지라도 반성해 보는 것을 잊어서는 아니될 것이다. ✽

14. 선문사계(禪門四戒)

〈능엄경(楞嚴經)〉에 선문사계(禪門四戒)를 이르기를, 「음란하면서 참선(參禪)하는 것은 모래를 쪄서 밥을 지으려는 것과 같다」하였고, 「살생(殺生)하면서 참선하는 것은 귀를 막고 소리를 지르는 것과 같다」하였고, 「도둑질을 하면서 참선을 하는 것은 구멍난 그릇에 물을 붓고 가득차기를 바라는 것과 같다」하였고, 「거짓말을 하면서 참선하는 것은 분뇨를 깎아서 향(香)을 만들려는 것과 같다」하였다. 이것은 비록 아무리 많은 지혜가 있다 하여도 악마의 길을 이룰 따름이라는 뜻이라는 것을 〈선가귀감(禪家龜鑑)〉에서는 덧붙여 말하고 있다. 본래 선계(禪戒)라는 것은 마음의 묘덕(妙德)이기에 소승의 계율과는 근본적으로 다른 것이다. 이를테면, 불사음계(不邪婬戒)는 정결의 미덕(美德)을 말하는 것이며, 불살생(不殺生)의 계는 자비의 미덕을 말하는 것이며 불투도(不偸盜)는 정직의 미덕을 말하는 것이고, 불망어(不妄語)의 계는 성실의 미덕을 말하는 것이다. 우리들이 부처님 마음에 살면서 청정한 한 생각을 지킬 때에는 계로써 지키지 않는 것이 없는 것이다. 청정한 한 생각으로써 생물을 대하면 자비의 덕으로 나타나지 않는 것이 없으며, 이것이 불살생(不殺生)의 계가 된다. 이 청정한 한 생각으로써 다른 사람의 물건을 대할 때 정직의 덕으로 나타나지 않는 것이 없으며, 이것이 바로 불투도(不偸盜)의 계가 된다. 이 청정한 한 생각으로써 다른 사람의 부부(夫婦)에 향하면 정결의 미덕이며 불사음(不邪婬) 계가 되고, 이 청정한 한 생각으로써 다른 이와 말을 서로 주고 받을 때에는 성실의 미덕으로 나타나지 않음이 없으며 불망어(不妄語)의 계가 되는 것이다. 그래서, 이 청정한 한 생각은 능히 만덕(萬德)을 갖추고 있으며 청정한 선심(禪心)은 살도음망(殺盜婬妄)과는 반대되는 것이다. 선심이 나타나면 살도음망이 숨어 버리고 살도음망이 기운을 얻게 되면 선심은 자연히 쇠퇴해 지는 것이다. 살도음망을 행하면서 내 마음을 이에 물들지 않는다 하는 것은 불가능한 일이다. 그래서, 우리는 한

생각을 돌이켜 자비(慈悲)·정직(正直)·성실(誠實)·정절(正節)의
생활을 하는 것이 계를 잘 지키는 길이라 하겠다. *

15. 앙천면타(仰天面唾)

인도에서 중국에 전한 맨 처음의 경전(經典)이라고 하며 불교의
요지(要旨)를 42장경으로 나누어 간단하게 말한 〈42장경(四十二藏
經)〉에 보면 「악한 사람이 착한 사람의 말을 듣고 일부러 찾아와
서 어지럽게 굴더라도 너는 스스로 참고 견디어 그를 성내어 꾸짖
지 말라 남을 미워하는 사람은 자기 스스로를 미워하는 것이니라.」
라고 하였고, 그 본보기로 다음과 같이 부처님은 말씀하셨다. 「어떤
사람이 있어 내가 도를 지켜 인자(仁慈)를 행한다는 말을 듣고 일부
러 와서 나를 꾸짖고 욕했었다. 그러나, 나는 잠자코 대답하지 않았
더니 그는 꾸짖기를 그치었다. 나는 그에게 물었다. 자네가 예물
(禮物)을 가지고 사람을 따랐으나 그 사람이 받지 않는다면 그 예물
은 자네에게로 돌아갈 것인가? 내게로 돌아올 것입니다. 라고 그는
대답했다. 나는 말했다. 이제 자네가 나를 욕했지마는 나는 그것
을 받지 않았으니 자네는 그 욕을 자네에게 돌린 것이다. 그것은 마
치 메아리가 소리를 응하고 그림자가 형체(形體)를 따르는 것과 같
아서 마침내 떠날 수 없는 것이니 부디 악한 일을 하지 말라.」고 하
셨다. 〈42장(四十二章)경〉에는 또 다음과 같은 교훈이 있다. 「부
처님은 말씀하시기를, 악한 사람이 어진 사람을 해치는 것은 마치
하늘을 우러러 침을 뱉는 것과 같아서 침은 하늘에는 가지 않고 돌
아와 자기에게 떨어지는 것이요, 또 바람을 거슬러 티끌을 날리는
것과 같아서 티끌은 남에게 가지 않고 돌아와 자기에게 모일 것이
니 어진 이는 해칠 수 없는 것이요, 화는 반드시 자기를 멸하는 것
이다.」
이와 같은 교설은 결국 선(善)은 능히 악(惡)을 이기며 악은 능
히 선을 부수지 못할 뿐만 아니라, 선을 해치고자 하는 행위는 「하

늘에 침 뱉는격」으로 자기 자신을 망치는 결과가 된다는 것을 말씀하신 것이다. *

16. 즉신성불(即身成佛)

수도자들이 성불하겠다는 생각을 냄으로부터 삼대아승지겁(三大阿僧祇劫)이라는 무한한 시간의 수행 과정을 거쳐서 성불할 수 있다 하였다.

그러나, 이와 반대로 우리의 현재 육신 그대로 현실 세계에서 곧 성불할 수 있다고 내세우는 것이 즉신성불론(即身成佛論)이다. 〈화엄경〉이나 〈법화경〉을 중심으로 해서 이루어진 일승불교(一乘佛敎)에서 마음과 불(佛)과 중생(衆生)의 셋은 각각 다른 것이 아니며, 그 본성이 진여(眞如)인 까닭에 미(迷)와 오(悟), 범부(凡夫)와 성자(聖者)의 구별이 그 자체에는 없다는 것이 즉신성불의 구체적 설명인 것이다.

그래서, 〈법화경 권 4 제바달다품(提婆達多品)〉에 8세의 용녀(龍女)가 현신 그대로 성불한 것을 설하였고, 이것을 들은 많은 중생들은 반드시 성불할 수 있는 불퇴전(不退轉)의 위(位)에 올라서 미래 성불의 수기(授記)를 받았다 하였다.

천태종(天台宗)에서도 이 설법에 의거해서 일체중생은 법화경의 경력(經力)에 의해서 즉신성불할 수 있다는 것을 역설하였고, 우리 중생들은 순간순간의 한 생각 속에 성불하는 것이며, 또 일체중생은 본래부터 이미 성불해 있었다고 화엄종에서도 말하고 있다. 그리고 즉신성불을 더욱 강조하는 것은 밀교(密敎)이다. 부모로부터 받은 이 육신 그대로 불교의 **최고** 목적인 깨달음의 자리에 오를 수 있다는 것이다.

즉, 밀교에서 우주의 구성 요소를 지·수·화·풍·공·식(地·水·火·風·空·識)의 6대(六大)로 분류하고 이 6대의 요소가 법계(法界)의 체성이라 하여 부처님과 중생이 상주하는 환경을 이루어서로 걸림없이 융화하고, 신(身)·어(語)·의(意)의 3밀(三密)이 부사의한 작용을 일으켜 중생과 불이 평등일체라 하며, 중생의 육신에서 본래 갖추어져 있는 불(佛)의 법신(法身)을 증명하고 성불하는 것이라 하였다.

이와 같이, 여러 갈래로 즉신성불을 설명하고 있으나, 직지인심(直指人心) 견성성불(見性成佛)을 내세우는 선가에서 더욱 즉신불을 강조하고 있다.

우리는 이 세상을 떠나서 극락 세계에 왕생하고 어떠한 절대자의 구원을 받는 것을 생각하기 전에 현실 세계에서 이 육신으로 성불해서 자리이타(自利利他)로 우주 인류의 광명이 될 것을 생각해야 할 것이 요청되는 것이다. *

17. 삼념주(三念住)

어떠한 경우에도 흔들리지 않는 마음 가짐을 평등심(平等心)이라 한다.

자칫하면 화를 내고 짜증을 내며 기쁨과 슬픔과 즐거움과 피로움의 감정에 휩쓸리고 마는 것이 인간들의 상정이라 할 것이다. 좋거나 궂거나 너무 거기에 스스로를 주체 못해서 감정의 노예가 되고 말기 때문에, 인간 사회에선 예기치 못한 갖가지 시끄러움과 불상사가 끊이지 않는 것이다. 기쁨은 기쁜대로 슬픔은 슬픈대로 받아들이되, 마음에 조금도 동요가 없고 언제나 편안하여 고요하고 맑은 호수의 표면 같다면 얼마나 좋을 것인가? 사람은 모두 그것을 원하겠지만 실제는 너무 어렵다.

어줍잖은 일에도 불같은 화를 내뿜고 돌이킬 수 없는 큰 실수를 저지르고 마는 수가 허다하다. 참으로 사람다운 사람, 지성인이 되려는 사람일수록 흔들림없는 마음의 자세를 어렵게 생각하면서도 그것을 원하고 있고 갈구하고 있다.

모든 것을 다 정화시켜 그 인격을 완성시킨 불타는 여기서도 완전하였다. 불타의 덕성 중 깨닫지 않은 인간으로는 도저히 따를 수 없고 행할 수 없는 열 여덟 가지〈十八不共佛法〉가 있는데, 그 가운데 하나인 「삼념주(三念住)」에서 불타의 위대한 평등심을 알 수 있게 된다.

불타는 제자들을 가르칠 때나 모든 사람에게 설법할 경우, 그들이 잘 알아듣지 못하고 또 잘 따르지 않더라도 그 때문에 언짢아진다든지 섭섭해한다거나 근심하는 일이 없으며, 그 믿음에는 아무런 동요가 없다.〔第一念住〕

불타는 제자나 듣는 자가 가르침에 잘 따르고 반응이 좋다 해서 기뻐한다든지 흡족해 하는 그런 흔들림이 없이 그 마음은 언제나 평등하다.〔第二念住〕

불타는 교도할 때 잘 따르는 제자와 잘 따르지 못하는 제자, 그리고 정법을 잘 행하는 대중과 잘 행하지 못하는 대중이 있어도 한편으로 기뻐하고 한편으로 근심하는 일이 없이 마음은 항상 평등하여 흔들림이 없다.〔第三念住〕

이것을 「삼의지(三意止)」라고도 한다. 경우에 따라 약간 다른 해석을 하기도 하지만, 참뜻은 인간의 마음 현상을 완전히 체득한 불타의 위대한 인격을 접하게 하는 데 있다. ✻

18. 칠 법(七法)

중인도 「마잔타」국에 아사세(阿闍世)라는 왕이 있었는데, 월지국(月祇國)에서 「마잔타」국의 명령을 듣지 않으므로, 「아사세」왕은 월지국을 치고자 정승「우사」를 부처님께 보내어 그 승부를 물은 일이 있다. 그때 부처님은 말씀하시기를, 「그 나라의 국민들은 칠법을 받들어 행하므로 이길 수 없을 것이니, 잘 생각해서 함부로 군대를 움직이지 말라. 무엇이 칠법인가 하면, 첫째, 자주 모여 바른 법을 강의하고, 둘째, 임금과 신하는 어질고 충성해서 서로 화목하고, 셋째, 법을 받들어 행하여 상하의 분별이 있고, 넷째, 남녀의 구별이 있고 어른과 아이는 서로 받들며, 다섯째, 부모에게 효도하고 스승에게 공경하며, 여섯째, 천지의 이치를 받들고 사시(四時)의 차례를 따라 백성이 부지런히 농사하며, 일곱째, 도(道)를 숭상하고 덕(德)을 공경해 도(道)있는 사람을 받들어 섬긴다. 대개 임금이 되어 이 칠법을 행하면 위태로운 일이 없는 것이다. 천하의 군사를 다 풀어 이 나라를 친다 하여도 이길 수는 없을 것이다」라 하시고 이내 게송(偈頌)을 설하시었다.

아사세왕은 이 말씀을 듣고 월지국을 공격할 것을 단념하고 부처님의 가르침을 받들어 나라를 교화하였다. 그 후 월지국은 스스로 「마잔타」국의 명령을 따랐다고 한다. 이것은 〈법구비유경(法句譬喩經)〉에 보이는 짤막한 이야기인데, 여기에서 우리는 크게 얻는 바 있음을 통감하지 않을 수 없다. 더욱이 요즈음 계속되는 일련의 학생 데모를 겪는 우리 사회에 있어서는 더욱 그렇다.

부풀은 가슴을 휘여안고 학업에 매진하는 젊은 학도들이나, 권리를 잡고 정치를 한다는 사람들이나, 그 궁극적인 목적 내지 현상이란 이 나라, 이 국가, 더 나아가 인류 사회를 밝고 바르게, 그리고 더욱 복되게 하는 데 있을진대, 우리는 누구나 이 칠법을 가슴 깊이 명심하여야 하겠다.

보리자(菩提子)는 소리 높이 외치노니 !

칠법이 행해지는 곳에 「데모」는 필요도 없고 또한 일어나지도 않으리라는 것을……＊

19. 육 시(六時)

현재는 낮과 밤을 24시간으로 구분해서 하루라 부르고 있으나, 옛날에는 중국을 비롯한 우리 나라에서는 자·축·인·묘·진·사·오·미·신·유·술·해(子丑寅卯辰巳午未申酉戌亥)의 12시(十二時)로 나누어서 하루라 하였다.

그러나, 불교 발상지인 인도에서는 옛부터 주삼시(晝三時) 야삼시

(夜三時)라 하여 낮과 밤을 6등분하여 신조(晨朝), 일중(日中), 일 몰(日沒), 초야(初夜), 중야(中夜), 후야(後夜)의 6시를 써왔다. 이 것을 다시 평단일정중(平旦日正中), 일입(日入), 인정(人定) 야반 (夜半), 계명(鷄鳴)이라 부르기도 하였다.

고대 인도에서 사용하던 시간을 재는 길고 짧음의 표준을 〈서역기 (西域記) 권 2〉에 보면, 가장 짧은 시간의 단위를 찰나(刹那)라 부르고, 120 찰나가 모여서 1달 찰나(小旦刹那)가 되고, 60달 찰나가 1납박(臘縛)이 되고, 30납박이 1모호율다(牟呼栗多)가 되고, 5모 호율다가 1시(一時)가 되며, 6시(六時)가 1주야(晝夜)를 이루고 있다 하였다.

지금 우리들이 쓰고 있는 초, 분, 시의 단위보다 더욱 세밀하게 나누어져 있음을 알 수 있다.

그래서 〈아미타경(阿彌陀經)〉에도 주야 육시(晝夜六時)에 만다라 (曼陀羅)의 꽃비가 내린다 하였고, 〈보현관경(普賢觀經)〉에서도 주 야 육시에 시방불(十方佛)께 예배하고 참회법(懺悔法)을 행한다 하 였다.

〈대지도론(大智度論) 권 7〉에서 말하기를, 보살은 낮삼시(晝三時) 밤 삼시(夜三時)에 항상 삼사(三事)를 행하여야 한다 하여, 몸가짐 을 단정히 하고 시방불(十方佛)에게 합장 예배하고 과거세(過去世) 무량겁(無量劫)을 살아오면서 신·구·의(身·口·意)의 악업(惡業) 의 죄가 있으면 시방의 현대불(現代佛)께 참회하오니 멸제(滅除)하 게 하옵소서 라고 소원해야 한다 하였다.

이와 같은 경전의 주삼시 야삼시의 육시설에 관해서, 중국 정토 교(淨土敎)의 시조인 혜원(慧遠)은 여산에서 여러 사람들에게 육시 염불(六時念佛)을 권했을 때에 산중에다 구리로 연화루(蓮花漏)라는 물시계를 만들어서 육시행도(六時行道)의 절차로 삼았다는 것이 〈고 승전〉에 전해지고 있다.

혜원이 육시를 정해서 정업(淨業)에 힘쓴 이유는 〈아미타경(阿彌 陀經)〉의 주야 육시에 만다라의 꽃비가 내린다는 데서 온 것이라는 것을 알 수 있다.

우리는 하루의 시간을 육시로 또는 십이시로 혹은 이십사시로 구

분하더라도 마음에 걸릴 것 없이 한 찰나의 짧은 시간에 구백 생멸
(九百生滅)이 있다는 사실을 명심하고 고덕(古德)의 행적을 본받아
하루동안 쉴 새 없이 정진해야 할 따름인 것이다. *

20. 일 념 (一念)

 일념을 흔히 한결 같은 마음 또는 깊이 생각에 잠긴다는 뜻으로
쓰고 있으나, 불교에서는 아주 짧은 시간의 단위로 마음의 작용인
'한 생각'이라는 뜻으로 쓰여지고 있다.

 일념을 아주 짧은 시간의 단위로 말할 때는 일찰나(一刹那)라고
하며, 보다 더 자세히 말하면 손가락 한 번 튕기는 시간의 60 분의
1 이라 하여서 순간의 현재 전후가 없는 동시와 같은 뜻으로 쓰여지
고 있다.

 그러나, 우리 인생은 이와 같은 짧은 사이에도 무엇을 생각하고
있다. 그 생각하는 '한 생각' 여하에 따라 고통과 편안하고 즐거움
의 세계, 극락과 지옥의 세계, 또는 암흑 세계의 인간과 광명 세계
의 성인의 경계를 판가름하고 있는 것이다. 따라서, 우리 인생은 이
한 생각 한 생각이 쌓이고 쌓여서 다음의 생명을 만들어 내는 것
이다.

 이러한 의미에서 인간 문제를 가장 올바르게 해결해 주는 불교에
서는 이 한 생각을 더욱 귀중하게 여기는 것이다. 현실에서 인생의
고통을 완전히 뛰어 넘어 크고 넓은 자유의 즐거움에 복받는 이를
가리켜 한 생각을 얻은 사람, 또는 한 생각을 쉰 사람이라 하여 가
장 높은 가치를 일념에다 두었다. 극락 세계에 나서 아미타불의 구원
을 받고자 하는 사람은 이 일념의 한 소리로 아미타불을 마음으로
외워야 그 원하는 것이 이루어진다고 하였으며, 또 이와 같이 믿는
한 생각에 의해서 극락 정토에 다시 태어남이 결정되고, 자기가 지
은 모든 죄가 없어져 사라진다 하였다.

 여러 불교 경전을 살펴 보면, 일념으로 믿는 마음에서 부처님이

말씀하신 교법을 듣고 의심 없이 마음이 열려 밝아지는 것을 〈법화경분별공덕품(法華經分別功德品)〉에서, 「능히 한 가지 마음으로 믿음을 알면 공덕은 무량이라.」하였고, 천태학(天台學)에서는 일념삼천(一念三千)이라 하여, 우리가 일상에 일으키는 어두운 한 생각 중에도 우주의 모든 사물이 완전히 갖추어져 있어, 상대가 곧 절대이며 절대가 곧 상대이기 때문에 제법실상(諸法實相)은 현상이 곧 현재라 하여 한 생각의 넓고 끝이 없는 성격을 밝혔다. 〈대반야경(大般若經)〉에는 찰나의 일념과 상응하는 혜(慧)에 의하여 돈오(頓悟)를 얻는 것을 일념 상응이라 하였고, 〈기신론(起信論)〉에서는 본각과 시각(始覺)이 상응해서 이(理)와 지(知)가 병합하는 무념의 념을 일념이라 하였다.

이와 같은 일념은 불교의 교리와 수행의 중심 문제가 되어 있는 것이다. 우리가 순간의 일념을 돌이켜 얻으면 바로 성인인 줄 번연히 알면서 보통 인간의 구실을 벗어나지 못하니, 여기에 불교를 닦고 행함의 아기자기한 멋이 감돌고 있는 것이다. **＊**

21. 개자겁(芥子劫)

불교에서 공간을 시방세계(十方世界), 삼천대천세계(三千大千世界)라 함과 같이, 시간을 말할 때에는 과거·현재·미래의 삼세와 아울러 겁(劫)이라는 묘한 말을 쓰고 있다.

고대 인도에서는 범천(梵天)의 하루를 겁이라 부르고, 인간 세계의 4억 3천 2백만 년에 해당되는 시간이라 하였다. 그 후, 불교에서는 범어인 'kalpa'(겁파 : 劫波)를 겁이라 하고, 대시(大時)·장시(長時)·시분(時分) 등으로 의역하여 구원하고 장대한 시간의 뜻으로 쓰이게 되었다. 그래서, 여러 경전에는 무량겁(無量劫)·광겁(曠劫)·영겁(永劫)·항사겁(恒沙劫)·진점구겁(塵點久劫)·오백진점겁(五百塵點劫) 등으로 쓰여지고 있다.

그러나, 겁이 의미하는 장대한 시간의 개념을 이해하기 곤란하다

하여 옛부터 여러 가지 비유로써 설명하여 이해를 돕고 있으니, 그 중에서 대표적인 것이 개자겁(芥子劫)이라는 것이다. 개자라는 것은 종자 중 극히 작은 물건이므로 작은 것을 비유할 때 보통 사용되고 있는데, 사람이 세상에 나서 불교의 교화를 받기가 어렵다는 뜻으로 침개상투(針芥相透 : 하늘에서 바늘이 떨어져서 허다한 물건들 가운데 가장 작은 개자를 꿰뚫었다는 뜻)라는 말이 그 예의 하나이다. 개자는 작다는 뜻으로보다는 개자겁이라는 것이 의미하는 바와 같이 많은 것을 말할 때도 쓰여지고 있다.

〈지도론(智度論) 5 권〉과 〈대명삼장법수(大明三藏法數)〉등에서 보이는 바와 같이, 사십 리 사방의 성 가운데에 개자를 가득히 채워 두고 백년 만에 하나씩 집어내어 마침내 하나도 남김없이 다 집어낸 시간을 일겁(一劫)이라 한다고 하였다. 일설에는 3 년 만에 하나씩 집어내어서 다하는 것을 일겁이라 한다 하였다. 아무튼 긴 시간을 말한 비유임을 알 수 있는 것이다. 이와 거의 같은 비유로, 사십 리 사방의 큰 반석을 백 년마다 한 번씩 얇고 부드러운 천의(天衣)로 문질러 그 큰 반석이 다 닳아 없어지는 시간을 반석겁(盤石劫)이라 하여 개자겁과 같이 불리어지고 있다. 모든 장대한 시간의 표현이다. 또 〈구사론(俱舍論)〉에서는 고대 인도 사상을 그대로 이어서 사람의 수명이 8 만 세로부터 백 년마다 한 살씩 짧아져 10 세까지 내려오는 사이를 감겁(減劫)의 일중겁(一中劫)이라 하였으며, 10 세에서 다시 백 년에 한 살씩 길어져 8 만 세에 이르는 사이를 증겁(增劫)의 일중겁(一中劫)이라 하고, 이 중겁이 20 회씩 성주괴공(成住壞空)의 4 단계에 이르는 80 중겁을 일대겁(一大劫)이라 하여 천문학적인 숫자로 표현함으로써 개자겁을 더욱 구체적으로 해설하고 있다. 불교에서 시간적 용어로 겁을 많이 쓰는 것은 보살이 발심하여 성불할 때까지의 수행한 기간이 삼아승지(三阿僧祇) 백대겁(百大劫)이라는 사상에서 나온 것이다. 이것은 성불이 무한한 시간을 경과하여 어렵게 이루어지는 것이라는 뜻도 되려니와, 한편으로는 무한한 시간에서 고(苦)를 벗어나지 못한 중생들이 부처님의 광명으로 비로소 해탈한 것을 찬양하는 뜻도 되는 것이다.

불교는 공간, 시간을 초월하고 무엇에도 구애받지 않는 진정한 대

자유를 얻는 것이 그 목적이며, 우리들이 동경해 마지 않는 이상경
(理想境)인 것이다. *

22. 삼 세(三世)

　지나간 때를 과거세(過去世), 현재 있는 때를 현재세(現在世), 아
직 오지 않은 때를 미래세(未來世)라 하여, 일체유위제법(一切有爲
諸法)의 존재는 생멸변화(生滅變化)하는 과정에서 시간적으로 각각
차별을 내고 있다는 것을 삼세(三世)라고 한다. 삼세를 간략하게 말
하는 것으로 과현미(過現未), 거래현(去來現), 이금당(已今當)이라
고도 하며, 다른 말로는 삼제(三際 : 前際, 中際, 後際)라고도 한다.
삼세라는 말은 범어의 Trayo dhvanaḥ를 번역한 것이다. 일찍이 불
교에서도 이에 대한 해설이 많으니, 그 대표적인 것만을 들어 보면
다음과 같다. 시간이라는 것은 하나의 다른 몸체가 있는 것이 아니
라, 법의 상태에 따라 삼세가 나누어진다는 것이다. 법이 생겨서 작
용이 있을 때를 현재라 하고, 법이 없어져서 작용이 끊어진 때를 과
거라 하며, 법이 아직 생겨나지도 않고 작용하지 않은 때를 미래라
하는 것이 삼세의 일관된 사상이다.

　이와 같은 견해는 불교 이외의 다른 학파들이 말하는 삼세의 시간
이라는 하나의 실체가 있다는 것과는 크게 구별되는 것이다. 그러므
로, 삼세를 시간의 양의 장단으로 한정지을 수는 없는 것이 가장 작
은 단위로는 찰나(刹那)로부터 가장 긴 것의 아승지겁(阿僧祇劫)까
지가 있다. 일 찰나를 현재라 하면, 그 전을 과거라 하며, 그 후를
미래라 할 수 있으며, 혹은 일생을 두고 말할 때에 현재 생존하고
있는 때를 현재라 하며, 출생하기 전을 과거라 하고, 죽은 후를 미
래라 할 수 있다. 더 영원한 시간을 말할 때에는 과거 장엄겁(莊嚴
劫), 현재 현겁(賢劫), 미래 성숙겁(星宿劫)으로 분류하기도 한다.
그리고, 삼세의 순서를 그 나타내는 의의에 따라서 미현과(未現過),
과현미(過現未), 과미현(過未現)으로 부르기도 한다.

삼세는 불교의 각 종파에 따라 그 해석을 달리하고 있다. 소승계 (小乘系)에서는 삼세실유(三世實有), 법체항존(法體恒存), 현재유체 (現在有體), 과미무체(過未無體)라고 하며, 또는 삼세의 법은 실체 가 없고 가명(假名)만이 있는 것이라 한다. 대승계(大乘系)에서는 현재만이 실체가 있고 과거 미래가 없다는 설에 근거를 두고, 현재 를 미루어 과거, 미래를 가정하여 세울 수 있다는 입장에서 도리삼 세(道理三世), 신통삼세(神通三世), 유식삼세(唯識三世)의 설을 내 세우기도 하며, 과거, 현재, 미래의 각각에 다시 삼세를 나누어 구 세를 세우고 구세를 총괄하는 학파도 있다. 그리고, 삼세는 우리 인 생에 하나의 세상을 경계하기 위한 말로써 현재에 우리가 받는 고락 의 결과는 과거의 업에 대한 결과이며, 현재에 조작된 업이 미래의 결과를 불러 일으키면서 우리의 미래에 괴롭고 즐거움을 결정한다는 인과응보(因果應報)의 삼세인과(三世因果)라 하는 것이다. ✻

23. 시방세계(十方世界)

과거, 현재, 미래의 삼세가 시간의 흐름을 말함과 같이, 시방세계 (十方世界)는 우주의 공간을 말하는 것이다.

우리 나라에서 반야(般若), 도량(道場), 보리(菩提)와 같이 습관상 시방(十方)을 '십방'이라 발음하지 않고 '시방'이라고 부르고 있다. 시방은 동·서·남·북의 사방과, 동북·동남·서북·서남의 네 귀 퉁이와, 위·아래의 열 방향을 말하는 것으로, 시방세계라 할 때는 우주의 공간 전체를 말하는 것이다.

불교에서는 우주 공간 내에 수많은 세계가 존재하고 있으며, 각각 의 세계에는 부처님이 존재하고 있다는 사상이 있다. 이러한 사상을 주장하기 때문에 시방정토(十方淨土)·시방불찰(十方佛刹)·시방불 토(十方佛土)라는 명칭이 있게 되며, 그 불국토에 출생하기를 원하는 사상을 시방수원왕생(十方隨願往生)·시방왕생(十方往生)이라는 말 로 표현하고 있다. 우리 나라에도 일찍이 이러한 사상이 전래되어,

158

아침, 저녁의 예불 의식에도 시방세계의 불보살에게 공양드리는 원문 (願文)에,

　　나무시방불(南無十方佛)
　　나무시방법(南無十方法)
　　나무시방승(南無十方僧)

등의 시방염불이 있다. 이것은 「시방세계의 불·법·승 삼보에게 이 마음과 이 몸을 모두 바쳐서 귀의 하옵니다.」라는 서원을 뜻하는 것이다.

이러한 의미에서 여러 경전에서도 시방정토에 이르는 방법을 자세히 설명하고 있다. 이제 그 중의 하나인 「관정수원왕생정토경 (灌淨隨願往生淨土經)」에서 말하는 방법을 들어 보면, "먼저 몸을 깨끗이 목욕하고 의복을 갈아 입고 향기로운 좋은 향을 사르고 지붕을 장식한 청결한 장소에서 삼보의 찬탄을 노래로 읊으면서 경전을 찬송하며, 피로움이라는 것은 원래 그 스스로가 없는 공한 것이며 피로움을 느끼는 육신은 지수화풍(地水火風)의 네 가지 요소가 거짓으로 화합된 것이기에 형상도 파초와 같이 속에 실속이 없으며, 번갯불같이 빨라 오래 머물지 못하여, 얼마 후에는 흩어지고 무너져 없어지는 것이니, 이 몸이 있는 동안 정성을 다하여 도를 닦아 고해를 건너가리라."하는 원을 세우고 지성을 다하면, 임종을 당해서 시방정토에 왕생한다고 설하여져 있다. 이와 같은 수행법은 불교의 한 종파를 이루어 우리 나라에도 오랜 전통을 가지고 전하여져 왔다.

그러나, 우리는 죽은 뒤에 시방정토에 왕생하기를 서원하기보다 한층 더 앞서 현실 시방세계의 한 모퉁이에서 불교의 진리를 올바로 보고 증명하는 현세의 인간 부처가 됨을 기원함으로써 우리의 삶은 더욱 빛나고 의의가 있을 것이다. ✻

24. 극　미(極微)

현대 과학에서 물질을 이루고 있는 요소를 분자 또는 원자라 하

는 것과 같이, 불교에서도 일찍부터 현대 과학에 못지 않게 물질의
구성 요소를 생각하였고, 그 최소 단위를 극미(極微)라 하였다.

  범어 Paramāṇu 의 뜻을 번역한 것인데 극히 작은 티끌이라는 뜻
이다. 이 극미가 얼마나 작은 것인가 하는 것을 자세하게 설명한 것
이 여러 불교 문헌에 보이고 있으니, 그 예를 보면, 하나의 극미를
중심으로 사방과 상·하 6방으로 한 입체를 이룬 한 덩어리의 극미
를 미(微)라 한다. 아주 작다는 뜻이다. 이 극미의 집합체인 미가
일곱이 모이면 단단한 금속의 내부에 있는 빈틈을 자유롭게 통행할
수 있는 티끌이 된다 하였다. 그 티끌이 일곱이 모이면 물 속의 빈
틈을 자유롭게 통행할 수 있는 크기의 물의 티끌이 된다. 수진(水
塵)의 일곱배 크기가 토끼털 같은 토모진(兎毛塵)이라 하였고, 토모
진이 일곱 모여서 양털끝만하다 해서 양모진(羊毛塵)이라 했으며 양
모진이 일곱이 모여서 소털끝만하다 해서 우모진(牛毛塵)이라 하
였다.

  우리가 항상 체험하는 것과 같이 아침 광선이 문틈으로 새어 들면,
그 광선에는 무수한 티끌이 움직이고 있다. 그 티끌의 하나의 크기
는 우모진의 일곱 배라 하고 우리의 눈으로 볼 수 있는 티끌 하나는
극미의 몇 십만 배가 된다고 하니 극미가 얼마나 작은 것인가를 상상
할 수 있는 것이다.

  극미는 극히 작은 물체의 구성 요소가 되어 있을 뿐 아니라, 물체
크기의 단위에도 쓰여지고 있다. 일곱의 우모진은 이〔슬자 : 蝨子〕
만하고, 그 일곱 배는 겨자씨만하며, 겨자씨 일곱 배는 보리알만하고
보리알 일곱 배는 손가락 한 마디와 같다고 하였다. 그래서, 불교에
서는 일지절(一指節)이라는, 사람 육체를 재는 단위가 생기게 된 것
이다.

  극미는 단단한 것과 습한 것과 더운 것과 움직이는 것의 네 가지
성질을 가진 지수화풍(地水火風)의 사대(四大)를 갖추고 있고 색(色)
·향(香)·미(味)·촉(觸)이 겸하여 갖추어져 있다고 한다. 이와 같
은 설은 모든 물질은 극미로 이루어졌다고 단정을 내린 구사종(俱舍
宗)의 교리에 속하는 것이나, 대승불교의 유식종(唯識宗)에서는 물
질이 실제로 있다는 생각은 잘못이라는 것을 주장하기 위하여 극미

라는 가설을 세워서 물질이 실재할 수 없다는 것을 강조하는 데 쓰여
지고 있다. *

25. 공 화(空花)

　우리가 살고 있는 세상에는 꽃이 많다. 실물(實物)인 생화(生花)도
있고 이를 모방해서 비슷하게 만든 조화(造花)도 있다. 때로는 묘한
솜씨로 수놓은 수꽃을 보고 감탄하기도 하고 때로는 종이에 그려진
그림꽃을 보고도 실물꽃에 못지 않게 매력을 느끼곤 한다. 그러나,
불교에서는 이와는 전연 성질(性質)을 달리하는 꽃이 있다. 그것을
이름해서 공화(空花)라 하며 때로는 허공화(虛空花)라고도 한다. 공
중의 꽃이라는 뜻으로 본래는 보이지 않는 것이다. 그러나, 눈병 있
는 사람은 어쩌다 이것을 볼 수 있고 이것을 보려고 눈을 한참 부비
고 난 다음에 쳐다보면 무엇인가 아물아물 하는 아지랭이 같은 것이
보인다. 이것을 공화라 하는 것이다.
　이것은 본래 실재(實在)한 것이 아니지만 실재한 것처럼 잘못 아
는 때를 비유해서 쓰여지는 말이다. 그래서, 불교 경전 중에는 공화
를 우리 인생 문제에 비유해서 말한 것이 많다. 〈유마경(維摩經)〉
에서 말하기를, 「우주의 만법(萬法)은 꼭두각시 공화의 모양과 같아
서 자성(自性)도 없고 타성(他性)도 없다」하였고, 〈보적경(寶寂經)〉
에는, 「제법(諸法)의 자성(自性)은 불가득(不可得)이라. 우리가 꿈
속에서 욕심대로 물건을 가졌다가 깨고 보니 모두 허무한 공화와 같
다」하였다. 또, 〈원각경(圓覺經)〉에서는 말하기를, 「만유(萬有)는
모두 우리 마음의 그림자로써 꼭두각시 공화인 줄 알 때는 벌써 방
편(方便)을 써서 이것을 멀리하려고 하지 않더라도 곧 집착을 여의
고 본심에 돌아 갈 수 있는 것이다」하였고, 다시 이것을 「마음은
꼭두각시 공화를 살게 하는 자(者)요 육체는 꼭두각시 공화를 살게
하는 성중(城中)이며 세계는 공화의 옷이요, 명상은 공화의 밥이
다. 그 뿐만 아니라, 마음을 일으키고 생각을 내는 것이나 거짓이

나 참된 것이나 어느 것도 꼭두각시 공화 아닌 것이 없다」고 하였
다. 우리가 공화 속에서 살고 있다는 것을 여실히 설명해 주는 말들
이다.

우리는 어떻게 하면 여기에서 벗어나서 참된 삶을 가질 수 있는가
하는 것을 가르쳐 주는 것이 불교이며, 스스로의 마음을 밝히는 것이
그 가장 좋은 방법으로 전하고 있다. *

26. 지 옥(地獄)

불교에서는 사람들이 악한 행위를 하면 그 댓가로 받는 고통을 지
옥고(地獄苦)라 한다. 땅 밑에 있는 감옥이라는 뜻이다.

사람들이 평소에 행한 원인에 따라서 그 결과로 미래의 세계를 결
정짓는다는 뜻이기도 하다. 그래서, 아귀의 세계, 축생의 세계와 아
울러 삼악도(三惡道)라 부르며, 누구나 가장 싫어하는 고통의 세계
로 알려져 있다.

이러한 뜻에서도 불교는 중선(衆善)을 봉행하고 제악막작(諸惡莫
作)을 내세우고, 착한 일을 권하고 악한 일을 못하게 막고 있는 것
이다. 누구나 악한 일을 하면 지옥에 떨어진다는 지옥의 종류를 여
러 전적에서 많은 종류로 분류하고 있으나, 〈구사론(俱舍論) 권 제
11〉과 〈유가사지론(瑜伽師地論) 권 제 4〉에서 볼 수 있는 것과 같은
8 한지옥(八寒地獄), 8 열지옥(八熱地獄), 고립지옥(孤立地獄)의 세
종류가 가장 널리 알려져 있다.

8 한과 8 열의 각 지옥에는 다시 16의 작은 지옥들이 소속되어
있고, 전체를 다스리는 염라대왕이 수 명의 명관(冥官)을 거느리고
있으며, 명관 밑에는 많은 우두인신(牛頭人身), 마두인신(馬頭人身)
의 옥졸들이 있어서 무한한 고통을 죄 있는 사람들에게 주고 있다.

이 여러 지옥 중에서도 무간지옥(無間地獄)이 제일 고통이 심하다
는 것을 〈목련경(目蓮經)〉에서 전하고 있으며, 이밖에도 칼산지옥,
불덩어리 목욕지옥, 피못지옥, 독사지옥 등 생각만 해도 소름이 끼

치고 몸서리쳐지고 징그럽고 무서운 지옥들이 있다.

이와 같은 지옥의 사상이 불교와 떠날 수 없는 한 요소가 된 것은 부처님께서 세상을 떠나서 열반에 드신 뒤에 상좌부 교단에서 바라문들이 내세운 삼계설(三界說)을 받아 들인 뒤에 생긴 것이라 전해지고 있다.

이것은 단순한 방편으로 한 것이 아니고, 실재하는 것과 같이 말한 것은 부처님의 근본 사상과 어긋나는듯 하지만, 업(業), 윤회사상(輪廻思想)과 결부되어서 도덕 윤리의 관념을 강조하는 큰 역할을 하고 있는 것이다.

우리는 죽어서 미래의 세계에 태어나 지옥고를 받는다는 생각에 앞서서 현실 세계에서 자기가 지은 행동에 대하여 양심의 심판을 받는 것이 극락세계, 또는 무간지옥 세계에도 갈 수 있다는 것을 결코 잊어서는 아니 될 것이다. ✳

제6장 화합의 장

1. 합　장(合掌)

　불교를 수행하고 대중을 교화하는 승려들이나 불교를 신봉하는 교도들은 합장으로 공경하는 예의를 표시하고 있다. 경례(敬禮)는 민족과 시대와 지역에 따라 그 모양을 달리하고 있으니, 우리 나라에만도 실외에서는 상반신을 굽히고 방안에서는 무릎을 꿇고 엎드려서 절을 하는 것이 보통의 예절로 되어 있다. 불교에서는 방 안에서 엎드려 절하는 것을 오체투지(五體投地)라 하여 두 무릎과 두 팔과 이마를 땅에 붙여 절하는 정중한 모양을 말한다. 그러나, 일본 사람들은 신성하게 숭배할 때는 박수를 치며, 중국 사람들은 두손을 깍지 끼고 앞으로 올려 예의를 표하며, 서장(西藏) 사람들은 혓바닥을 쑥 내미는 것이 경례라 한다. 또 구미인들은 악수를 하며, 군인들은 어느 나라를 막론하고 거수 경례를 한다.

　이와 같이, 합장도 원래에는 인도 민족의 경례의 한 종류이다. 현장법사의 〈대당서역기 2권〉에는 인도 사람들의 풍습을 말하면서 경례의 아홉 가지를 예로 들고, 그 중에서 불교도들은 합장으로 경례

한다 하였다. 그래서, 우리 나라에도 불교와 함께 합장 경례하는 법이 전하여진 것이라 생각된다. 이러한 의미에서인지 어떤 사람들은 우리나라 사원을 절(예배)하는 곳이라 하여 우리말로 절(사원 : 寺院)이라고 이름한 것이라고 한다. 절에 가면 누구나 부처님께 합장하여 세 번 절하고, 또는 아홉 번 절하고, 혹은 수없이 절을 하는 것이 습관인 것으로 보아 일리있는 말이라 하겠다.

합장은 글자 그대로 두 손바닥을 모아서 경례한다는 뜻이지마는, 여러 불전에는 부처님을 공경,합장하고 두 손을 모아 높으신 덕을 찬탄한다 하였으니, 이 때에는 합장하는 것이 경례에만 그치지 않고 우주의 만법을 절대적인 한 마음의 경지로 모은 통일된 자세를 말한 것이며, 따라서 이것이 곧 불교를 수행하는 자세라는 것이다. 합장에도 그 짓는 모양에 따라 여러 가지가 있다. 이것을 가장 자세하게 설명한 것으로 밀교(密敎)라는 불교의 한 종파에서 말하는 12합장설이 있다. 그 중에 견실심합장(堅實心合掌)이라 하여 두 손바닥을 붙이는 합장이 있고, 이와 반대로 두 손바닥이 좀 떨어지게 하는 허심합장(虛心合掌)이 있고, 두 손을 연꽃 봉오리 모양으로 하는 미부연화합장(未敷蓮花合掌) 같은 것이 있어서 많이 행하여진다고 한다. 이 밖에도 초할연화합장(初割蓮花合掌), 지수합장(持水合掌), 귀명합장(歸命合掌), 현로합장(顯露合掌) 등이 있다고 하며, 이러한 해석을 바탕으로 관세음보살 33인상 중에 합장관음(合掌觀音)은 허심보살행(虛心菩薩行)을 나투신 모습이라고 한다.

우리는 일상 생활에서 형식적인 합장을 떠나, 그 진의가 한 마음의 경지에 있음을 깨닫고 순수한 하나의 마음으로 합장하는 것이 바로 불교를 행하는 길이라는 것을 마음 속에 깊이 간직하면서, 가고 머물며 앉거나 누울 때와, 말하거나 침묵하거나 움직이거나 고요할 때에 무형(無形)의 합장을 공부하여야 할 것이다. 여기에 합장의 참된 의의가 있는 것이다. ✱

2. 귀의 삼보(歸依三寶)

불교를 신앙하고 이해하는 방법에는 팔만 사천의 입문이 있다 하여 그 광범함을 말하였으며, 그 하나하나가 중요한 의미를 가지고 있다고 하였다. 그러나, 이 수많은 교리 법문을 거론함에 앞서서 또 하나의 가장 중요한 것이 있으니, 그것이 바로 귀의 삼보(歸依三寶)라고 하는 것이다.

귀의(歸依)라는 말은 고대 인도어인 범어(梵語) Saraṇa의 의역으로써 믿음〔信〕을 받들고 몸을 바쳐서 구원을 청하는 생각이라고도 하며, 또는 마음의 깨달음에 의지하여 삼도(三途) 고뇌(苦惱) 및 과거, 현재, 미래 즉 삼세(三世)의 생사를 초탈함을 얻는 것이라고도 하고, 이것에 의지함으로써 일체 피로움으로부터 해탈하여 마음 속에 무한한 안위(安慰)를 받는 것이라고도 한다.

삼보라는 것은 불교도가 존경 공양하는 불·법·승(佛·法·僧)을 말하는 것으로, 이것은 더러움에 물들지 않고 위덕(威德)이 있는 최상의 것이며 변하지 않음이 세간의 보배와 같다고 해서 이 세 가지 가장 신성한 것을 삼보(三寶)라 하였다.

불보(佛寶)는 스스로 인생의 진실한 자태를 깨닫고 이에 의해서 다른 이를 가르쳐 인도하는 분으로서 불교의 교주(敎主)를 말하는 것이며, 법보(法寶)는 부처님이 스스로 깨달은 것을 남을 위해서 설명한 교법을 말하는 것이며, 승보(僧寶)는 그 교법을 배워 닦아서 행하는 부처님 제자의 집단을 말하는 것이다.

옛부터 삼보를 세 가지로 해설하는 것이 있으니, 불·법·승의 삼보가 각각 독립적인 존재라 하는 별상삼보(別相三寶)의 해설법이 있으며, 의미상으로는 불·법·승이 각각 다른 것이나 그 본질상으로는 다르지 않은 일체(一體)라 하는 동체삼보(同體三寶)의 해설법이 있고, 불상과 경전과 출가비구로서 후세에까지 불교를 계속해서 지키고 전승하게 한다는 주지삼보(住持三寶)의 해설법 등이 있다.

그러면, 귀의 삼보라는 것은 위에서 말한 불·법·승의 삼보에 귀의한다는 말이니, 이제부터 부처님을 스승으로 모시고 귀의하여 목숨을 다 바쳐 귀의하는 마음을 굳건히 하고 교주(敎主) 부처님께서 설하신 진실한 가르침을 지침으로 존중하며, 그 법을 실천하고 널리 포교하는 사람들인 부처님의 후계자에게 귀의한다는 맹세의 표시인 것이다. 이러한 의미에서, 우리 나라에서도 옛날부터 귀의불 양족존(歸依佛兩足尊), 귀의법 이욕존(歸依法離慾尊), 귀의승 중중존(歸依僧衆中尊)이라 불러 왔으며, 지금 세계 각국에서는 공통적으로 Buddham saraṇam gachāmi, Dhammmam saraṇam gacchāmi, Sangham saraṇam gacchāmi로 불리워지고 있는 것이다. 또한 요즘에는 곡을 붙여 '삼귀의'라는 찬불가로도 많이 부르고 있다.

이 귀의 삼보는 불교에 처음으로 입문하는 표시의 의식에 있어서 사교(邪敎)를 돌이켜 정도(正道)에 들어왔을 때, 오계(五戒), 구족계(具足戒) 등 수계를 할 때에도 부르는 것이다.

우리는 항상 귀의 삼보의 생각을 양성함으로써 불교도의 자각을 새롭게, 그리고 깊게 하며, 참다운 신념으로써 어떠한 어려운 문제에도 움직이지 않고 불교의 대해(大海)로 들어갈 수 있을 것이다.

이러한 의미에서, 불교에 입문하고 이해하고 신앙하는 것은 귀의 삼보의 생각을 가지는 데서 출발하여 그것으로써 완성에 이른다 할 수 있는 것이다. ✳

3. 염 주(念珠)

부처님께 예배할 때 손목에 걸기도 하고 염불할 때나 「다라니」를 외면서 그 수를 세는 데 쓰기도 하고 평상시에는 목에나 손목에 걸기도 하는 것을 염주(念珠), 또는 수주(數珠)라 한다.

언제부터 불교에서 쓰게 된 것인지 자세하지 않으나, 불교도들의 일상 생활을 규범(規範)한 율부(律部)에도 보이지 않고 현재 남방계 불교도들도 쓰지 않는 것으로 미루어 보아 북방계 불교도들에게서 비롯해서 중국을 거쳐 우리 나라에까지 퍼져온 것이라 생각된다. 구슬을 끈으로 꿰어서 그 수를 108을 기본수로 하고, 때로는 그 반수인 54, 또는 그 4분의 1인 27로 줄인 것도 있고, 1080으로 열 배의 것도 있다. 기본수를 108로 한 것은 우리 인간에는 108가지의 근본 번뇌(根本煩惱)가 있으므로 그것을 없앤다는 신념에서 정해진 것이며, 그 반수인 54는 보살이 수행해서 성불하는 차위(次位)인 십신십주십행십회향(十身十住十行十廻向) 십지사가행(十地四加行)의 오십사위(五十四位)를 의미한 것이며, 4분의 1인 27은 소승현성 27위(小乘賢聖二十七位)를 말하는 것이라고 전하여지고 있다.

  염주의 재료는 여러가지가 있으나, 예를 들면 보리자(菩提子), 금강자(金剛子), 목환자(木槵子), 연자(蓮子), 흑단향자단향(黑檀香紫檀香), 수정(水晶), 마노(瑪瑙), 산호(珊瑚), 진주(眞珠)와 같은 것들이 있다. 염주의 공덕을 찬양한 경전은 〈교량수주공덕경(校量數珠功德經) 권 1〉 〈금강정유가염주경(金剛頂瑜伽念珠經) 권 1〉 〈목환자경(木槵子經) 권 1〉 등이 있으나, 그 중에 〈목환자경〉에 의하면, 「만고(萬苦)에 번뇌장(煩惱障)이나 업장(業障)을 덜어서 단멸(斷滅)하고자 하려면 목환자(木槵子)로 백팔염주를 만들어서 항상 몸에 지니며, 지성으로 불법승(佛法僧) 삼보의 이름을 외고 염주알을 하나씩 세어서 20만번에 이르면 자신의 산란(散亂)이 없어지고 의식(衣食)이 자연스러우며, 100만 번에 이르면 108의 번뇌가 끊어져 현실의 고뇌를 해탈한다.」라는 뜻으로 말하며 염주는 법주라는 것을 보여 주었다. 〈금강정유가염주경(金剛頂瑜伽念珠經)〉에 의하면, 모주(母珠, 一名 主佛)라는 가장 큰 구슬 하나는 무량수불(無量壽佛)을 나타낸 것이라 하고, 다른 작은 구슬들은 관음보살(觀音菩薩)을 나타낸 것이라 하였다. 이것도 염불과 관계가 있다는 것을 말한 것이다. 그러나, 우리는 형체가 있는 염주를 손목에 걸기도 하고 세기도 하려니와, 형체가 없는 보배로운 염주를 마음 속에 간직하고 현실의 고뇌에서 해탈하는 법구(法具)로 삼는 것도 잊어서는 안될 것이다. *

4. 목탁(木鐸)·목어(木魚)

목탁은 나무를 파서 둥글넓적스럽게 하고 방울모양으로 고리같은 손잡이를 제몸에 달아서 만든 것이다.

불교 의식 기구의 하나로, 아침 저녁으로 경을 욀 때나 염불할 때, 불교 의식이 있을 때 여러 사람들의 음성을 조절하는 데 사용하며, 새벽에 깊은 잠을 깨우는 경종(警鍾)이나 신호하는 기구로, 식사 때나 운력(運役), 혹은 비상 소집으로 대중을 크게 모을 때 사용하는 것이다.

본래 목탁은 중국 고대 악기인 탁(鐸)이라는 것의 한 종류로, 구리로 작은 종모양을 만들고 가운데 줄을 달아서 흔들면 소리가 나는 것을 금탁(金鐸)이라 하였고, 이것을 나무로 파서 만든 것을 목탁이라 하였다.

상고 시대에 천자가 중대한 정사를 의논하려 할 때나, 천하에 새로운 법령을 공포하려 할 때에 이 탁을 흔들어 천지를 진동하게 하였으며, 글과 춤을 즐길 때는 목탁을 흔들어 문교(文敎)의 진흥함을 보이고, 무술과 춤을 즐길 때는 금탁을 흔들어 무교(武敎)의 진흥을 보이는 데 사용함으로부터 목탁이라는 명칭이 생기게 된 것이다. 이와 같은 목탁을, 불교에서는 그 모양과 용도와 그 유래까지도 달리하고 있다. 불교에서 사용하는 목탁은 사실은 목어를 말하는 것이다. 목어는 목판(木板), 목고(木鼓)라고도 하며 그 유래에는 여러 설이 있다.

어떤 한 사문(沙門)이 스승의 교훈을 게을리하고 도리어 불교를 비난하다가 고기몸[魚身報]을 받고 그 등에 큰 나무가 나서 바람과 파도에 흔들려 유혈(流血)의 심한 고통을 받았다. 하루는 옛 은사가 강을 건널 때 만나서 사실을 호소하고 은사로부터 수륙재(水陸齊)를 베풀어 받고 고기의 몸을 면하면서, 등의 나무를 삼보(三寶)에 친하게 해달라는 소원으로 고기 모양으로 다듬고 여러 사람이 모이는 곳에 걸어놓아서 대중을 경계하였다는 전설이 있다. 또 어류(魚類)는 주야(晝夜)로 눈을 뜨고 있으니, 목어를 울려서 혼미함을 경고하는 것이라는 설이 있고 또는 수행자는 물고기와 같이 밤낮으로 잠자기를 잊고 도(道)를 닦아서 고기가 용으로 변하는 것과 같이 수도자가 성인으로 되는 것을 보임이라고도 한다. 또는 운판(雲板)을 울려서 공간의 고통스럽고 번뇌로운 모든 중생을 제도하는 것이라는 설도 있다. 어떻든 유래의 설화나 전설이 보여 주는 바와 같이 목탁은 우리 인생의 경종(警鍾)을 말함에 틀림없는 사실이다.

사회의 지도 계급에 있는 사람이나 언론기관을 사회의 목탁이라 함은 이러한데에 기인한 것이며, 목탁은 목어의 변형이면서 고대 악기의 이름만을 전하는 것임을 알 수 있다. *

5. 범 패(梵唄)

미묘하고 우아한 음성으로 부처님의 덕을 찬탄하는 불교 고유의 음악을 성명(聲明), 또는 범패(梵唄)라 부른다. 범(梵)은 인도를 말한 것이며, 패(唄)는 패닉(唄匿)이라는 범어를 줄인 말로서 지단(止斷), 지식찬탄(止息讚歎)으로 번역되고 있다. 따라서, 범패는 불덕(佛德)을 찬탄하는 인도 음악이라는 뜻이다.

그 기원은 확실하지 않으나 부처님께서「바라문들이 부르는 성조(聲調)로 독송하는 것을 금하면서, 노래를 불러서 독송하는 것은 몸과 마음의 피로를 없애고 기억을 돕는 덕이 있다」고 하신 데서 불교에서 일반적으로 유행을 보게 된 것이라 전하고 있다.

이러한 의미에서 〈법화경(法華經) 권 1 방편품(方便品)〉에는 「혹 환희스러운 마음으로 노래를 부르며 부처님의 덕을 칭송하면 마침내 누구나 불도를 성취한다」라 하였고, 〈무량수경(無量壽經) 권 하〉에서는「미묘한 음성으로 부처님의 덕을 노래로써 찬탄하고 법경을 들으면 환희무량(歡喜無量)이다」라고 하였다. 그리고, 또 교단의 일상 생활의 규범을 기록한 〈오분율(五分律) 권 26〉에는 「자자(自恣)하는 날 밤에 능한 자로써 설법경패(說法經唄)하게 하며 능한 자는 미미한 병세가 있을지라도 사퇴(辭退)하지 못한다」라 하여, 경패(經唄)하는 능자(能者)의 책임을 밝히고 있다. 또, 다른 기록에는, 인도사원에서는 매일 저녁 때에 대중들은 탑을 돌면서 예배하고 설법당에 모여서 능자로 하여금 설법하게 하고 아름다운 목소리로 경패를 하는 풍습이 있다고 전하고 있다. 이 범패는 중국에서도 불교와 함께 받아들여서 음조만은 인도 것을 따르고, 음은 한음(漢音)으로 부르게 되었는데, 위(魏)나라 진사왕(陳思王) 조식(曹植)이 어산(魚山)에서 신(神)의 감응(感應)에 의해서 창안한 것이라 전하고 있다. 우리 나라에서는 중국 것을 받아들인 것이며, 범패하는 사람을 어산이라 부르게 된 것도 진사왕에서 유래한 것이다. 범패는 음성도 아름다워야 하며 그 품위가 우아해야 하였으므로, 누구나 습득할 수 없는 이유로 이에 능통한 고승은 자연히 여러 사람들의 숭배의 대상이 되었다. 그래서 고승전(高僧傳)에는 경사(經師)라는 명목으로 여러 사람들의 이야기가 전해지고 있다.

이와 같은 불교의 고유 음악이 지금에 와서 거의 끊어지는 위기에 놓여 있으니, 하루 빨리 인간 문화재를 보호하기 위해서라도 현대식으로 채보(採譜)해서 후계자를 양성해야 할 것이다.

6. 범 종(梵鍾)

음악은 정신을 통일하고 마음을 부드럽게 하며 사기를 북돋우고 풍속을 선도하여 사회 안녕을 유지하게 하는 것임을 누구나 다 아는 바이려니와, 특히 종교 음악은 사람의 마음을 바르게 하고 조촐하게 하여 고뇌(苦惱)를 없애는 위대한 힘을 가지고 있다. 일찍이 불교 음악에도 때와 장소에 따라서 그 종류가 많으나 그 중에서도 가장 대표적인 것은 범종(梵鍾)에서 신비스럽게 울려 나오는 음악의 신성성(神聖性)이며 위대성(偉大性)이다.

범종(梵鍾)이라는 말은 사찰(寺刹), 즉 범찰(梵刹)에서 사용하는 종(鍾)이라는 데서 이름한 것이며, 인도에서 명기(鳴器)로 쓰던 건추(健推, Ghaṇṭā)라는 것과, 중국 고대의 종으로부터 그 사용한 것과 모양을 혼합해서 이루어진 것이 우리나라에서 보는 범종이다.

범종의 맨 위에 종신을 누각에 매다는 부분이 용두이고 종신은 용두 밑에 있는 갓에 붙어 있다. 머리 부분에서 조금 내려와 종유(鍾乳)가 있고 비천(飛天), 당좌(撞座), 종구(鍾口) 등의 순서로 겉모양을 갖추고 있는 것이 상례이다. 용두에는 기삽이라는 종신 내부로 통하는 통(筒)이 붙어 있어 음향을 조절하며, 종유는 범종 중에서 가장 중요한 곳이다. 즉 음향을 직접 내며 그 젖꼭지의 수에 따라서 종소리의 여운이 좌우되며, 부분적인 진동에서 일어나는 잡음을 방지하며, 종신 중에서 가장 엷어서 그 두께는 우리가 능히 볼 수 있는 종구 둘레의 두께보다 십 분의 일 정도의 비례로 되어 있다.

당좌는 공이로 치는 곳인데, 종유와 반대 방향인 하부에 두 개가 서로 대립해서 자리잡고 있다. 이 당좌의 위치는 종 전체 무게의 중심점인데, 무게에 따라서 그 상하되는 위치가 일정하지 않으며 종성에 미치는 영향이 크다.

비천은 양각(陽刻)의 장식 모양으로 되어 있는 천인(天人)의 이명(異名)이며, 음악을 즐기고 천화(天花)를 뿌리는 악신(樂神)의 상징이다.

이와 같이, 각 부분의 정밀한 작용으로 이루어진 악기인 범종은 그 음향에서도 소홀히 못할 사명이 있는 것이다. 종소리를 들으면 고뇌가 없어지고 마음이 부드러워지는 것은 말할 나위도 없지만, 듣는 이의 주관에 따라 천 갈래 만 갈래로 변화하는 것이다. 이것이 범종, 즉 불교 음악이 가진 바 신성성이며 위대성이요, 우수성인 것이다.

범종은 악도에 빠진 중생고를 면하게 하는 반면, 범인으로 하여금 성인의 지위에까지 오르게 하는 신비경의 표현이라 하여 그 울리는 절차에 법도가 엄연하고 내포된 사상도 고매한 바 있다. 〈칙수청규(勅修淸規)〉라는 문헌에는 「범종은 사원의 호령(號令)으로 시작한다. 새벽에 울려서 길고 긴 밤의 잠을 경계하며 저녁에 울려서 혼미함을 깨치게 한다. 그 울리는 방법은 공이를 길게 끌어 부드럽고 느리게 쳐서 그 소리를 높이며 길지 않게 한다. 울리는 횟수는 삼통에

각 26회, 총수 108회로 하며, 일어나게 하고 그치게 하는 횟수는 좀 긴(緊)하게 하고, 기타 의식 때에는 18회, 관원 및 주지의 접도시(接道時)에는 그 수를 정하지 않으며 이 직책을 맡는 이를 고사(庫司)라 한다.」라 하였으니, 이것이 곧 현재 우리 나라에서 행하여지고 있는 표준이다. 108회를 울린다는 것은 108의 번뇌가 소멸한다는 의미에서 온 것이다.

이와 같이, 범종은 성스러운 의례에서만의 음공양(音供養)으로서 그치지 않고, 교단의 일상 생활에 있어서 시간을 알리며 제회를 알리며 비상시의 대중 소집 등의 신호, 혹은 명령 계통으로도 사용되며 현대의 싸이렌 역활을 하는 것들이 있다.

인도, 중국을 거쳐 우리 민족의 손에서 완성을 본 범종은 외국인들이 다투어 구하기를 원하는 사실로 보아서도 세계적인 보배이며 우리 민족의 자랑이라 하지 않을 수 없다. 현재, 강원도 오대산 상원사종, 경주 박물관 소장의 봉덕사종 등은 그 실례를 보여 주는 것이며, 그 풍겨주는 고고학적이고 음향학적이며 주종학적, 야금학적이며 금속학적 등의 무게있는 훈기는 설명이 오히려 쓸 데 없는 격이 될 것이다.

우리 나라의 범종은 이와 같이 아름다울 뿐만 아니라, 사회적, 문학적인 향기를 풍부하게 간직하고 있으니, 에밀레종의 전설과 원주 치악산 꿩의 보은 설화 등이 그 대표적인 것들이다.

범종을 연구함에는 일종의 비전으로 전하여 오는 주종의 기술적인 방면과, 여러 가지 범종의 계측으로써 그 수학적 통계에 따라 판정하는 고고학적 방면과의 두 방면을 병행하면서 음향학적으로 하는 방면 등이 있으나, 이는 모두 피상적인 면이며 그 진실 연구에는 종교적으로 사상적으로 인생에 끼치는 고도의 면이 요청되는 것이다. 이는 교리와 아울러 실천에서만 체득할 수 있는 불교 음악의 존엄성과 위대성을 말하는 것이다. ✻

7. 가 람(伽藍)

    가람(伽藍)이라는 말은 범어(梵語) Saṅghārāma(승가람 : 僧伽藍)의 음역이며, 중원(衆園), 승원(僧園), 승원(僧院), 정사(精舍)라고 번역되는 사원, 사찰을 말하는 것이다. 이것을 우리 나라 고유의 말로서 '절'이라고 한다. '절'의 어원에 관해서는, 우리 나라 불교가 털〔毛禮〕무역 상인의 집을 통해서 전래되었다는 설에서 '털녜집' '털집'의 변화된 것이라고도 하며, 사원은 '절〈예배 : 禮拜〉'하는 곳이니 '절'이라고 하는 통속적인 설도 있다. 가람은 승려들이 사는 곳, 또는 머무르는 곳인 원림(園林)이라는 데서 출발하여, 후대에는 사원의 건물을 가리켜 부르는 말이 되었다. 그 제도와 배치는 매우 까다롭게 되어 있으므로 시대와 종파에 따라 무척 복잡하다. 인도의 초기 가람은 간단한 양식이었으나, 불멸 후 약 300년경의 아쇼카왕이 출생한 시대부터 조각과 건축술이 크게 발달하여 가람 제도의 면목도 새롭게 되었다. 그 후, 평지에 건축된 가람은 바위굴의 가람으로 변하기도 하였다. 중국의 가람은 영평(永平)년간에 건축된 백마사(白馬寺)가 그 처음이라 하며, 우리나라에는 고구려 소수림왕 때의 성문사(省門寺)와 이불란사(伊弗蘭寺)가 최초의 가람이라 전하고 있다. 가람은 소위 칠당가람제(七堂伽藍制)라 하여 일곱 가지 종류의 건물을 구비하는 것을 원칙으로 삼고 있다. 첫째로, 부처님의 사리를 받들어 모신 탑을 중심으로 많은 건물들이 배치되는 것이다. 본존(本尊)을 모신 금당(金堂, 佛殿, 法堂)이 있으며, 다음에는 설법을 하며 경전을 연구하는 강당, 범종(梵鍾)을 단 종각, 대장경을 모신 장경각(藏經閣) 등이 있고 승려들이 일상 생활을 하는 승방(僧坊, 僧房)이 있다. 강당을 중심으로 동서북방에 배치된 승방은 삼면승방(三面僧坊)이라 하며 고대 가람에서 많이 볼 수 있는 제도이다. 그리고 재의(齋儀)가 있을 때 대중이 식사를 하는 식당〈만세루 : 萬歲樓〉이 있는데, 문루식양식(門樓式樣式)이 상례이다. 현재 우리 나라의 사원에서는 일상적인 식사를 승방 중의 하나인 대방(大房 : 큰 방)에서 하는 것이 보통이나, 가람의 기본적인 요소로는 탑, 금당, 강당, 장경각, 종각, 승방, 식당 등이 있으며 종파에 따라 그 명칭이 다르다. 가람의 부속 건물로 산문(山門)이 있는데, 삼문(三門)이라고도 하며 공(空), 무상(無相), 무원(無願)의 삼해탈문(三解脫門)을 나타낸 것으로, 문에는 일주문(一柱門), 사천왕문(四天王門) 등도 있다. 산문으로부터 동서로 위치해서 욕실과 변소(서정 : 西淨, 동사 : 東司, 정방 : 淨房)가 있는데, 승당과 변소와 욕실에서는 이야기를 금하는 곳이라 하여 이 세 곳을 삼묵당(三默堂)이라고도 한다. 가람을 수호하는 신을 가람신이라 부르며 가람당에 모시고 그 신체(神體)는 대개 말모양으로 되어 있다. 경주 불국사 등이 우리 나라의 전형적인 가람 제도에 따라 배치된 가람이라고 할 수 있다. *

8. 비 구(比丘)

우리 나라 불교계에서 자주 문제를 일으켜 세상 사람의 주목을 끌고 있는 말이 있으니, 그것은 비구(比丘)라는 말이다. 이 비구라는 말의 근본을 따져 보면, 원래는 우리말도 아니요, 중국말도 아니다. 오직 불교 발생지인 인도의 고대어로 'Bhikṣu'라는 말의 음을 딴 것이며, 한문으로 의역하면 걸사(乞士), 출가인(出家人), 파번뇌(破煩惱), 포마(怖魔) 등의 뜻이 된다고 한다. 물론 인도의 고대 종교에서는 불교 이전부터 쓰여진 말이며 불교에서 처음 쓰여진 말은 아니다. 그러나 우리 나라에서는 언제부터 쓰여지게 되었는지 알 수 없으나, 「남자가 속세를 떠나 불문(佛門)에 출가하여 구족계(具足戒, 比丘 252 戒)라는 엄격한 계를 받아 잘 지키는 사람에게 붙이는 말」이 되고 말았다. 그래서, 대승불교의 대 성자인 용수(龍樹)라는 분이 지은 〈지도론(智度論) 권 3〉에는 비구의 말의 뜻을 걸사, 파번뇌, 포마의 세 가지 뜻으로 설명하였다. 걸사는 맑고 깨끗한 걸식(乞食)으로 활명(活命)한다는 것이며, 파번뇌는 인생고의 근본인 번뇌를 끊고 낙(樂)을 얻는 것이며, 포마는 머리를 깎고 물들인 옷을 입고

계를 받아 지키는 사람으로 반드시 고(苦)를 여의고 열반을 증득할 수 있는 것이므로 마왕이나 마군들이 그 사람을 두려워한다는 뜻이다. 이상과 같이 비구에는 세 가지 뜻이 있음을 알 수 있으나, 이 참뜻을 알지 못하고 이름만 따서 마구 부르는 수가 많다 하여 〈십송률(十誦律)〉이라는 율본(律本) 권 1에서, 또는 〈구사론(具舍論) 권 15〉에서 네 가지로 분류하여,

  1. 속인이면서 이름을 비구라 붙인 명자(名字) 비구라는 것과,

  2. 비구의 행위를 지키지 않고 참다운 비구가 아니면서 제 멋대로 비구라고 하는 자칭 비구가 있고,

  3. 출가한 사람은 삼의일발(三依一鉢)로 언제나 걸식(乞食)으로 목숨을 이어 간다는 것을 신조로 삼고 실천하는 비구가 있고,

  4. 인생의 괴로움의 근본인 번뇌를 깨뜨리고 해탈의 경지에서 사는 파계(破戒)의 비구가 있다 하였다.

  이것은 형식적인 겉모양을 가볍게 보고 내용면에 중점을 둔 것이다. 〈사분율(四分律)〉이라는 율본 권 1에서는 역시 명자상사비구(名字相似比丘) 등 일곱 가지 종류의 비구를 들어서 부처님의 혜명(慧命)을 이어받는 참다운 비구와, 승단(僧團)을 어지럽게 하는 가짜 비구의 실례를 열거하여 후세 사람들을 경계하도록 피하였다.

  이러한 의미에서, 비구의 표준을 엄격한 구족계(비구계)를 지키는 데 둔 것이다. 그러나, 우리 나라의 전통적 특색은 교리 사상을 대승 불교에 두고, 비구계는 소승계에 속하는 사분율본(四分律本)의 250계를 주로 하고 있다.

  시대가 다르고 사회 풍습이 같지 않은 이국의 생활 양식을 무조건 흉내를 내면서 비구라는 이름을 붙이는 것보다는 차라리 근본을 살리면서 우리에게 맞는 비구의 표준을 연구해 보는 것이 현실 우리 사회 대중의 호흡 속에 파고드는 요체(要諦)가 될 것이다. ✳

9. 방 장(坊丈)

방장(方丈)이라는 말은 여러가지 뜻으로 쓰여지는 말이다.

당나라 어느 사람이 사신으로 인도에 갔을 때, 유명한 유마거사(維摩居士)의 살아 생전의 자취를 찾아 비야리 성에 이르렀더니 거사의 거처하던 방이 남아 있었는데, 그 크기가 사방(四方) 1장(一丈)이라는 기록에서 방장(方丈)이라는 말이 연유된 것이다. 그래서, 처음에는 유마거사의 거실이라는 뜻으로 쓰여졌으나, 이것이 점차로 변해져서 주지승(住持僧)이 거처하는 처소를 방장이라 부르게 되었고, 그 뒤에는 다시 변하여서 주지승을 방장이라 부르게까지 되었으나 우리나라에서는 대개 거처를 가리켜 방장이라 부르는 경우가 많다.

이 방장(方丈)의 기원이 된 주인공 유마거사는 불교 전반을 통해서, 특히 선종(禪宗)에서 널리 알리어진 분이기에 더욱 그 처소까지 후대에 걸쳐 문제가 되어 있는 것이다. 방장과 아울러 거사라는 말도 여러 경전에서 재가자(在家者)라는 뜻으로 쓰여지고 있으나, 유마거사가 등장한 이후부터 대승불교의 수도하는 처사(處士)라는 의미로 통칭하게 되었고, 유마거사의 거처하는 방을 방장이라 부르는 것과 같이 널리 쓰여지게 된 것이다.

이 방장이라는 말이 우리 나라로 전해지고 나서는 곧 조실(祖室)을 의미하게 되었고, 이로 인한 일화(逸話)들이 전하게까지 되었다.

삼국유사의 비래방장설화(飛來方丈說話)가 그 대표적인 것이다.

고구려는 불교나 유교가 성행하고 있었으나, 말기에 이르러 중국에서 새로 일어난 도교(道敎)의 한 파인 오두미교(五斗米敎)를 받아들여 민족 사이에 분열을 일으키고 사상의 중심을 잃게 하여 나라가 장차 위태롭게 되었다. 이것을 알고 수차 왕에게 상소하였으나 뜻을 이루지 못한 그 때의 고승 보덕화상(普德和尙)이 있어서 차마 자기 눈으로 고구려가 망하는 것을 볼 수 없다고 자기의 처소인 방장실(方丈室)을 하룻밤 사이에 백제 땅까지 하늘에 날려 옮겼다. 이것을 세상 사람들은 비래방장(飛來方丈)이라 하여 고구려 멸망의 이야기로 전하고 있다.

예나 지금이나 불교를 닦는 분들은 단 한간방이라도 만족한 도량으로 생각하고 수도에만 전념하였으니, 세속 사람들의 번다한 주택과는 너무나 거리가 먼 이야기다. ✳

10. 선지식(善知識)

여러 경전을 보면 선지식(善知識)이란 말을 자주 대하게 된다. 예를 들자면, 화엄경(華嚴經)에 선재동자(善財童子)란 분이 50여인(五十餘人)의 선지식을 차례로 방문하여 법을 묻고 도(道)를 구하였다 하였고, 다시 비유로서 선지식의 열가지 덕을 설하고 있다. 즉 선지식은 사람들을 인도하여 일체지로 향하게 하는 문이며 승(乘 : 타는것)이고, 배(舶)이며 길(道)이며 다리(橋)이며 눈(眼)이라는 등등의 열가지의 비유로서 설하여져 있는데, 그 비유와 같이 불도(佛道)를 수행함에 있어서의 선지식의 존재 가치는 대단히 큰 것이다.

인간은 눈 없이는 무엇을 볼 수도 없으며 길 없이는 어디를 갈 수도 없거니와, 또한 다리 없이는 냇물이나 강을 건널 수도 없는 것이다. 그와 같이 선지식 없이는 볼 수도 없고 갈 수도 없으며 건널 수도 없는 것이 불도(佛道)인 것이니, 불교에 있어서 선지식이 하는 역할은 중대하다고 아니 할 수 없는 것이다.

그런데 선지식이란 본래 선우(善友)라는 뜻에 지나지 않는 것이다. 오늘날 우리들은 선지식이라 하면 훌륭한 스승, 훌륭한 지도자, 또는 지식이 뛰어난 사람을 의미하지만 선지식이란 말의 본래의 뜻은 오늘날 우리들이 생각하는 것과는 좀 다른 것이었으니, 즉 선지식이라고 하는 것은 내가 잘 아는 사람, 또는 내가 지식(知識)하는 사람과 같은 정도의 뜻으로써 우인(友人), 지기(知己)란 말이있던 것이다. 그 원어는 'Kalyāṇamitra'인 데, 번역하여 선지식, 또는 선우라 하는 것이다. 다시 말하면 선우와 선지식과는 같은 말이었던 것이다.

이러한 선우, 선지식으로서 가장 뛰어난 사람은 불교에 있어서는 석가세존(釋迦世尊) 바로 그 분이었으니, 세존이야말로 제일의 눈(眼)이요, 제일의 다리(橋)이며 제일의 승(乘)이었던 것이다. 그러나, 엄밀한 의미에 있어서의 선지식은 세존 그 한 분만에 한하는 것은 아니고, 고덕석학(高德碩學)도 물론 선지식이 되고 또한 그와 함께 둔근박덕(鈍根薄德)한 사람들도 선지식이라 할 수 있는 것이다.

각(覺)과 행(行)이 함께 뛰어난 사람들만이 선지식이 아니라, 수행이 깊고 높지 않은 사람들도 또한 우리들의 선지식이라 할 수 있으니, 수행이 뛰어난 사람도, 그리고 얕은 사람도 서로서로 도와주고 격려하여 주며 반성하는 지침이 되어 주어 승가 전체가 구극의 이상을 향하여 나아가는 것, 바로 그것이 평등한 결합으로서의 승가(僧伽)에 있어서 각 개인이 갖는 참된 모습이라 하겠다.

이렇게 볼 때, 선지식이란 말은 비단 불교에 있어서만 전용될 술어가 아니라, 우리 인류에게는 반드시 있어야 할 선의(善意)의 사람들을 가리키는 용어로써 인식하여야 할 것을 강조하고 싶다. 사람은 결코 고고(孤高)히 살아 나갈 수는 없는 것이니, 잘났건 못났건 서로 돕고 서로 이끌어 주며 서로 아껴 주고 서로 밀어 주어 살기 좋은 아름다운 사회〔불국토〕를 이룩하고자 한다면 우리는 그들을 곧 선지식이라 부를 수 있을 것이다. ＊

11. 두타행 (頭陀行)

부처님 십대제자 중에 가섭존자(迦葉尊者)는 두타제일(頭陀第一)의 특징을 가진 제자로 알리어졌다.

두타라는 말은 범어인 'dhūta'의 음을 딴 것으로 수법(修法), 또는 기제(棄除)라 번역한다. 사람이 일상 생활을 하는 데 3대요소인 의·식·주에 대한 애착심을 버리고 세상의 모든 영화의 티끌과 때에 물들지 않고 한결같이 신심을 수련한다는 뜻이다.

이것은 불교를 수도하는 사람들의 생활 규율이 되어 있기 때문에 오래 전부터 12두타행이라 불리어 지고 있다. 이것은 열 두 가지의 생활 조문을 말하는 것이다.

① 인가를 멀리한 산의 숲속이나, 들 벌판 같은 곳에서 한적하게 살아야 하며, ② 식사는 언제나 걸식을 해야 하며, ③ 걸식을 할 때는 가난한 집과 부자집을 가리지 말고 차례차례로 빌어야 하며, ④ 식사는 하루 한 곳에서 한 번만 하고 두 번 세 번 거듭하지 말아야 하며, ⑤ 식사는 과식을 하지 말아야 하며, ⑥ 정오가 지난 뒤는 과일 즙 같은 것도 마시지 말아야 하며, ⑦ 의복은 언제나 헌 누더기 버린 것을 깨끗이 빨아서 기워 입어야 하며, ⑧ 세 가지 이상의 의복은 갖지 말아야 하며, ⑨ 항상 무덤 곁에서 있으면서 인생의 무상함을 느껴야 하며, ⑩ 주택에 대한 집착을 버리기 위해서 나무 밑에서 있어야 하며, ⑪ 집안이 아닌 바깥에서 좌선해야 하며, ⑫ 언제나 앉기만 하고 등을 땅에 붙이지 말아야 하는 등의 열두 가지 고행이다.

이와 같은 두타행을 할 때는 가지는 물건도 제한이 되어, 18물 이상은 소유하지 못하게 되어 있다. 이것을 두타 18물이라 한다. 양치 도구, 비누, 3의(三衣), 물병, 식기, 좌구, 고리 달린 지팡이, 향로, 물 바치는 헝겊주머니, 수건, 칼, 부싯돌, 쪽집개, 노끈으로 만든 걸상, 경(經), 율본(律〈戒〉本), 불상(佛像), 보살상 등 18물이다.

이것은 〈범망경〉에 자세히 설해져 있다. 그래서 이와 같이 두타행을 행하는 수도자들은 의식주를 초월하고 마음을 밝히기에만 전념하였으니, 옷과 음식을 탐내고 좋은 집에 살기만 즐기는 사람들에게는 반성해야 할 경종이기도 한 것이다. . *

12. 안 거(安居)

불교를 수행하는 행사의 하나로 안거(安居)라 하는 제도가 있다. 안거라고 하는 말은 범어의 'Varṣa'를 번역한 것이며, 우기(雨期)라는 뜻이다. 또 다른 말로는 하행(夏行), 하경(夏經), 하단(夏斷), 하롱(夏籠), 하좌(夏坐), 백하(白夏)라고도 부른다.

안거의 기원은 인도의 기후적인 변동에서 생겨난 하나의 제도이다. 즉, 인도에는 강우기(降雨期)가 3개월 간이나 계속되며, 이 때가 여름에 해당하므로 일하구순(一夏九旬)이라 하여 현재 음력으로 4월 16일에서 7월 15일까지의 90일 간에 한해서 불교 승단에서는 외출을 금하고 일정한 장소에서 전적으로 불교 수행에만 몰두한다는 것이다. 이와 같은 제도는 여름철 우기에는 여행이 불편하고 곤충들의 번식기에 해당하므로 혹시 밟아서 죽이거나 하지 않을까 하는 염려에서 생겨진 것이다. 그리고 안거의 행사는 불교에서 처음한 것이 아니다. 불교 이전부터 인도의 철인(哲人)들이 행하여 오던 법을 부처님께서 도를 깨달은 다음 해에 죽림정사(竹林精舍)에서 처음으로 여러 제자들과 이 법을 만드신 뒤로 해를 거듭하는 사이에 불교의 독점 행사처럼 된 것이다.

안거의 처음 날을 결제(結制) 또는 결하(結夏)라고 하며, 끝마치는 날을 해하(解夏) 또는 해제(解制)라 한다. 중도에서 규율을 지키지 못하고 외출한 자를 파하자(破夏者)라 불러 승단에서 경시했으며, 이와 반대로 90일을 안전하게 성취한 이를 우대하여 법랍(法臘)을 더하게 하니, 고승들의 전기에 세수(世壽)와 법랍이 구별되어 있는 것이 여기에 기인한 것이다.

이 안거의 제도가 불교 전파와 아울러 중국을 거쳐 우리 나라에 들어오게 됨으로부터 특히 선종계(禪宗系)에 성행하였으며 중대한 연중 행사가 되었다. 그리고, 여름철 뿐만 아니라, 추운 겨울을 보내기 위해서 동안거(多安居)도 행하게 되어, 일년 중 6개월 간의 안거 생활을 하게 된 것이 지금까지 전하여지고 있다.

불교의 수행법이 특정한 시간에 정해진 장소에서 일정한 방법으로만 해야한다는 것은 아니다. 그래도 오랜 전통을 가진 이 제도를 중요시해야 할 것만은 다시 말할 필요가 없는 것이다.

따라서, 안거 중에는 몸만의 안거가 아니라 전심(專心)으로 수행을 해야 할 것이다. 그러는 사이에 악과 선도 없을 것이며, 시비도 없고 친함과 친하지 않음도 없을 것이며, 혼탁(混濁)과 정화(淨化)도 있을 수 없을 것이며 오로지 순수한 생활이 있을 따름인 것이다. 이러한 의미에서 안거의 첫 날과 끝마치는 날에는 가장 도가 높은 분이 상당법문(上堂法門)을 하고 격려와 문제를 제시하며 구순간(九旬間)의 공부의 향상 정도를 시험하는 것이다. 불교를 수행하는 이는 비단 이러한 제도화한 안거 뿐만 아니라, 자유의 안거에 삼매(三昧)로 비약해야 할 것이다. *

13. 공 안(公案, 〈화두(話頭)〉)

선가(禪家)의 전문 용어에 공안(公案)이라는 말이 있다. 고칙(古則)이라고도 하며 우리 나라에서는 화두(話頭)라는 말을 많이 쓴다.

이것은 선(禪)을 닦는 사람들이 참구공부(參究工夫)해서 불교의 심오한 이치를 깨닫는 황홀한 경지에 들어가게 하는 문제를 말하는 것이다. 다시 말하면, 우주의 진리에 사무쳐서 부처님과 같이 두뇌가 밝아지게 하는 방법의 하나라는 것이다.

공안은 선 공부를 닦아서 깨달은 사람들이 그 깨친 경지를 표현한 언어나 행위를 가르친 데서 유래한 것이다.

예를 들면, 마조도일(馬祖道一)이라는 대선사에게 한 승(僧)이 와서 묻기를 "화상(和尙)께서는 어째서 즉심 즉불(即心 即佛)이라 하십니까?"하니, 마조선사의 답이 "어린 아이 울음 그치게 함이니라." 하였다. 승이 다시 묻기를 "울음을 그쳤을 때는 어떻게 합니까?"하니 답하기를, "비심비불(非心非佛)이니라." 하였다. 어째서 마음도 아니고 부처도 아닌가 하는 것이 문제가 되는 것이다. 이것을 전심 전력으로 마음을 닦아 도를 연구하면 깨달음의 경지에 이르게 되니, 이러한 종류가 천 칠백이나 있다.

그래서, 공안은 깨달은 사람들의 언어나 행동에는 오직 깨달음의 경지에만 머물러 있을 뿐 다른 사람들에게는 그것을 보여 주겠다는 아무런 의사가 없는 것이다. 그러나, 때에 따라 특별히 다른 사람을 위해서 자기의 깨달은 심경을 보여 주는 말과 행동이 있다. 이러한 언어 행동은 오로지 깨달은 경지에서 나타나는 것이므로 깨닫지 못한 사람들은 전혀 이해를 못하는 것이다.

이러한 의미에서 공안은 깨달은 사람과 깨닫지 못한 사람의 분별을 해 주는 표준적 작용을 하는 것이다. 그리고, 깨닫지 못한 자로 하여금 자극을 주어서 의심을 일으키게 하여 깊은 사색의 경지에 몰입하게 해서 다시 깨달음의 경지에 도달하게 하는 매개적 작용을 하는 것이다.

공안이라는 문자의 유래는 명나라 중봉(中峰)이라는 사람이 그의 저서 〈산방야화(山房夜話)〉에 자세히 기록하고 있다. 즉, 공안은 국가의 법률과 같아서 법률이 잘 행하여질 때에 천하가 바르고 왕도가 어지럽지 않게 다스려지는 것과 같이, 중생들에게도 착한 기틀이 있어서 부처의 교화를 받을 만한 인연인 불조(佛祖)의 기연(機緣)인 공안이라는 것도 이와 같아서 한 사람의 생각이 아니라, 영혼의 근원을 알아서 묘한 가르침에 합하고 생사를 타파하며 정경(情景)을 초월한 삼세시방백천(三世十方百千)의 불보살과 의견을 같이하는 이치를 말하는 것이라 하였다.

이와 같은 공안의 수행법이 당으로부터 신라에 들어와서 구산(九山)의 대성행을 보았으며, 지금까지 전통을 이어가고 있다. 근본 원리에서 볼 때, 부처님 49년 설법과 역대 조사의 간곡한 공안 지도도 바람 잔잔한 가운데 물결이 일어남이라 하였으니, 이것은 삼라만상이 모두 깨달음의 경지라는 현성공안(現成公案)의 입장에서 말하는 것이다. ＊

14. 등 명(燈明)

등명(燈明)은 등불을 가리키는 범어(梵語) dipā를 번역한 것이다. 실내를 밝히는데 쓰여지는 등불을 말하는 외에, 부처님 앞에 등불을 밝혀서 마음을 조초롭게 하고 그 공덕으로 선과(善果)를 얻어서 죽은 후에 삼십삼천(三十三天)에 태어난다는 〈시등공덕경(施燈功德經)〉에서 전하는 것과 같은 면이 있다. 이러한 의미에서인지, 절하고 경을 욀 때에는 물론, 밤과 낮의 구별없이 공양을 올리는 장명등(長明

燈)과 아울러 불존 공양의 재료와 기구로 지금도 널리 행하여지고
있다. 등명의 본래 의의는 〈대열반경 (大涅槃經)〉에서 전하는 바와 같
이 80 노령의 부처님께서 사랑하는 제자 아난타 (阿難陀)에게 「수행자
는 자기의 몸과 마음을 반성하기를 게을리 하여서는 안되며, 법 (法)
에 생각을 간절히 하여 현세의 기쁨과 슬픔, 그리고 욕심을 버려야
하느니라. 그리고 지금이나 내가 세상을 떠난 후나 자기 자신을 의
지하고 남에게 의지하지 말 것이며, 또는 법을 등으로 하여 법에 의
지하고 살 것이며, 다른 것에 의지하여 살지 않는 수행자라야 진실
한 수행자이다.」라고 하신 데서 원인한 것이라 전하여 지고 있다. 이
것을 이른바 자등명 (自燈明)·법등명 (法燈明)의 이등명훈계 (二燈明
訓戒)라 하여 근본 사상을 간단 명료하게 표현한 것이며, 불교의 무
신론적 사상의 근거가 된 것이다.

　이렇게 기원한 등명의 사상이 의식으로 변하여 연등회 (燃燈會),
천등불사 (千燈佛事), 만등회 (萬燈會) 등의 불사 (佛事)로 전하여지고
있으며, 사상적으로는 등명은 어둠을 밝게 하고 깨닫지 못함을 지혜
롭게 한다는 것에 비교하고 있어서 아미타불의 무량광 (無量光)에도 결
부되고 있다. 부처님의 혜명 (慧命)을 이어받은 사람에게는 법맥 (法
脈)을 계승하였다 하여 법등상속 (法燈相續), 등등상속 (燈燈相續),
전등 (傳燈)이라 하는 것이다. 밀교 (密敎)에서는 등명을 의인화하여
금강등보살 (金剛燈菩薩)이라 하였다.

　등명에 대한 문학적 설화로는 〈법화경 (法華經)권 7〉에 전하는, 손
가락 하나를 태워서 불탑에 공양하는 사람은 모든 재보 (財寶)를 공양
하는 것보다 나은 것이라는 약왕보살 (藥王菩薩)의 고사가 있으며, 〈현
우경 (賢愚經)권 3〉에 전하는 바에 의하면 가난한 여인의 정성어린
하나의 등공양은 왕이 바친 만 개의 등보다 꺼지지 않았다는 소위 빈
자일등 (貧者一燈), 장자만등 (長者萬燈)의 설화 등이 있다. 가람 (伽
藍) 제도에서도 등불의 위치가 비중을 높이 하고 있으며, 그 유품이
예술적으로 높은 평가를 받은 것은 이러한 등명의 사상적인 면에 근
거를 둔 영향이라 할 수 있는 것이다.

　우리는 자기 자신의 등불에 의지하고 법의 등불에 의지해서 하루
빨리 영원 불멸의 지혜로운 등 (燈)을 몸소 체험하여야 할 것이다. ✻

184

15. 분소의(糞掃衣)

　　불교는 현실의 고통을 통감하고 그 근원이 우리들의 마음 속에 일어나는 애락의 생각이라 깨닫고 이것을 해탈하고자 수행하는 데 그 목적이 있는 것이다. 이러한 의미에서 부처님께서는 제자들의 수도 생활을 하는 지침으로 의식주에 대한 애착심을 버리게 하는 데 힘쓰셨다.

　　의식주 중에도 가장 집착하기 쉬운 의복에 대해서 엄하게 단속을 하였으니, 그 때 정한 평상복이 분소의(糞掃衣)라는 것이다. 글자대로 풀이하면 화장실 청소할 때 입을 옷이라는 뜻이지마는, 그 재료가 무덤 근처에나 쓰레기 속에서 골라낸 천조각을 모아 제작한 남루한 누더기인 것이다. 사람들이 쓰다 버린 것을 깨끗이 세탁하고 소독해서 재생시켜 사용한다는 숭고한 생각에서, 또 의복에 대한 애착심을 버리게 한 데서 이 분소의류를 장려한 것이다.

　　부처님 10대 제자인 아난존자는 한평생 동안 분소의만 입은 분으로 지계제일의 칭호를 받게 된 것은 다 아는 이야기로 되어 있다.

　　그러나, 많은 제자들이 분소의만 상용(常用)하기가 곤란하다 해서 본래의 재료를 변경해서 아마포(亞麻布), 금포(綿布) 등으로도 지어 입게 허락하였다. 또, 뒤에는 신도들이 정성껏 보시하는 분들이 많아져서 어떤 제자들은 여러 벌의 분소의를 가지게 되는 것을 깨우쳐 한 벌 이상은 가지지 못하게 하였다.

　　그러나, 예의(禮儀)의 식전(式典), 또는 초청받아 외출할 때와 계절에 따라 입는 내의(內衣)만은 용서하여 3의로 제한하였고, 식기 하나로 부처님 제자들의 전재산을 삼았으니 이 얼마나 청빈한 모습인가를 알 수 있다.

　　때에 따라 부처님께서는 분소의 외에도 우안거(雨安居) 때만이 사용하는 조그마한 우의와 종기같은 병이 났을 때 입는 복명의(覆明衣)와 겨드랑에 심한 땀을 막는 엄액과 비구니만이 사용하는 욕의(浴衣)가 있었던 것도 분소의의 평복만으로는 불편했다는 것을 전해 주는 말이다.

　이와 같이, 부처님 당시 불교를 수도하는 제자들의 복장은 청초하고 간결하면서 시은(施恩)의 무거움을 생각해 온 것이다. 하지만 장소와 시기가 다르다 하여, 부처님 당시의 제자들의 의복과 지금 불제자들의 의복이 너무나 거리가 먼 것은 생각해 볼 일이다. ＊

16. 대비원(大悲院)

　부처님의 대자대비하신 사상을 이어받아 헐벗고 굶주리고 늙고 병들어 의지할 곳 없는 사람들을 돕는 일이 불교 교단내에서 성행하였다.

　인도에서 비롯한 이 사업은 중국을 거쳐 우리 나라에까지 번지게 된 것이다. 중국의 당나라 때에는 이 사업이 국영화에까지 확대되기도 하였다.

　처음에는 각 사원에서 승려들이 독자적으로 운영했으나, 뒤에 정부의 운영으로 옮겨 갔을 때에는 돈이나 곡식을 기본 자원으로 하고 그 이자를 경비로 쓰는 것이 통례였다.

　이와 같은 아름다운 풍습이 우리 나라로 들어오기는 삼국시대부터였으나, 고려 때 와서 본격화되었다. 가난하고 병든 사람들을 돕는 것은 말할 것도 없고 갑자기 위급을 당한 수재민, 화재민, 유행병 환자들을 위해서 세워진 절을 대비원(大悲院)이라 불렀다.

　처음 시작된 연대는 알 수 없으나, 송도(松都 : 개성)에 동서(東西)의 두 대비원을 두고 불교계에서는 굶주리고 병들어 의탁할 곳 없는 사람들을 수용하고 의복과 음식, 약품을 무료 제공하였다.

　기록된 바에 의하면 고려 정종 2년(1036) 이후부터 더욱 내용을 충실히 갖추어서 많은 사람들에게 혜택을 받게 하였다.

　이 대비원 사업에 영향받은 정부는 혜민국(惠民局), 제위도감(濟危都監), 구급도감(救急都監), 진제도감 같은 기관을 세워 대비원과 같은 선행을 베풀기도 하였다.

그리고, 대비원은 조선 초기까지 계승되었으나 중엽에 들어서 불교를 탄압하고 후기에는 사원을 성문 밖으로 몰아내는 틈에 자연히 이 사업도 중단되고 말았다. 그래서, 이 사상을 이어받은 조선 말기의 각 사원에서는 과거 대비원에 못지 않는 사업을 단독으로 행하고 그 허다한 미담들을 남기고 있다. 서울에서 가까운 곳의 예를 보더라도 한강 건너 봉은사(奉恩寺)에서는 해마다 아우성치는 홍수 때면 모든 절이 들고 나서서 구제사업에 헌신하는 것들이 그 유풍(遺風)의 하나라 할 수 있다.

이와 같은 아름다운 전통을 본받아 이 사상을 되살려서 메마른 우리 사회를 부드럽고 아름다운 사회로 이룩했으면 하는 생각 간절하다. **✻**

17. 관불회(灌佛會)

부처님께서 탄생하신 4월 8일을 경축하기 위해서 불상(佛像)을 목욕시키는 것을 관욕회(灌浴會), 또는 관불회(灌佛會)라 부른다.

부처님은 태어나실 때 한 손은 하늘을 가리키고 한 손은 땅을 가리키면서 '천상천하유아독존(天上天下唯我獨尊)'이라 외치셨다. 관불회(灌佛會)는 이른바 지천지지상(指天指地像)을 작고 아담하게 차린 단에 모시고 향수(香水)로 부처님 머리에서부터 목욕을 시켜드리는 행사이다. 이것은 부처님의 탄생을 경축하는 불교도(佛敎徒)들은 말할 나위도 없거니와, 일반 사람들도 이로 인해서 불교와 인연(因緣)을 맺고 따라서 자기 자신의 때묻은 속진(俗塵)을 씻고 깨끗하고 맑은 생활을 해보려는 맹세의 표현이기도 한 것이다. 이런 이유로 관불회는 인도, 중국 등에서 성탄을 경축하는 연중 행사의 하나였다. 우리 나라에서도 일찍이 연등회(燃燈會)와 아울러 관욕회(灌浴會)가 거국적으로 성탄 경축행사로 행하여졌다. 그러나, 조선 후반기의 불교 말살 정책에 의해서 이 성스럽던 행사도 우리들 풍속에서 차차 그 자취를 감추게 되었다. 이제 다시 이 행사가 일어난다 해서 결코 이상한 것은 아니다. 이 관욕회의 인연을 기록한 성전(聖典)들은 많이 전해지고 있다. 그 중에도 특히 〈마하찰두경(摩訶刹頭經)〉, 〈욕불조덕경(浴佛助德經)〉 등은 그 방법을 자세히 설명하고 그 공덕이 큰 것을 강조하였다. 비단 개개인의 부귀영화(富貴榮華), 무병장수(無病長壽)를 말했을 뿐 아니라, 이 관욕을 함으로써 온 나라가 태평하고 온 백성이 평안하게 살 수 있다는 호국애족(護國愛族)적인 사상도 담겨 있는 것이다. 이 밖에도, 인도 기행문으로 이름난 〈남해기귀전(南海奇歸傳)〉과 〈법현전(法顯傳)〉에도 인도에서 행하던 이 행사의 모습을 전하고 있으며, 중국에서 저술된 불조통기(佛祖統記)〉나 〈위서석노지(魏書釋老志)〉에도 거국적 행사의 모습을 전하고 있다.

이러한 역사적인 전통을 가진 경축 행사가 이제 다시 일어나게 되었다. 깨끗하게 불단(佛壇)을 차리고 그 위에 지천지지상(指天指地像)을 모셔 향수로 관욕(灌浴)을 하면서 부처님 탄생을 경축하고 자기 자신의 어두움을 씻고 밝게 삶을 맹세해 보는 것이다. 여기에 우리는 부처님의 대자대비(大慈大悲)하신 은혜 그늘에서 삶을 가진 것을 기뻐하는 것이다. *

18. 선 서(禪書)

우리의 마음을 밝히려고 좌선(坐禪)을 하는 것은 우리 나라의 오랜 전통에서 증명되고 있다.

선이란 무엇인가를 이해하기 위해서는 그 해설서 또는 입문서인 선서(禪書)가 문제되는 것이다.

선(禪)에는 인도적인 것과 중국적인 것이 있어서 서로 상당한 차이를 보여 주고 있다. 중국에서 이루어진 선종(禪宗)의 주장을 보면 불립문자(不立文字), 교외별전(敎外別傳)이라 하여 소의(所依)의 경전을 부인하고 있다.

그러나, 불교 종파의 하나인 선종에 그 사상적 근본이 되는 경전이

188

없다 할 수 없으며, 선(禪)을 사상적으로 표현할 때에는 그 논서가 성립되는 것이다. 그래서, 인도에서 처음 이루어진 경이 〈수행도지경(修行道地經)〉이며 안 세고(安世高)가 중국에서 처음으로 번역하였다. 안 세고는 소승선(小乘禪)의 실수자(實修者)이며 처음으로 중국에 선을 전해 준 사람이다. 그 뒤 여러 훌륭한 번역가들이 선경(禪經)을 많이 번역함에 따라 중국의 선(禪)이 크게 행해지는 기반이 되었던 것이다.

그러나, 5세기 말에 달마조사(達磨祖師)가 인도에서 대승선(大乘禪)을 전함으로부터 소승선(小乘禪)은 자연히 없어지고 대승선이 한 종파를 이루게 된 것이다. 달마조사는 선(禪)을 실천하였을 뿐만 아니라, 선의 이론가로서 관심론(觀心論) 등외에 여러가지 선서(禪書)를 지었으며, 특히 〈능가경〉을 애독하였다는 것이 여러 기록에 전해지고 있다.

5조홍인(五祖弘忍)은 〈능가경〉과 〈금강반야경(金剛般若經)〉을 소의로 해서 종풍(宗風)을 펼쳤으니, 즉 능가경의 여래선(如來禪)으로부터 반야의 선으로 사상적 발전을 보게 되었다. 6조 혜능(慧能) 때에 선종의 어록(語錄)이 나오게 되었으며 당대에 들어서는 선사상의 완성을 이루었고, 이 때 우리 나라에도 선종(禪宗)이 들어오게 된 것이다.

불립문자, 교외별전(不立文字, 敎外別傳)의 선종에서 어느 종파보다 전적(典籍)이 많은 것은 선의 사상적 표현이 성행하였고, 내용이 풍부하다는 것을 의미하는 것이다. 선의 사상과 실천은 구별되어야 할 것이나, 대부분의 선서(禪書)가 선의 실천에서 근거한 것이므로 서로 구별지을 수 없는 것이다. 그래서, 선을 이해하는 데는 어서(語書)를 들쳐보는 외에는 방법이 없는 것이다.

우리 나라의 선서로서는 〈수심결(修心訣)〉, 〈선가귀감(禪家龜鑑)〉 등의 입문서가 있고, 중국 것으로는 〈6조단경(六祖壇經)〉, 〈전심법요(傳心法要)〉 등이 있다. ✽

19. 신·해·행(信·解·行)

불교의 궁극 목적은 부처님의 도(道)를 이루어 성불(成佛)하는 데 있다. 우리는 누구나 부처님의 깨달음의 경지에 도달하여 부처님과 같은 성인(聖人)이 될 수 있다는 것이다. 다시 말하면, 우리의 두뇌가 밝아지면 부처님과 같은 밝은 빛을 우주에 비칠 수 있다는 것이다. 이것은 다른 종교에서는 볼 수 없는 불교의 독특한 면이며, 다른 종교와 비교할 수 없는 성격의 우수성을 말하는 것이다.

부처님은 번뇌(煩惱)가 없는 무루(無漏)의 바른 지혜로 우주의 진리를 행하여 얻고 그 진리에 따라서 행동하는 성자인 까닭에 우리들은 가장 높은 이상으로 우러러 받드는 것이다.

따라서, 우리들은 그와 같은 경지에 도달하고자 갈망하는 것도 당연한 일이다. 그러나, 우리가 부처님의 깨달음의 경지에 도달하지 못하는 원인이 무엇인가? 이는 우리들이 확고한 마음의 중심이 없는 까닭이라 하겠다.

마음의 중심이라는 것은 부처님의 교법(敎法)을 신앙하고, 부처님의 교법을 이해하고, 부처님의 교법과 같이 실천하는 것이다. 이 세 가지의 중요한 요소가 없이는 성불의 이상 경지(理想境地)에 도달함은 기대할 수 없는 것이다.

부처님의 교법을 신앙함으로써 인생의 고통을 없애고 영원한 낙을 얻을 수 있으며, 부처님의 교법을 이해함으로써 우리들의 머리에 어두운 검은 구름을 씻고 광명의 깨달음을 나타낼 수 있으며, 부처님의 교법에 따르고 이를 지키며 실행함으로써 악을 버리고 선을 닦을 수 있는 것이니, 이것이 불교의 삼대강령(三大綱領)이다.

이와 같은 신·해·행의 세 가지는 종교적이고 신앙적인 면이요, 철학적인 인식, 즉 이해의 면이며, 도덕적인 순수 실천의 면인 동시에 우리들의 정신 작용인 정(情—信仰), 지(智—認識), 의(意—道德, 修行)의 세 가지 면이기도 한 것이다.

신(信)은 도에 입문하는 제일 첫걸음이다. 그래서, 보살이 수행하는 52위(位) 중에도 열 가지 믿는 자리(十信位)가 제일 처음의 자리이며, 〈화엄경(華嚴經) 권 6〉현수보살품(賢首菩薩品)에는 신(信)은 도(道)의 으뜸이며 공덕의 어머님이라 하였으며, 〈지도론(智度論) 권 1〉에는 불법대해(佛法大海)에는 신(信)을 능입(能入)으로 하고 지(智)를 능도(能度)로 한다고 한 것이다.

요해(了解)는 견문 학습에 의해서 불교의 진리를 이해하는 것이며, 진리를 지해(智解)함에는 관심 수행하는 실천행이 없으면 이루어지지 않는 것이다. 그래서, 해행(解行)이 상응상자(相應相資)하는 것이 새들의 두 날개와 같고 수레의 두 바퀴와 같은 것이다. 해행은 오직 확고한 신앙심에서 출발하는 것이니, 신·해·행(信解行)은 서로 떨어질 수 없는 관계에 있음을 알 수 있다. ✻

20. 인욕행(忍辱行)

어떠한 모욕이나 고통, 번뇌나 또는 박해를 받고도 견디고 참아 마음이 움직이지 아니하는 것을 인욕(忍辱)이라 한다.

사람은 누구나 자기에게 이롭게 하고 칭찬을 하면 좋아서 기뻐하고, 해를 끼치고 모욕을 주면 싫어서 화를 내는 것이다. 이러한 사람들을 가리켜 범부(凡夫)라 한다. 그러나, 불교에서는 견디기 어려운 것을 능히 견디고 참아서 마음을 흐트리지 않고 평안하게 하여 자기 본래의 면목을 밝히는 데 힘쓰라고 가르치고 있다. 이것은 말로는 누구나 행하기 쉬운 듯하나, 실천에 옮기기에는 지극히 어려운 것이기에 옛 성현들은 이를 간곡히 권했고, 몸을 닦아 도를 행하는 묘(妙)를 여기에 두었던 것이다. 그래서 해동 성인(海東聖人)으로 존경을 받는 원효 대사는 몸을 닦고 수행함에 처음 뜻을 두는 사람들을 위하여 지은 발심수행장(發心修行章)에서,

"자락(自樂)을 능사(能捨)하면 신경여성(信敬如聖)이요, 난행(難行)을 능행(能行)하면 존중여불(尊重如佛)이라"하였다. 스스로 받을 수 있는 모든 즐거움을 헌신짝같이 버린다면 사람들은 그를 성인이

라 믿고 존경할 것이며, 사람으로서 행하기 어려운 것을 참고 견디
어 행한다면 부처님같이 존중할 것이라는 뜻이다.

그리고 다시, "세락(世樂)이 후고(後苦)이어늘 하빈착재(何賓着
哉)며, 일인(一忍)이 장락(長樂)이어늘 하불수재(何不修哉)이오"라
고 하였다. 세상 사람들이 즐기고 애착을 가지는 것은 뒷날에 반드
시 고통을 받을 종자가 되거늘 어째서 지긋지긋하게 탐을 내고 있는
가. 아무리 어려운 것이라도 한 번만 참으면 즐거움은 영원할 것인
데 어째서 이것을 닦지 아니하는가 하는 경책(敬策)을 후세에 남기
고 있다. 인욕행은 이와 같은 의의를 갖고 있어서, 6 바라밀(六波羅
蜜) 또는 10 바라밀(十波羅蜜)의 하나를 차지하였고, 여러 경전에도
이를 분류해서 해설하고 있다. 이를테면, 어떠한 박해나 좋은 대우
를 받고도 이에 조금도 마음이 끌리지 않는 것을 중생인(衆生忍)이
라 하고, 모든 것은 공(空)한 것이며 실상 그대로라는 진리를 알아
마음을 편하게 갖고 움직이지 않는 것을 법인(法忍)이라 하여 2인
(二忍)을 설한 〈지도론(智度論)〉이 있고, 세간인(世間忍), 출세간인
(出世間忍)의 2인을 말하는 〈지장십륜경(地藏十輪經)〉이 있으며, 3
인, 4인, 5인, 6인, 10인 등을 말한 경전도 있다. 우리는 한 번
참는 것이 자기 인격을 닦는 기초가 될 뿐 아니라, 온 인류가 행복하
게 살 수 있는 길이 된다는 것을 명심해야 할 것이다. ✳

21. 십 인(十忍)

인(忍)이라 하면 자기의 마음에 거슬리는 일에 대하여 명심(瞑心)
을 내지 않고 인내(忍耐)한다는 뜻도 있지마는 도리(道理)에 안주
(安住)하여 마음을 움직이지 않는다는 뜻도 있다.

불교에서는 이러한 인(忍)을 「2인(二忍)」「3인(三忍)」「4인(四
忍)」「5인(五忍)」「6인(六忍)」또는「10인(十忍)」등 여러 가지로
분류해 놓고 있는데, 그 중 십인(十忍)은 보살이 무명 번뇌를 끊고
온갖 법이 본래 적연(寂然)한 줄을 깨달을 때에 생기는 열 가지의

안주심(安住心)을 분류한 것으로 이제 그 열 가지를 설명하자면 다음과 같다.

① 음성인(音聲忍), 음향인(音響忍) : 여러 부처님네가 설법하는 소리에 의하여 진리를 깨닫고 안주(安住)하는 것.

② 순인(順忍) : 지혜로써 온갖 법을 생각하고 관찰하여 진리에 수순(隨順)하는 것.

③ 무생인(無生忍) : 불생불멸(不生不滅)하는 진여법성(眞如法性)을 증득하여 결정 안주(安住)하고 온갖 법의 형상을 여의는 것.

④ 여환인(如幻忍) : 온갖 법은 인연(因緣)에 의하여 생기는 것으로 그 성품이 적멸(寂滅)한 것이 마치 환(幻)과 같은 줄을 알고 안주하는 것.

⑤ 여염인(如焰忍) : 물(物)·심(心)의 현상은 모두 아지랑이와 같이 잠시적인 존재에 불과하므로 그 본성이 공적(空寂)한 것이라고 알고 안주하는 것.

⑥ 여몽인(如夢忍) : 범부(凡夫)의 망령된 마음은 꿈 속의 경계와 같이 진실성이 없는 줄 알고 안주하는 것.

⑦ 여향인(如響忍) : 범부(凡夫)의 귀에 들리는 언어나 음성은 인연에 의해서 생긴 것이므로, 메아리와 같이 진실됨이 없는 줄 알고 안주하는 것.

⑧ 여영인(如影忍) : 범부(凡夫)의 몸은 오온이 모여 생긴 일시적인 집합체로서 진실성이 없는 것이 마치 그림자와 같은 줄 알고 안주하는 것.

⑨ 여화인(如化忍) : 온갖 법은 생(生)하고 멸(滅)하고 변화(變化)하는 것으로, 있는 듯 하다 가고 없고, 없는 듯 하다가도 있어서 마치 변화하는 사상과 같으므로 그 실체(實體)가 없는 줄 알고 안주하는 것.

⑩ 여공인(如空忍) : 세간(世間), 출세간(出世間)의 온갖 법은 마치 허공과 같아서 붙잡을 수 있는 실체가 없는 줄 알고 안주하는 것. ✻

22. 불교의 사회도덕〔사섭법 (四攝法)〕

불교가 가리키는 사회도덕 (社會道德) 규범을 사섭사 (四攝事) 또는 사섭법 (四攝法)이라 하여 사람들이 서로 친목하며 결합해서 복지사회 건설의 조건으로 삼고 있다. 즉, 보시와 애어 (愛語)와 이행 (利行)과 동사 (同事)의 네가지 덕목 (德目)을 말하는 것이다.

첫째의 보시 (布施)라는 것은 성현 (聖賢)은 우매한 사람에게 법을 베풀어 주고, 부자는 없는 사람에게 재물을 주고, 힘있는 사람은 힘 없는 사람에게 힘을 나누어 주어서 서로 도와서 살기 좋은 복지사회를 건설하라는 뜻이다. 〈대무량수경 (大無量壽經)〉의 유무상통 (有無相通)이라는 것이 이것을 말하는 것이다.

둘째의 애어 (愛語)라는 것은 아침 저녁의 인사로부터 사교 (社交)에 이르기까지 서로 돕고 서로 사랑하는 생각으로 친절하고 부드러운 말씨로서 사람을 접 (接)하고 서로 위로하라는 것이다. 그래서 더욱 명랑한 사회를 건설하며,

셋째의 이행 (利行)은 공익이라는 뜻이며 사회에 봉사하라는 것이니, 사람은 누구나 사회 생활을 영위 (營爲)하고 있는고로 사회에의 봉사를 잊지 말고 개인주의를 고집하지 말라는 것이며,

넷째의 동사 (同事)라는 것은 단체나 상대편에 잘 동화융합 (同化融合)한다는 뜻이다. 단체의 규율에 따르고 관습에 따라서 행동하며 잘 동화 (同化)하라는 것이다. 이것은 단체 생활의 덕목 중 가장 중요한 것이라 하였고, 이 정신이 없으면 단체는 성립할 수 없다고까지 하였다.

부처님은 항상 법에의 동화를 권하였다. 그래서 방정 (方正)한 마음씨로써 개인이나 단체의 편의에 따른다는 뜻으로 방편행 (方便行)이라고도 하였다. 어린이를 대했을 때는 같이 어린이가 되며 부인을 대했을 때는 부인이 되며 단체에 대해서는 단체인이 되어서 상대를 감동시키고 사심이 없이 바른 마음으로 동화되어 고칠 것은 고치고 깨우칠 것은 깨우쳐 주라는 것이다. 관세음보살 (觀世音菩薩)의 보문시

현(普門示現)은 이 동사(同事)의 덕목을 극도로 발전시킨 것이라 할 수 있는 것이다.

〈중아함경〉의 「수장자경(手長者經)」에 보면 수장자가 부처님 당시 이 사섭사(四攝事)를 잘 실천해서 훌륭한 복지사회를 이룩하고 칭찬을 받은 것이 전해지고 있으며, 대승불교(大乘佛敎)에서도 구도자가 중생을 섭수(攝受)하는 데 관애(觀愛)하는 마음을 일으켜 불도에 이끌어 들이는 방편(方便)으로 삼고 있다. 이 불교의 사회도덕관은 때의 고금과 곳의 동서를 막론하고 인류 평화의 실천 덕목으로 일관되고 있는 것이다. **＊**

23. 48경계(四十八 輕戒)

〈범망경〉에 보면 대승 보살이 지니는 계(戒)로 다음과 같은 48종의 가벼운 계율이 있다.

1. 스승과 벗을 공경하라.
2. 술을 마시지 말라.
3. 고기를 먹지 말라.
4. 5신채(五辛菜), 즉 마늘·부초·파·달래·홍거를 먹지 말라.
5. 계를 범한 이는 참회시켜라.
6. 법사에게 공양 올리고 법을 청하라.
7. 법문하는 데는 참석하여 들으라.
8. 대승을 잘못 여기지 말라.
9. 병든 이를 잘 간호하라.
10. 죽이는 기구를 마련해 두지 말라.
11. 나라의 사신이 되지 말라.
12. 나쁜 마음으로 장사하지 말라.
13. 비방하지 말라.
14. 불을 놓지 말라.
15. 다른 법으로 교화하지 말라.

16. 이양(利養)을 탐내지 말고 옳게 가르처라.
17. 세력을 믿고 달라고 하지 말라.
18. 아는 것 없이 스승이 되지 말라.
19. 두 가지로 말하지 말라.
20. 팔려가 죽거나 고생할 것을 사서 놓아 주고 죽을 것을 구제하라.
21. 성내고 때려 원수를 갚지 말라.
22. 교만한 생각을 버리고 법문을 청하라.
23. 교만한 생각으로 일러 주지 말라.
24. 불법을 잘 배우라.
25. 대중을 잘 통솔하라.
26. 혼자만 이양을 받지 말라.
27. 별청(別請)을 받지 말라.
28. 나쁜 업으로 삼지 말라.
29. 스님네를 별청(別請)하지 말라.
30. 좋은 때를 공경하라.
31. 값 치르고 구해내라.
32. 중생을 해롭게 하지 말라.
33. 나쁜 것을 생각하지 말라.
34. 잠깐이라도 소승을 생각하지 말라.
35. 원을 세워라.
36. 서원을 세워라.
37. 위험한 데 다니지 말라.
38. 높고 낮은 차례를 어기지 말라.
39. 복과 지를 닦으라.
40. 가려서 계를 일러 주지 말라.
41. 이양을 위하여 스승이 되지 말라.
42. 계받지 않은 이에게 포살하지 말라.
43. 계(戒) 범할 생각은 하지 말라.
44. 경전에 공양하라.
45. 중생을 항상 교화하라.

46. 높은 상에 앉아서 법문하라.
47. 옳지 못한 법으로 제한하지 말라.
48. 불법을 파괴하지 말라.

현대인들에게 이와 같은 48경계를 전부 지켜 달라고 할 수는 없지만, 이 중에는 사회 각층의 사람들의 가슴을 뜨끔하게 하는 구절도 많고 또 각자의 인격 완성에 큰 도움이 될 수 있는 것도 많다. *

24. 오 악(五惡)

부처님께서 설하신 여러 경전에서는 세상의 악(惡)을 여러 갈래로 분류하고 비판하여 착한 일을 하도록 권하고 있는 것이 하나의 상례로 되어 있다.

그 중에도 〈대무량수경(大無量壽經)〉이라는 경전의 끝에 보면 다섯 가지의 세상의 악을 열거하고 세상을 통탄하면서 착한 곳으로 인도하고 있다.

① 이 세상에 살고 있는 사람은 물론 벌레 짐승에 이르기까지 서로 죽이고 잡아먹고 하여 우승열패(優勝劣敗)의 생존 경쟁을 하고 있다. 그리고, 부자는 가난한 사람을 괴롭히고 약자는 강자의 밥이 되어 있으니 참으로 통탄할 일이라 하였고,

② 또, 이 세상에 살고 있는 사람들은 부자(父子), 형제, 부부의 사이에는 의리, 인정이 조금도 없어서 자칫하면 제 마음대로 고집을 부리고 있다. 입으로 말하는 것과 마음으로 생각하는 것은 아주 딴판으로 성의가 없고 미워하고 속이고 비방하고 아첨하는 것을 능사로 삼고 있으니 참으로 통탄할 일이라 하였으며,

③ 사람이 아무리 오래 살아도 50살에서 100살 사이까지 밖에 못 사는 무상(無常)한 인생임은 알지도 못하고 욕심을 부려서 남의 것을 탐내고 자기의 이익만 생각하고 있다.

그리고, 일시적 향락인 정욕에 빠져서 항상 음탕한 생각만 하고 있으며 법률과 도덕은 생각하지 않고 있다 하였고,

④ 착한 사람을 미워하고 어진 사람을 헐뜯고 부모에게 효도하지 않고 스승을 존경하지 않는다. 잘못을 저지르고도 추호도 부끄러워함을 모르며 전생에 닦은 착한 종자를 금생에서 다 녹여 없애니 참으로 통탄할 일이라 하였고,

⑤ 사람들이 게을러져 정신 같은 것은 조금도 생각하지 않고 생계에 필요한 일도 하지 않고 부모 형제, 처자를 굶게 하고 거지가 되게 하며 부모가 타이르면 두 눈을 부릅뜨고 오히려 화를 내니 이 어찌 통탄하지 않을소냐. 이것이 바로 지옥이니라 하였다.

이와 같이 세상 악(惡)을 다섯 가지로 설명한 것은 수천년 전 인도의 사정을 그린 것이라 하겠으나, 어쩌면 현재 우리들이 살고 있는 사회를 참으로 비슷하게 표현한 것인지도 모르겠다.

이 절망 세계의 정반대인 이상 세계가 우리 눈앞에 전개되어 있으니 그것이 바로 대자대비(大慈大悲)한 부처님의 세계인 것이다. *

25. 오역죄(五逆罪)

불교 술어 중 무거운 죄를 짓고 영원히 지옥고를 면하지 못하는 것을 오역죄라 한다.

아버지, 어머니를 죽이고, 불법을 바로 깨친 성자 아라한(阿羅漢)을 죽이고, 고의로 교조 부처님의 몸에 피를 흘리게 하고, 화합스러운 승단을 파괴하려는 것 등의 다섯 가지 중죄를 범한 것을 말하는 것이다. 부모를 죽인 사람은 보은의 은혜를 반역한 까닭이며, 부처님과 아라한을 상해하고 화합한 승단을 파괴한 것은 공경의 공덕(功德)을 반역한 까닭인 것이다. 이와 같은 행위는 잠시도 쉬지 못하는 지옥고를 영원히 벗어날 수 없는 무간(無間) 지옥에 떨어지는 원인이 된다 해서 오무간업(五無間業), 또는 오불구죄(五不救罪)라고도 부른다.

이와 같은 오중죄 가운데서도 화합 승단을 분열 파괴한 죄가 가장 크다고 하였다. 그것은 부처님을 여의고 올바른 법을 위반하고 일체

의 선정(禪定)을 공부하는 사람들을 방해하는 까닭인 것이다. 그래서, 부처님 생존 시에 화합 승단을 파괴하고 부처님께 고의로 상해를 입힌 반역자라 전하는 제바달다(提婆達多)와, 소승부파 분열의 도모자인 대천(大天)을 들어서 오역죄를 범한 대표자라 전하고 있다.

이와 같은 오중죄는 소승불교에서 말하는 오역죄이며, 대승불교에서는,

(1) 사탑을 파괴하고 불경, 불상을 불태우고 삼보(三寶)의 재물을 탈취하거나 다른 사람을 시키거나, 또는 그와 같은 행위를 돕고 기뻐하는 것.

(2) 성문(聲聞)·연각(緣覺)의 소승불법과 대승불법을 비방하는 것

(3) 출가자가 불법을 수행하는 것을 방해하거나, 또는 출가자를 죽이는 것.

(4) 인과응보의 이치를 믿지 않고 십불선(十不善)을 행하여 죽은 후에는 내세(來世)가 없으니 두려워 할 것 없다 하여 다른 사람에게도 이와 같이 가르치는 것.

(5) 소승 오역죄 중 한 가지라도 범하는 것

등이라 하였다. 대·소승간에 많은 차이를 보이고 있으나, 이와 유사한 중죄를 들어서 같은 종류의 업(業)이라 하였으니,

(1) 어머니와 무학(無學)의 니승(尼僧)의 몸을 더럽히는 것.

(2) 주정(住定)의 보살을 죽이는 것.

(3) 학식이 높은 성자를 죽이는 것.

(4) 승단 화합(和合)의 인연을 깨치는 것.

(5) 탑파를 파괴하는 것 등이 그것이다.

이 다섯 무거운 죄의 대상들은 무간지옥에 떨어진다는 것이다.

이와 같은 문제가 불교에 야기된 때와 장소가 다른 현대에 있어서 죄목을 밝히고 무간지옥을 말할 때는 아니나, 오랜 전통을 자랑하는 오역죄의 개념이 교단 화합에 이바지한 것은 무시 못할 것이다. *

26. 정토문(淨土門)

사람은 누구나 두 가지의 근본적인 본능의 욕구가 있다. 그 하나는 생명에 대한 것이며, 또 하나는 지혜, 즉 광명에 대한 것이다. 그래서, 사람들은 현재의 제 1의 생명으로 만족하지 못하고 제 2의 생명, 또는 무한 생명을 바라마지 않는 나머지, 필경에는 이성을 그리워하게 되고, 마지막에는 현재의 생명까지 바치면서 제 2 생명의 연장에 광분하고 있다. 이와 동시에 사람은 밝아 보려고 무한히 노력을 하며 지혜를 얻고자 귀한 생명마저 돌보지 않는 것이다.

이와 같은 사람의 근본 욕구를 해결하기 위해서 불교에서는 정토문을 열고 일심으로 아미타불을 칭념하면 현실을 초탈한 광명과 수명을 얻을 수 있는 방편을 베풀어 놓았다. 아미타불이라는 말은 무량광 무량수라 번역되는 말이며, 무량의 광명과 무량의 수명을 소유하고 누구나 원하는 사람에게 베푸는 부처님이라 해서 아미타불이라 부르는 것이다. 〈무량수경(無量壽經)〉에 의하면, 아미타불은 과거 구원겁(過去久遠劫)의 세자재왕불(世自在王佛) 때에 국왕으로 태어나서 부처님의 설법을 듣고 무상도심(無上道心)을 발해서 나라와 왕위를 버리고 사문(沙門)이 되어 법장(法藏)이라 이름하고 48원을 맹서하였으며, 뒤에 정각을 이루어 현재 서방정토에 계시면서 누구나 아미타불의 명호를 일심으로 칭념하면 극락 정토에 태어나 무량의 광명과 수명을 받을 수 있게 한다고 하였다.

이와 같이, 서방정토 극락세계를 설정하고, 현재 그 곳에서 아미타불이 설법하고 있다고 신앙하는 불교의 한 종파를 정토문의 염불종(念佛宗)이라 부르고 있다.

그러나, 이와 반대로 이성을 주로 하여 유심(唯心)의 미타(彌陀)를 세우고, 마음 속에 정토를 건설하는 성도문의 여러 종파가 있어서 양문(兩門)이 이념을 달리하고 있다.

우리 나라에서도 이 정토 사상이 신라 시대부터 들어와서 여러 사람들이 즐겨 믿었으나, 선종과 같은 견성성불(見性成佛)을 내세우는 불교가 성행하면서부터는 나약한 부녀자들이 의타적으로 즐겨 섬겼고, 혈기왕성한 청년층들은 이에 반대되는 자주적인 자력문을 즐겨 받들게 되었다. 종파 문제로 어수선한 이 때, 우리는 의지할 바 나아갈 길을 잘 가려야 할 것이다. *

27. 육화경(六和敬)

불교의 진리를 깨치고자 수행하는 사람들이 서로 친절하고 화합하고 경애하는 여섯 가지 법을 세워서 육화경(六和敬), 또는 육위로법(六慰勞法), 육가희법(六可喜法)이라 한다.

불·법·승의 삼보 가운데 승을 승가(僧伽)라 하고 화합중(和合衆)이라 번역한 것은 이 육화경을 실천하는 사람들이 모여 있는 단체라는 뜻으로 쓰여진 말이다. 그래서 육화경이란 바로 승가의 실천 내용을 말한 것이다. 그 여섯 가지는 다음과 같다.

1) 신업동(身業同)

수도하는 사람은 육체의 행동으로써 서로 기쁘게 하고 위로하고 경애하며 화목하기를 함께 하며 누구나 다 불성(佛性)을 지녔으니 미래에는 반드시 성불한다는 것을 믿고 부처님 대하듯 서로 공경, 화목하라는 것이다.

2) 구업동(口業同)

수도하는 사람은 언어로써 서로 기쁘게 하고 위로하고 경애하며 화목하기를 같이 하며 서로 경애(敬愛), 화동(和同)하기를 부처님 대하듯 하라는 것이다.

3) 의업동(意業同)

수도하는 사람은 마음 속으로 서로 기쁘게 하며 위로하고 화경(和敬)하는 생각을 같이 해서 누구나 불성을 갖추고 있음을 알고, 부처님과 같이 화동, 애경하라는 것이다.

이상의 세 가지는 신(身)·구(口)·의(意)의 행위로써 서로 존경하라는 뜻이다.

4) 동계(同戒)

구도하는 사람은 계행(戒行)을 깨끗이 가져서 이를 어기지 말고 서로 함께 지켜서, 누구나 미래에 보리(菩提)의 대과(大果)를 얻을 것을 믿고 서로 공경하기를 부처님 대하듯 하라는 것이다.

5) 동행(同行)

동시(同施)라고도 하며, 구동하는 사람은 여러 가지 행을 서로 같이 닦아서 공덕을 쌓고 누구나 불도 성취하기를 믿고 서로 부처님 같이 믿고 화경(和敬)한다는 것이다.

6) 동견(同見)

수도하는 사람은 성지견(聖智見)으로 서로 같이 하여 틀림이 없고 누구나 종지월명(種智月明)을 얻어서 성불할 것을 믿고, 서로 공경하기를 부처님 대하듯 하라는 것이다.

이 세 가지는 자기가 스스로 얻은 청정한 계행에 의하여 수행한 덕과, 성지(聖智)에 의해서 얻은 덕행을 사람들에게 베풀어 주어서 서로 화경(和敬)하라는 뜻이다.

육화경의 순서는 여러 기록이 일정하지 않으나, 그 뜻은 다름이 없는 것이다. 불교를 수도하는 사람은 육화경을 근본 정신으로 삼고 행하고 생각하며, 사람들을 일깨워 주는 것이 종교도 육성하고 국가와 민족을 위하는 것임을 알아야 한다. ✱

28. 복 전(福田)

절에 갔다 온 사람이면 비록 법당 안에 들어가 예불은 아니하였더라도 법당 안을 한 번 둘러 보기만 한 사람이면 법당안 불단 앞에 네모진 함이 있고 그 함에 「희사복전(喜捨福田)」이란 글씨가 쓰여져 있음을 누구나 보았을 것이다. 그러나 거기에 쓰여져 있는 복전이란 말은 우리가 쉽사리 흘려 버릴 수 없는 중요한 의의를 가지고 있다는 것을 모르는 사람도 많을 것이다.

복전이란 범어 Punya-Ksetra 의 역(譯)인데 복덕을 생기게 하는 전(田)의 뜻으로 불(佛), 승(僧), 부모(父母) 또는 빈궁, 질병 등으로 고생하는 사람들을 공경하는 의도에서 보시하면 복덕과 공덕을 얻게 되므로 이를 전(田)에 비유하여 복전이라 하며 불(佛)을 대복전(大福田), 또는 최승복전(最勝福田)이라 하고 또한 부모를 삼계(三界) 내의 최승복전이라고도 한다.

이 복전은 그 성격상 여러 갈래로 분류된다. 우선 부처님이나 승려를 공경하기 위한 것을 경전(敬田, 恭敬福田, 또는 功德福田이라고도 함), 부모나 스승의 은혜에 보답하기 위한 것은 은전(恩田, 報恩福田이라고도 함), 빈자나 병자를 불쌍히 여기는 것을 비전(悲田, 貧窮福田이라고도 함)이라 하여 이 세 가지를 3복전이라 하며, 어떤 보람을 구하는 것을 유작복전(有作福田), 구하지 않는 것을 무작복전(無作福田)이라 하여 이 두 가지를 이종복전(二種福田)이라 한다.

이밖에도 학인전(學人田, 修行中의 聖者), 무학인전(無學人田, 구극의 깨달음을 얻은 聖者)의 이종(二種)이 있고, 경전과 은전으로만 분류한 2종도 있으며, 또는 비전과 경전의 2종도 있고, 대덕전(大德田, 敬田에 해당함), 빈고전(貧苦田, 悲田에 해당함), 대덕빈고전(大德貧苦田)의 3종복전이 있는가 하면, 취전(趣田, 家畜, 動物), 고전(苦田, 貧者), 은전(恩田, 父母), 덕전(德田, 佛)의 4종도 있다. 또한 불전, 성인전, 승전, 화상전, 아사리전, 부전, 모전, 병전(病田) 등의 8복전도 있어 복전의 분류와 종류는 실로 복잡다단한 바가 있다.

이상과 같은 불교의 복전사상은 인도에서 처음으로 일어나 동양을 풍화하고 모든 불교 국가에 의의 깊은 문화를 이룩하게 하였으나, 우리의 과거가 여러모로 미화된 것은 이 복전사상에 힘입은 바가 적지 않은 것이다.

고려 시대에 도처에서 볼 수 있었던 불교의 사회사업적인 활동도 빈자, 또는 병자를 구제하기 위한 복전이라는 견지에서 이를 이해할 수 있으니, 복전사상의 영향으로 사회복지적인 시설이 이루어졌고 활동이 전개되었던 것은 비단 우리 나라에서만 있었던 일은 아니고 전불교 국가의 역사에서도 얼마든지 찾아 볼 수가 있는 일이다.

그러나, 오늘날과 같이 각 사찰이 경제적으로 심한 운영난에 처해 있을 때에는 사원 운영의 재원을 복전함에만 의존하는 사원이 적지 않다는 사실은 불교가 좀더 적극적, 능동적으로 사회복지 사업을 하지 못하고 있다는 사실과 직결되는 것으로 이 점 심히 안타까운 바가 있다 하겠다. ✳

29. 보 시(布施)

보시(布施)라는 말은 자비스러운 마음으로 널리 다른 사람에게 재물을 베풀어 줌을 뜻한다. 보(布)는 나의 재물을 나누어서 다른 사람에게 나누어 준다는 뜻이며, 넓다는 뜻이기도 하다. 시(施)는 자기자신을 생각해서 다른 사람에게 은혜를 베푼다는 뜻이며, 산(散), 또는 사(捨)의 뜻이다.

이것은 범어 dāna〔단방(檀邦), 타방(柁邦)〕을 번역한 것이며, 그 본래의 의의는 부처님과 사문(沙門)들이 신도들에게 공양의 초대를 받고 그 공양에 답하는 의미에서 법을 설하는데서 기인한 것이라 한다. 그러나, 후대에 이르러 베풀어 받는 재물, 또는 제식시(齊食時 : 불가에서 말하는 정오 전에 먹는 때)에 받는 금품에 한해서 보시라 부르게 되어 지금까지 전하여지고 있다.

그래서, 재물을 보시하는 사람을 시주(施主), 또는 단월(檀越 : dānapast)이라 부른다. 단월은 우리 말의 단도(檀徒), 단가(檀家 : 단골집)와도 관련이 있다.

보시는 그 행위의 내용과 태도와 목적에 따라 여러 갈래로 분류되고 있다. 보시바라밀(布施波羅蜜)이라 할 때는 육바라밀(六波羅蜜)의 하나로서, 불교 목적을 달성하기 위하여 수행하는 보살이 꼭 행해야 하는 것을 말하는 것이며, 보시섭(布施攝)이라 할 때는 보살이 중생을 접할 때 친애하는 자비스러운 마음으로 재물, 또는 설법을 베풀어 중생들이 보살을 신뢰하고 즐겨 불도에 들어오게 하는 방법인 사섭법(四攝法)의 하나이며, 염시(念施)라 할 때는 보시행에만 생각을 집중시켜 다른 생각을 그치고 마음을 어지럽게 움직이지 않는 육념(六念)의 하나를 말하는 것이다. 물질을 보시하는 것을 재보(財布)라 하고 부처님의 가르침을 설해 베푸는 것을 법시(法施)라고 한다. 이 때의 법시는 재시가 따를 수 없을 만큼 우위에 놓여지는 것이다.

보시에는 시자(施者), 수자(受者), 시물(施物)의 세 가지 요소가 있으며, 이 세 가지는 본질적으로 공(空)한 것이라 하여 삼륜체공(三輪體空), 삼륜청정(三輪淸淨)이라는 말이 있다. 시자, 수자, 시물의 삼자가 수레바퀴와 같다는 데서 나온 말이며, 다른 사람에게 물품을 줄 때에 나와 남의 이해를 초월하고, 준다는 생각을 없이 하여 받는 사람도 받았다는 마음이 끊어지고 물품 자체가 정당한 것일 때 삼륜청정이 되는 것이다.

이와 같이, 보시는 마음을 널리하고 사람이나 물질에 대해서 소유욕을 가지지 말라는 의미에서 부처님께서 사신보시(捨身布施)의 설화를 본생담(本生譚)에서 많이 설하신 것이다. *

30. 참　회(懺悔)

사람은 누구나 의식적으로 또는 무의식적으로 죄과(罪過)를 범하는 수가 있다. 더욱이 표면에 보이지 않은 무형의 마음이 지은 것은 더 말할 것도 없는 것이다.

그래서 불교에서는 이 죄과(罪過)를 여러 사람들 앞에 숨김없이 공개하고 용서를 하는 것을 참(懺)이라 하고, 또 그 죄과를 뉘우치고 회과(悔過)하며 부처님에게 또는 스승 대중(大衆) 앞에서 고백(告白)하고 사과(謝過)하는 것을 회(悔)라 한다. 이 두 가지를 합해서 참회라 하고 수행(修行)하는 사람의 지켜야 할 조건(條件)으로 삼고 있다. 의정(義淨)이 지은 〈유부비내야 권 15(有部毘奈耶卷十五)〉의 주석서(註釋書)에도 참(懺)은 용서를 비는 것이며 회(悔)는 다른 사람에게 자기의 죄과(罪過)를 고백하고 죄를 제(除)하게 하는 것이라 하였다.

부처님께서는 항상 제자들이 죄(罪)를 범하였을 때에는 그 때마다 참회하게 하였다. 그리고 정기적으로 참회의 기회를 마련하였으니 보름마다 행하여지는 것을 포살(布薩)이라 하였고 1년마다 행하여지는 것을 자자(自恣)라 하였다.

포살(布薩)이라는 것은 같은 지역 내의 비구들이 매달 신월(新月, 一月), 만월(滿月, 十五日)에 두 차례 모여서 과거 반 달 동안의 행위를 자기반성하고 죄가 있으면 고백하고 참회하는 행위이다.

자자라는 것은 수도하는 비구들이 해마다 우기(雨期)를 피하고 벌레들의 밟혀 죽는 것을 삼가해서 일정한 장소에서 안거를 끝내고 대중을 향해서 안거 중의 자기가 지은 죄과를 고백하고 그 용서를 비는 행사이다.

이 참회의 방법은 대·소승에 다소의 차이는 있으나, 자기의 죄명을 들어서 고백하고 뉘우치며 용서를 비는 근본적인 것은 다름이 없는 것이다. 특히 대승불교에서 실상의 이치를 염(念)하고 왕생예독(往生禮讀)하고 불경을 읾으로써 멸죄하는 것은 특이한 방법이라 하겠다.

재가의 신자(信者)에게도 이 참회의 방법을 말하기를 불·법·승 삼보를 비방하지 않고, 부모에게 효도하고, 사장(師長)을 공경하고, 정법으로써 나라를 다스리고, 6재일(六齋日)에 살생을 금하고, 목과(目果)를 믿고, 일실도(一實道)를 믿고, 부처님 정법을 신봉하는 것이라하고 〈관보현경(觀普賢經)〉에서 말하고 있다. 지금 우리 나라에서 많이 행하여져지고 있는 참회문에 아석소조제악업(我昔所造諸惡業) 개유무시탐진치(皆由無始貪瞋痴) 종신구의지소생(從身口意之所生) 일체아금개참회(一切我今皆懺悔)라 하는 화엄참문(華嚴懺文)이 있다. *

31. 팔 풍(八風)

　불교를 수도하는 사람은 팔풍(八風)의 경계를 만나도 마음을 쏠리지 말라는 옛날부터의 교훈이 있다.

　여기서 말하는 팔풍(八風)이라는 것은 원래 바람이 부는 방향에 따라 우리들에게 주는 이해(利害)관계에서 온 말이다. 〈백호통(白虎通)〉이라는 데에서 8풍을 열거하길, 첫째는 동북풍 즉 일조풍(一條風) 또는 융풍(融風)이라 하였고, 둘째는 동풍 즉 명서풍(明庶風) 또는 곡풍(谷風)이라 하였고, 셋째는 동남풍 즉 청풍(淸風)이라 하였고, 넷째는 남풍 즉 경풍(景風) 또는 개풍(凱風)이라 하였고, 다섯째는 서남풍 즉 양풍(涼風)이라 하였고, 여섯째는 서풍 즉 여개풍이라 하였고, 일곱째는 서북풍 즉 부주풍(不周風)이라 하였고, 여덟째는 북풍 즉 광막풍(廣漠風)이라 하였다. 다시 말하면, 순풍과 역풍을 말한 것이다.

　불교에서는 이 8풍을 우리 인생사(人生事)에다 비교해서 많이 쓰고 있다. 그 예를 〈보적경(寶積經)〉 또는 〈대비바사론(大毘婆沙論)〉 등에 보면, 첫째, 이풍(利風) 즉 나에게 이익이 되는 것, 둘째, 쇠풍(衰風) 즉 나에게 손실이 되는 것, 셋째, 훼풍(毀風) 즉 헐뜯고 중상모략 하는 것, 넷째, 예풍(譽風) 즉 지나치게 칭찬하고 올리는 것, 다섯째, 칭풍(稱風) 즉 여러 사람들 앞에서 칭찬하는 것, 여섯째, 기풍(譏風) 즉 여러 사람들 앞에서 나를 비방하는 것, 일곱째, 고풍(苦風) 즉 고생스러운 것, 여덟째, 낙풍(樂風) 즉 즐거운 것 등을 말하고 있다.

　이 여덟 가지는 항상 우리들의 마음을 선동하고 흔드는 까닭에 바람이라 한 것이다. 불교를 수도하는 사람은 이 8가지 순풍과 역풍에 흔들리지 않고 부동의 태세로 나아가야 한다고 교육하였고, 그렇게 되도록 노력하였다.

　그러나, 세태가 바뀌고 풍속이 너무나 급하게 변하는 틈을 타서 옛날의 좋은 방법과 교훈은 자취를 감추게 되고, 조그마한 이해(利害)

에도 얼굴을 붉히고 여러 사람들이 조금만 치켜올려도 좋아서 못 견디고 잘못된 것을 지적해 주면 마땅하지 못해서 두고두고 그 사람을 원수같이 생각하고 남모르는 것을 쥐꼬리만치만 알아도 천하에 제일 가는 천재인 양 날뛰니, 옛날 공부하던 사람들과 지금 세상 사람들의 공부하는 태도는 큰 차이를 보이고 있다.

우리는 냉정히 8풍에 흔들리지 않는 부동의 자세를 배우는 데 힘써야겠다. *

32. 삼의일발(三衣一鉢)

고려 때 유명한 고승인 불일보조국사(佛日普照國師)는 불교에 처음 들어오는 사람들에게 "재물과 이성(異性)은 독사보다 심하게 자신을 해치는 것이니 삼가야 한다"고 경책(警策)하였고, 또 야운비구(野雲比丘)는 말하기를, "사람은 올 때 빈 손으로 와서 갈 때 빈 손으로 간다는 공수래 공수거(空手來 空手去)인데, 어찌 재물에 탐내는 어리석은 생각을 할 수 있으랴"하고 경책하였다.

이것은 자기의 마음을 밝혀서 다른이의 어두움을 일깨워 사회를 맑고 깨끗하게 하는 것을 목적으로 삼는, 불교도들이 청빈하고 욕심이 없어 가난한 이들을 도와 주고 다른 이의 은혜 베풀음을 적게 받는다는 사상에서 기인한 것이라 하겠다. 이러한 의미에서, 부처님이 계신 때부터 불교도들은 삼의일발(三衣一鉢)의 생활로써 스스로 만족하였던 것이다.

삼의라는 것도 복전의(福田衣), 해탈복(解脫服), 자비복(慈悲服) 공덕 등으로 불리어지는 세 가지 옷을 말하는 것이다. 그 하나는 범어로 상가티(Saṃghāṭī)라 하여 대의(大衣), 중의(重衣)라고도 하는데, 거리에 외출할 때나 왕궁에 초대를 받았을 때 입는 외출복이다. 또 하나는 범어로 우타라상가(Uttarāsaṅga)라는 의식 때 입는 예복이고, 끝으로 안타르바사(AntaraVāsa)는 일상 작업할 때, 또는 잠잘 때 입는 평복이다. 이와 같은 세 가지 옷은 버린 헌 옷 조각을 주워 모아서 깨끗하게 빨아서 기운 검소한 의복이었으므로 누구나 이에 대한 애착이 없어지고, 또 도난당할 걱정도 없는 누더기〔납의(衲衣)〕라 불리어지는 것이다. 일발(一鉢)은 하나의 식기를 말하는 것이다. 응량기(應量器)라고도 하는데, 인도의 풍습은 우리 나라의 항아리 비슷한 식기를 들고 거리로 나가서 밥을 빌어다 식생활을 영위하는 것이다. 여기에는 여러가지 뜻이 포함되어 있는 수도 방법이라 하겠는데, 어떻든 청빈을 자랑함에 틀림 없는 생활 양식이라 하겠다.

그러나, 이러한 숭고한 삼의일발의 전통이 때와 장소를 달리함에 따라 눈부신 사치에 흐르고, 아무리 많아도 만족할 줄을 모르는 생활로 번져가고 있으니, 이민족(異民族)의 생활 규범을 고수하는 것도 문제이지마는 근본 정신을 살려서 시대의 호흡에 순응해야 할 것도 소홀히 할 수 없는 것이다. ✻

33. 운 수(雲水)

운수(雲水)는 불교를 참답게 수행하는 사람을 가리키는 말이다. 뜬 구름 흐르는 물과 같이, 유유히 가고 오는 데 걸림이 없고 일정한 곳에 머무르지 않고 사해오호(四海五湖), 즉 사방으로 가는 곳이 내 집이며, 머물고 쉼에 조금도 얽매임이 없이 천하 선지식(善知識)의 회하(會下)에 차례차례 들어가서 공부의 향상을 꾀하는 데서 나온 말이다. 행운유수(行雲流水)처럼 머무름이 없고 마음이 없는 경지에서 불법을 수행하는 사람을 아름답게 부르는 말이며, 운납(雲衲), 또는 청운납자(淸雲納子)와도 같은 말이다. 속세의 모든 인연을 끊고, 눈을 가졌으되 장님과 같이 하고, 입을 가졌으되 벙어리와 같이 하고, 몸을 가졌으되 길가에 버린 헌신짝같이 하여, 오로지 마음 밝히기에만 전념하고, 명예와 권세와 부귀영화, 슬픔과 기쁨, 고통과 즐거움의 어떠한 환경에 부딪쳐도 거침없이 떠도는 흰 구름과 같이 끊임없이 흐르는 물같이 무심하여 애착이 없기에 운수라 부른다. 이러한 의미에서, 불도를 닦는 사람은 육친(肉親)의 형제보다 같은 마음으로 한 곳에 모여서 연마(練磨)하는 도반을 더욱 소중히 여기며, 나이 많은 사람은 형으로 모시고 적은 사람은 아우로 삼아 화합하는 생활을 운형수제(雲兄水弟)의 생활이라고 한 것이다. 그리고, 흰 구름이 청산에 무심히 오락가락한다는 의미에서 사원의 큰 방을 중앙으로부터 청산과 백운의 양 편으로 구분하여, 상주하는 주인격인 대중은 청산 쪽에 자리를 차지하고 오고 가는 객인 운수들은 백운 쪽에 자리를 정하는 것이 옛날부터 전하여 온 풍습으로 되어 있다. 우리 나라 고승들의 법명이나 당호(堂號)에 운(雲)자 수(水)자가 즐기어 사용된 이유도 운수의 행지(行止)가 조촐함을 본받은 때문이지만, 조선시대 불교의 중흥조라고 일컫는 애국고덕(愛國高德) 서산대사(西山大師)의 어릴 때 이름을 운학(雲鶴)이라 불렀음도 예사롭지 않다. 이것은 아버지의 꿈에 한 선인이 나타나 이 아이의 장래 행지(將來行止)가 운학과 같으리라고 예언한 데서 이름한 것이라 한다. 과연 서산대사는 운학의 진실한 면을 그의 행장(行狀)에서 여실히 보여 주었으며, 한 때 교단의 운명을 한 몸에 걸머지고 전 불교도를 총지휘 하면서 그 일상 생활의 규범을 바로 잡기 위해서 조그마한 책을 꾸며 〈운수단(雲水壇)〉이라 이름했다. 서산대사도 「운수」라는 데에 얼마나 관심이 컸는가를 알 수 있는 것이다.

우리는 '운수'라는 말을 비단 수행자들에게만 물을 것이 아니라, 각자가 전공하는 분야에 따라 운수의 마음씨와 행동으로 이해하고 실천한다면 우리의 두뇌는 한결 더 밝아질 것이다. ✻

제7장 보살의 장

1. 유마거사(維摩居士)

부처님의 속세 제자로서 출가 제자보다 오히려 놀라울만큼 탁월한 지견(智見)과 교화력을 가진 분으로 유마거사(維摩居士)가 있었다. 불교에서 거사(居士)라 하는 것은 집을 떠나 산에 들어가서 불교를 배우는 사람과는 달리 속세(俗世)의 집에 있으면서 불교를 배우고 연구하는 사람을 말하는 것이다. 그래서, 많은 거사 중에 유마거사라 하면 거사(居士)의 대표격이 되어 있으며, 더욱이 〈유마경(維摩經)〉이라는 대승경전에 나오는 주인공으로 문수(文殊)보살이 유마거사(維摩居士)를 문병(問病) 갔다가 대승교리(大乘敎理)의 극치를 문답(問答)한 것이 널리 전해지고 있다. 그리고, 그의 인격에 대해서도 여러가지 흥미있는 특징을 후세에 전하고 있다. 유마거사(維摩居士)는 세상 사람들의 피로움을 건지기 위해서 한 때의 방편(方便)으로 「비야리」라는 성(城)에서 살고 있었다 하며, 재산이 무수히 많아서 가난한 사람들을 돕기를 즐겼다 하고 부처님의 계(戒)를 받드는 것이 청정했고 어려운 것을 참는 행이 놀라와서 무슨 일에도 짜증이나 성을 내는 일이 없었다 하며 용맹하게 정진하고 일심으로 선적(禪寂)을 닦아 모든 어지러운 생각을 물리치고 결정(決定)의 지혜(智慧)로 모든 무지(無智)를 섭(攝)하였다 한다.

이와 같이 유마거사는 백의(白衣)의 거사임에도 불구하고 사문(沙門)과 같이 청정한 율행(律行)을 받들었고, 속세에 있으면서 3계에 접착함이 없었다 한다. 또, 처자(妻子)와 권속들이 있는 것을 보이기는 했으나 항상 범행(梵行)을 게을리 하지 않았고, 보물로 몸을 장식했으나 상호(相好)로써 몸가짐을 엄정(嚴正)히 하였고, 음식을 가리지 않았으나 선열(禪悅)로써 그 맛을 삼았다 한다. 그리고, 때로는 도박장에 나갔고 놀이터에도 들르고 이교도(異敎徒)들의 설교도 듣고 세속의 학문을 밝혔으나, 항상 정승(正僧)을 잊은 일이 없다 하며 술집에도 가고 음녀(淫女)의 집에 가서도 마음의 움직임이 없었으며 항상 민중의 교화와 대승의 교리를 펴는 데에 모든 역량(力量)을 기울였다고 전하고 있다. 이와 같이, 유마거사는 일체차별(一切差別)의 세계는 현상(現象)의 세계일 뿐 본체(本體)의 세계가 아니라고 역설(力說)하고 일체(一切)가 공(空)한 이른바 공시무소득(空視無所得)의 설(說)을 내세워 속세에서 불교를 연구하는 이들의 숭경(崇敬)을 받고 있는 것이다. ✳

2. 목련존자(目連尊者)

부처님의 십대 제자 중에서 신통제일인 목련존자는 중인도 왕사성(王舍城)부근인 구율타(俱律陀, Kolita)라는 촌락에서 명가인 바라문(波羅門)의 외동아들로 태어 났다. 어려서 용모가 아름답고 학문을 좋아하였으며 자라서 어버이의 반대에도 불구하고 부처님의 제자가 되었다. 불문에 출가한 후에는 여러 곳을 여행하면서 부처님의 교화 사업을 돕고 드디어 신통제일(神通第一)의 명예를 얻어 십대 제자의 한 사람으로 위치를 차지하게 되었다.

목련(目連)은 공중을 날기도 하고 땅밑으로 다니기도 하였다는 초

자연적이며 기적적인 신통의 일화를 여러 전기에 전하고 있다. 그
사실여부는 고사하고 목련의 인품이 견실한 의지와 용감 과단한 덕
목을 간직한 실행의 인물 이므로 여러 사람들은 찬송해 마지 않았던
것이다.

　저 기원정사(祈園精舍)의 대강당 건립에 감독을 맡아 보았고 부처
님의 사촌인 제바달다(提婆達多)가 불교의 성업을 시기하여 교단을
방해 하였을 때에는 이에 대항하여 교단 초창기에 많은 공을 세웠다.
그 뿐 아니라, 연화(蓮花) 색녀(色女)라는 윤락의 미녀를 교화하여
불문에 들어오게 하여 광명을 얻게 하였고, 더욱이 돌아가신 어머
니를 위하여 효도로써 보은의 지성을 다하였다는 미담은 영원히 빛
나고 있다.

　수도자로서 명성이 높은 목련은 어머니의 은혜를 갚고자 도안(道
眼)으로 어머니가 계시는 곳을 찾았으나 불행히도 가장 고통이 심한
아귀도(餓鬼道)에 떨어져 있었다. 배는 커서 배고픔을 견디지 못하
나 목구멍이 바늘 구멍만 해서 음식물이 넘어가지 않는 고통을 받는
것이 아귀(餓鬼) 귀신이다. 목련의 어머니는 몸이 여윌대로 여위어서
뼈만 남은 것이 흡사 청백색 가죽보자기로 겨우 모체의 골격을 싸놓
은 듯한 처참한 모습이었다.

　슬픔에 잠긴 목련은 부처님께 구원할 길을 물었더니, 「그대의 어머
니는 죄가 많아서 그러한 고통을 받고 있으니 7 월 15 일을 택해서
여러 수도하는 사람들에게 음식과 와구(臥具)를 공양하면 그 공덕으
로 고(苦)를 벗어나게 될 것이다」 하셨다. 그래서, 목련은 있는 정성
을 다하여 여러 수도자들에게 공양을 올려 어머니의 고통을 면하게
하였다. 이것이 7 월 15 일 우란분회(盂蘭盆會)의 기원이 되어 불교
에서는 부모에게 보은하는 연중행사의 하나로 지금까지 전하여지고
있다.

　이와 같은 아름다운 마음씨의 목련 존자도 숙세(宿世)의 인연을 초
탈하지 못함인지 나형외도(裸形外道)들의 해함을 입어 순교하였다.
그러나, 임종을 당한 목련은 털끝만큼도 다른 이를 원망하지 않고 오
히려 나형외도의 덕분으로 열반을 얻게 되었음을 기뻐하였다 한다.
죽림정사(竹林精舍)의 문앞에 탑을 세우고 교단(敎團)을 위한 업적

과 그의 높은 덕을 기념하였으나, 세월이 흐르는 사이에 지금은 그 자취조차 찾아볼 수 없게 되었다. *

3. 수보리(須菩提)

부처님의 제자 중에 해공제일(解空第一)의 칭호를 받은 수보리(須菩提)가 있다. 〈금강반야경(金剛般若經)〉에 주인공으로 나오는 제자가 바로 이 분이다.

우리 나라에서는 관습으로 「보리수」라 부르고 있으나, 범어로는 'Subhūtī'(須菩提)이며, 선현(善現), 선길인성(善吉仁性) 등으로도 번역하고 공생(空生)이라 번역도 한다.

「수보리」가 사위성(舍衛城) 어느 장자 집에 출생하였을 때에 그 집의 창고와 세간살이가 몽땅 없어지고 공(空)이 되었다는 기적 같은 사실에서 공생이라 부르게 된 것이라 한다. 그는 일찍이 출가하여 부처님의 제자가 되었고, 드디어 해공제일의 지위에 까지 오르게 된 것이다.

〈증일아함경(增一阿含經) 제28〉에 의하면, 부처님께서 성도(成道)하신 8년 뒤에 세상에서 자취를 감추고 생후 7일만에 세상을 떠나신 어머님을 위해서 석 달 동안 설법하시고 다시 세상에 나타나신 일이 있었다. 이 때 여러 나라 국왕들과 제자들이 환영하며 예배 하였다. 그러나, 「수보리」 혼자만은 환영, 예배하지 않고 고요히 명상에 잠겨 있었다. 「지금 환영 예배하려는 부처님의 형상은 무엇인가? 안이비설신의(眼耳鼻舌身意)를 말하는 것인가? 그렇지 않으면 지수화풍(地水火風)의 4대 요소를 말하는 것인가? 이와 같은 설법은 모두 공적(空寂)한 것이라 나도 없고 사람도 없고 작용도 없고 모양도 없고 가르침도 없다. 모든 법은 공적하니 나는 이제부터 진법(眞法)에 귀의하겠노라」 하면서 고요히 모든 법이 모두 공적함을 깨달았다. 이 때, 비구니 승단에서 신통제일(神通第一)로 이름난 연화색 비구니(蓮華色比丘尼)가 신통력으로 제일 먼저 부처님께 환영 예배를 하였더니, 부처님께서 「네가 제일 먼저 온 것이 아니라 이미 수보리가 제법개공(諸法皆空)을 보고 여래(如來)를 제일 먼저 예배해 맞이하였다.」라고 한 것이 전해지고 있다. 진정으로 부처님을 예배하는 것은 부처님의 마음을 예배하는 것이며, 부처님의 마음은 다른 것이 아니라 각자의 마음 속에 방광(放光, 찬란한 빛을 발함)하고 있는 것이다. 수보리는 이것을 깊이 통달하였던 것이다.

우리도 수보리 존자를 본받아 탐욕의 병을 부정관(不淨觀)으로써 고치고, 성내고 짜증내는 병은 자비심으로써 다스리며, 어리석고 밝지 못한 병은 지혜로써 고쳐서 일체의 모든 법은 모두 공(空)에 돌아가는 것임을 깨달아야 할 것이다. *

4. 달 마(達磨)

불립문자(不立文字), 직지인심(直指人心), 견성성불(見性成佛)의 심심미묘(甚深微妙)한 선지(禪旨)를 중국에 처음 전하여 동토초조(東土初祖)가 된 분이 달마(達磨)이다. 초조 달마는 남천축(南天竺) 향지국(香至國) 제 3 왕자(第三王子)로 태어나 본명을 보리다라(菩提多羅)라 하였으나, 뒤에 고쳐서 보리달마(菩提達磨, Bodhidharma)라 하였다. 이를 줄여서 달마 또는 원각대사(圓覺大師)라 부른다. 인도에서 부처님으로부터 제 28대의 이심전심법(以心傳心法)을 이어받아 오랫동안 오천축(五天竺)에 그 이름을 떨쳤으나, 선(禪)의 묘법이 중국 땅에 선포되지 않았음을 한탄하고 60여 세의 늙은 몸을 돌보지 않고 배를 타고 양 나라 보통 원년 구월 이십 일 일(梁國普通元年九月二十一日, 서기 520)에 광주(廣州)에 도착하였다. 그 때에 고을 자사(刺史)가 정성을 다하여 모시고 곧 양무제(梁武帝)에게 아뢰었더니, 칙사(勅使)를 보내어 수도 금릉으로 불러서 궁중으로 모셔다가 불교의 묘한 이치를 묻고 답하였다. 양무제는 기쁨을 금하지 못하고 자신이 부처님을 받듦을 자랑삼아, 절을 많이 세우고 도승(度僧)을 많이 한 위정자(爲政者)는 공덕이 얼마나 큰 것인가 하고 물었다. 달마는「무공덕 (無功德)」이라 하여, 그러한 소행이 불교의 근본 진리에는 하등의 효과가 없음을 일소에 붙이는 태도로 배척하였다. 이 의외의 답변에 놀란 무제는 다시 묻기를,「여하시성제 제일의 (如何是聖諦 第一義)인가?」하였더니, 달마는 의연하게「확연무성 (廓然無聖)이라」하였다. 더욱 놀란 무제는「그러면, 짐과 상대하고 있는 자는 누구인가?」하니, 달마는「불식 (不識)」이라 하였다. 이것은 양무제가 불교의 궁극적인 진리라 생각했던 성제 제일의 (聖諦第一義)를 물음에 대하여 성 (聖)이라는 글자까지 없는 동할공탕 (洞豁空湯)한 것이라고 답하니, 그렇게 동할공탕한 것이라면 '짐'에게 대하고 있는 그대는 누구인가? 하고 반문함에 달마는 전혀 누구인지 알지 못한다고 답하여, 천지가 하나이고 중생과 부처님이 둘이 아니라는, 인과 (因果)가 벗어난 경지에서 설법하였으나 무제는 그 참다운 뜻을 이해 못하였던 것이다. 달마조사는 이 땅에 아직 불교의 인연이 미숙해서 선종의 묘법을 알려줄 수 없음을 깨닫고 금릉을 떠나 낙양 (洛陽) 숭산 소림사 (崇山小林寺)에서 벽만 바라보고 말없이 묵묵하기를 9년이나 계속하였다. 그 때에 신광 (神光)이라는 석학 (碩學)이 달마의 고풍 (高風)을 사모하여 한천우설 (寒天雨雪)에도 몸을 아끼지 않고 드디어 한쪽 팔을 베어 바쳐서 구도의 지극한 정성을 보이니, 달마는 그 신심이 굳음을 믿고 심인 (心印)을 전했는데, 제 2 조 혜가 (慧可)가 그 분이다.

그 후 6조까지 계승되어 남돈북점 (南頓北漸)의 두 파로 갈라졌으나, 그의 법통은 면면히 계승되어 우리 나라의 신라 후기에 전래되어 선문구산 (禪門九山)의 성행을 보였으며, 그 법맥은 지금까지 계속 흐르고 있다. ✱

5. 용 수(龍樹)

대승불교 (大乘佛敎)에서 팔종 (八宗)의 조 (祖)라 일컬음을 받는 용수 (龍樹, Nāgārjuna)는 기원전 2·3세기쯤 해서 남인도에 출생한 사람이다.

처음에는 소승불교(小乘佛敎)를 배웠으나, 후에는 대승불교에 정통(精通)하고 많은 귀중한 책을 지은 분이다. 그 대표적인 것은 〈중론(中論)〉, 〈십이문론(十二門論)〉, 〈대지도론(大智度論)〉, 〈십주비바사론(十住毘婆沙論)〉 등이다.

〈중론〉과 〈십이문론〉은 공사상(空思想)의 근본을 다루었고, 〈대지도론〉은 〈대품반야경(大品般若經)〉을 주해하고 여러 대승경전의 사상을 종합해서 반야개공(般若皆空)의 진리를 밝혔으며, 〈십주비바사론〉은 〈십지경(十地經)〉을 주석한 것이다.

이 중에서 〈중론〉은 용수의 초기저술에 속한 것이기는 하나 용수의 사상적 핵심을 보여준 것이며, 후세에 미친 영향이 큰 점에서 불교를 연구하는 사람은 누구나 소중히 여기고 있는 저술인 것이다.

〈중론〉의 중(中)이라는 것은 중간(中間), 중용(中庸), 절충(折衷)과 같은 뜻을 말하는 것이 아니라, 철학적인 깊이를 간직한 비유비공(非有非空)의 중도(中道)를 말하는 것이다. 있는 것도 아니면서 그렇다 해서 빈 것도 아닌 것을 중도라 하였다.

다시 말하면, 사물은 본래 실체가 있어서 존재하는 것이 아니고 연기(緣起)의 진리에 의해서 이루어지고 있는 것임으로 실체가 없는 공(空)한 것이며, 그리고 공했다는 것도 없는 유(有)와 공의 이반(二返)을 떠난 그대로가 중도라는 것이다.

용수는 중도의 사상을 내세우고 실재론적인 견해를 타파하고 현상계의 차별 그대로 가실상(假實相)이라 하였으며, 비유비공의 특별한 세계가 따로 없고 진공묘유(眞空妙有)한 세계 그대로가 중도라 하였다.

그리고, 용수는 차별의 세계를 속제(俗諦)라 하였고 무차별의 세계를 진제(眞諦)라 하였으나, 이 세계가 둘이면서 둘이 아닌 것을 진공묘유라 하였으며 차별의 세계가 곧 그대로 무차별의 세계라 하였다.

이 중론의 사상이 뒤에 인도 대승불교의 이대조류의 하나인 중관파(中觀派)의 근본 사상이 되었으며, 중국에서는 고구려인 승랑(僧

朗)에 의해서 삼론종(三論宗)의 기반을 이룩하였고, 이어서 우리 나라에도 전해 와서 널리 행해졌으며, 고구려의 혜관(慧灌)은 일본(日本)에 전하고 일본 삼론종의 초조(初祖)가 되었다.

용수의 광범한 사상은 대승불교 발달의 원천이 되어 화엄, 천태, 정토, 밀교, 선종 등의 근본 사상에 관계되어 있기 때문에 8종의 조(祖)라고 부르게 된 까닭인 것이다. **✻**

6. 현장과 구마라집〔이대역성(二大譯聖)〕

인도에서 발생한 불교가 서역을 거쳐 중국에 들어오기는 대략 기원 전 1세기 초의 일인데, 처음 중국에서 불교를 받아들이는 데는 커다란 난관이 있었으니, 그것은 불교의 성전이 중국의 문자인 한자와는 전혀 판이한 범어〔Sanskrit 語〕로 기술되었다는 점이다.

즉, 중국에서 불교를 제대로 수용하기 위해서는 무엇보다도 불경의 한문 번역이 급선무요, 또한 가장 요긴한 일이 아닐 수 없었다. 그러나, 불교성전의 양이 광대하여 단시간 내에, 그리고 소수의 인원으로 모든 불교성전의 한역(漢譯)은 도저히 불가능한 것이었다.

그리하여 중국 불교사를 더듬어 보면, 오랜 시일에 걸쳐 수많은 역경의 발자취를 엿볼 수가 있는데, 그 중에서도 번역의 양과 질에 있어서 단연코 타인보다 뛰어나고 후세 사람들이 칭송해 마지않는 두 사람을 들 수 있으니, 후진(後秦)의 구마라집(鳩摩羅什, Kumārajīva)과 당(唐)의 현장(玄奘)이 바로 이에 해당된다.

구마라집은 역시 인도인이었다. 7세 때 출가하였고 구자국(龜玆國)에서 대승불교를 선포하였으나, 후진의 초빙을 받아 장안(長安)에서 국빈 대우를 받으면서 〈성실론(成實論)〉, 〈십송율(十誦律)〉, 〈묘법연화경(妙法蓮華經)〉, 〈아미타경(阿彌陀經)〉, 〈중론(中論)〉, 〈대품반야경(大品般若經)〉 등, 경(經)·율(律)·론(論) 74부 370여 권을 번역하였다.

현장은 12세 때 낙양(洛陽) 정토사(淨土寺)에서 출가하였고 29세 때 구법의 웅지를 안고 서역으로 떠났었다. 인도에 가서는 유명한 나란타사(那蘭陀寺)에서 유가론(唯伽論), 인명론(因明論), 구사론(俱舍論) 등을 5년간 배웠으며, 17년만에 130국을 순방하고 귀국할 때에는 불사리(佛舍利) 150립(粒), 불상 7구, 불경 520질(秩) 657부(部)를 가지고 와서 주로 홍복사(弘福寺), 대자은사(大慈恩寺)에서 번역에 종사하며 〈대반야경(大般若經)〉 등 75부, 1,335권(卷)을 번역 하였다.

이와 같이, 이 두 사람은 남다른 노력으로 많은 양의 경전을 번역하였을 뿐만 아니라, 원전과 비교하여 조금도 손색이 없는 훌륭한 번역이었으므로 중국 불교의 발전에 지대한 공헌을 하였고 그 업적이 천고에 빛을 발하는 것이기에 이 두 사람을 이대역성으로 존칭하게 된 것이다. ✻

7. 지 엄(智儼)

당나라 때 화엄종의 이조(二祖)며 우리 나라 의상조사(義湘祖師)의 스승으로 널리 알리어진 분이 지엄(智儼)이다.

속성은 조씨(趙氏)며 천수(天水)라는 땅에서 수(隋)나라 문제(文帝) 인수(仁壽) 2년(602)에 태어나서 당나라 고종(高宗) 총장(總章) 원년(668)에 67세로 입적하였다. 지엄은 12세 때 화엄종(華嚴宗) 초조(初祖)인 두순(杜順)의 문하에 들어가서 밤과 낮을 가리지 않고 열심히 공부를 하였다. 이 때 두순은 지엄의 재주가 뛰어나고 장차 불교를 널리 펼 재목 임을 알고 14세때 득도(得度)를 시켜 제자로 삼았다. 처음에는 대승경전을 연구하고 그 뜻이 깊고 넓은 데 번거로움을 느껴, 하루는 생각하기를 내가 무슨 경이든지 하나를 골라서 인연있는 경이라 여기고 종(宗)으로 삼겠다고 서고에 들어가서 눈을 감고 손에 닥치는 대로 한 책을 골랐다. 이 경(經)이 뜻밖에도 스승 두순의 전공인 〈화엄경 권 1〉이었다.

이로부터 화엄학을 더욱 깊이 연구하고 그 묘리를 얻어 주석을 붙이게 되었고 대강(大綱)을 지어서 두순을 이은 화엄종의 2조(二祖)가 된 것이다.

그 높은 이름은 신라에까지 알리게 되었고 젊은 학도들이 사모하게 되어, 드디어 의상조사(義湘祖師)는 갖은 고통을 무릅쓰고 지엄을 찾아가 오랫동안 모시고 그 묘리를 연구한 결과 마침내 그 골수를 얻어 〈일승법계도(一乘法界圖)〉를 지어 직계의 인정을 받게 되었고 지엄이 돌아가신 뒤에는 온 대중이 받들어 화엄종 제3조(第三祖)의 영예로운 자리로 추대하였다.

그러나, 의상조사는 신라인 조국에 돌아가서 화엄종을 펴는 것이 외국에서 3조가 되는 것보다 더 뜻이 깊다 하여 동학이며 아우뻘 되는 법장현수(法藏賢首)에게 그 자리를 양보하고 신라로 돌아왔다.

지엄은 이와 같이 국적을 가리지 않고 의상을 직계로 삼은 것은 사람보다 학문의 존엄성을 알기 때문이며 승(崇)의 위신을 지킨 까닭이었다. 의상에게 양보 받은 법장이 화엄종의 대성을 보게 되었고, 그 분이 의상에게 보낸 편지가 지금까지 세상에 남아 있어 화제가 되고 있다.

지엄의 저서에는 〈화엄경 현기(華嚴經玄記)〉 10권을 비롯한 〈공목장(孔目章)〉 등 많은 것이 현존하고 있다. *

8. 승 랑(僧朗)

우리 나라 고승(高僧)으로 멀리 국외에 나가서 크게 명성을 떨치고 우리 민족의 우수성을 자랑한 분들이 적지 않으나, 그 중에서도 중국 불교사의 한 면을 장식한 고승에 승랑(僧朗)이 있다. 승랑은 일명 도랑(道朗)이라고도 하며, 고구려 요동성(遼東城) 사람으로 장수왕 때 중국에 가서 처음에 돈황군(燉煌郡) 담경법사(曇慶法師)에게서 삼론학(三論學)을 배우고, 뒤에는 제(齊)나라 섭산(攝山)에 가서 법도법사(法度法師)의 제자가 되어 불교를 깊이 연구하여 특히 화엄(華嚴)과 삼론에 정통하였다.

　양(梁) 나라 무제(武帝)는 승랑의 학덕을 숭배하여 천감(天監) 11년(512)에 양나라 학승 승전(僧詮) 등 열 사람을 뽑아서 칙명(勅命)으로 섭산에 보내서 승랑에게 새로운 학설인 삼론학(三論學)을 배우게 하고, 자신도 승랑의 감화에 따라 종전에 즐겨 섬기던 성실론(成實論)을 버리고 삼론의 학설을 받들었다. 이 때, 섭산에서 배운 승전은 승랑의 제자가 되어 그의 뒤를 이어 삼론학풍을 크게 일으키니, 그 때의 불교계는 새로운 광명을 얻은 듯 눈부시게 융성하였다. 인도로부터 산만하게 받아들인 중국 불교는 고구려 사람인 승랑에 의해 비로소 정리되었고, 학적 체계를 보게 된 것이다. 승랑은 그당시 유행하는 학설인 「우주의 모든 현상은 가(假)로 존재하는 것이므로 결국은 공으로 돌아가는 것이다」라고 단정하는 성실론의 아공(我空), 법공(法空) 사상을 배척하고, 이를 소승불교(小乘佛敎)의 얕은 견해라는 판단을 내리면서, 새로운 학설인 삼론학의 「우주의 모든 현상은 가(假)도 아니고 공(空)도 아니며 중도(中道)에 집착해서도 안되며 팔불중도(八不中道), 즉 무소득(無所得)의 중도이다」라는 것을 밝혀서, 불교의 교리를 절대 중도사상(中道思想)에 귀착시켰다.

　안징(安澄)이라는 사람이 지은 〈중론소술의(中論疏述義)〉에 보면 승랑을 말하기를, 「고구려 대랑법사(大朗法師)는 송말제시(宋末齊始)에 돈황군에 가서 담경법사(曇慶法師)에게서 삼론을 배웠다」고 하였다. 이것으로 보아서 승랑을 대랑법사라고도 불렀음을 알 수 있고, 섭산에서 여러 법사들에게 삼론을 가르치기 전에 이미 돈황을 연구하고 있었음을 알 수 있다. 전진(前秦) 때 승랑이라는 이름을 가진 중국 산동성(山東省) 출신 고승이 있어서 자주 두 승랑에 대해서 혼선을 일으키고 있다. 우리 민족과 깊은 인연이 있는 삼론학을 연구하는 학자가 지금까지 우리 나라에서 끊어지지 않음은 우연한 일이 아니라 하겠다. ✻

9. 관　록(觀勒)

　　우리 나라 고승(高僧)들이 일본에 가서 불법을 펴고 일본 문화 발전에 많은 공헌을 남긴 것은 누구나 다 아는 일이다.

　　그 중에도 백제 고승 관륵(觀勒)은 불교는 말할 것도 없고 다른 문화를 많이 전수한 분으로 이름이 더욱 높다. 무왕 3년(武王三年)에 일본에 들어가서 일본에서 제일 크고도 왕실과 관계가 깊은 원흥사(元興寺)에 주지(住持)로 있으면서 3론학(三論學)을 널리 전해 펴고, 한편으로는 역서(曆書), 천문(天文), 지리(地理), 방술(方術) 등의 치적을 처음으로 펴서 일본 문화 발전에 획기적인 공헌을 하였다. 뿐만 아니라, 관륵은 의승(醫僧)으로서도 또한 명성이 높았다. 그래서, 일본 의학계에도 그 이름이 높이 전해져서 시조(始祖)구실을 하고 있다. 관륵이 일본에서 여러 방면으로 활동을 계속하고 있을 때, 일본의 한 승려가 도끼로 자기의 속가 어른을 해친 사건이 발생하였다. 이와 같이, 승려들의 기강이 문란해졌을 때 전국 승려를 통솔하고 기강을 바로잡을 심요(心要)를 느끼게 되었다. 그래서, 일본에도 처음으로 나라에서 승정(僧正)이라는 승관제도를 두게 되었다. 그 최초의 승정을 관륵이 맡게 되었다. 이것은 우리 나라 고승들의 지위가 얼마나 높았다는 것을 말하여 주는 좋은 증거인 것이다. 관륵이 승정이 되어 일본 승려들의 기강을 바로 잡은 뒤에는 교리의 발전은 날로 빛나게 되었고, 백제에 불교유학생도 날로 늘어가 이 때부터 백제 문화는 더욱 본격적으로 일본에 유입되게 되었다. 현재 일본의 국보급 불교문화재는 대개 이 때부터 만들어진 것들이다.

　　이와 같이, 일본 불교는 관륵을 비롯하여 고구려의 혜자(慧慈), 혜관(慧觀) 같은 고승들이 건너가서 기초적인 전도(傳道)를 하였고, 신라의 심상(審祥) 같은 분은 일본 화엄종(華嚴宗)의 초조(初祖)로 지금까지 그 이름이 높다.

　　현재는 우리들이 일본에 가서 불교를 연구하는 사람이 많으나, 옛날에는 일본 불교가 우리 나라에서 배웠다는 사실을 볼 때 인과관계 (因果關係)의 소치(所致)라기보다 일본 사람들이 불교를 받아 들여서 잘 소화(消化)시켰고 연구가 깊었다는 것을 보여 주는 것이다. 우리도 한층 노력해서 관륵과 같은 훌륭한 양속(良續)을 후세에 남기기를 바랄 따름이다. ＊

10. 원효대사

신라가 3국을 통일하고 국운이 날로 왕성하였을 때 불교도 아울러 크게 일어나게 되었다. 이 때에 우리 나라는 말할 것도 없고 중국의 어느 시대의 불교 학자와 비교하여 추호도 손색이 없을 위대한 분이 원효대사(元曉大師)이다.

원효는 지금으로 부터 약 1400여년 전인 신라 진평왕(眞平王) 39년(서기 617년) 압량군(押梁郡) 불지촌(佛地村)에서 탄생하였다. 그의 천품이 기발하여 하나를 들으면 열을 아는 천재신동(天才神童)이었으며 탄생시의 기적이 삼국유사에 전하고 있다.

일찍이 출가(出家)하여 불교의 교리를 연구하였으나, 배움에 일정한 스승이 없었다 한다. 그러나, 영축산 낭지대사(朗智大師)에게서 〈법화경〉을 배웠고, 종산(宗山) 고달산(孤達山)에서 보덕화상(普德和尙)으로부터 〈열반경〉을 배웠다는 것이 전해지고 있다. 그리고 원효대사는 훌륭한 학자인 동시에 용감한 실천적인 사람이었다. 그는 도우(道友) 의상(義湘)과 같이 당나라에 유학의 길을 떠났다. 그 중도에서 간첩의 혐의를 받고 구사일생으로 죽음을 모면하고 환국(還國)한 바가 있었다. 그러나, 원효대사는 그 초지(初志)를 굽히지 않고 해로(海路)를 찾아 다시 유학의 길에 올랐다. 가는 도중에 인가도 없는 넓은 벌판에서 풍우를 만나 겨우 의지할 곳을 찾아서 하룻밤을 세우게 되었다. 대사는 밤중에 갈증이 심해서 물을 찾아서 시원하게 마셨다. 그 다음날 아침에 깨어 본즉 몸을 의지하고 있던 곳은 무덤 속이요, 시원하게 마신 물은 사람의 해골바가지에 고인 물임을 알고 곧 구역질을 하여 다 토해 버렸다. 그는 그 순간에 「마음에서 생각이 일어나면 만 가지 법이 일어나고, 마음이 쉬어지면 해골바가지도 아무 것도 아니로다」하고 불교의 유심사상(唯心思想)을 크게 깨달았다. 그 다음날도 날씨가 나빠서 하루를 더 무덤 속에서 보내다가 저녁이 되었다. 그 때 귀신들이 나와서 피상한 소리를 내면서 소란을 떨었다. 이 때 원효대사는 탄식해서 하는 말이, 「지난 밤에는 잘 때 아무 생각없이 편안히 잘 잤는데 오늘밤은 아직 초저녁인데 이와 같이 소란스러운고? 확실히 알겠구나. 마음이 생기면 가지가지 법이 생기고 마음이 멸하면 무덤 속이나 불당(佛堂)이 둘이 아니로구나. 3계가 오직 마음이며 만법(萬法)은 오직 식(識)에 나는 것이라 마음 밖에 따로 법이 없으니 내가 당나라에 들어가서 무슨 법을 구하리오.」하면서 도로 돌아오고 말았다 한다. 유학을 중지한 원효대사는 국내의 유명한 학자를 두루 찾았으며 스스로 연구를 거듭하여 불교 진리를 쉽게 이해, 파악하고 방대하고 복잡한 불교를 종합적으로 표현하려 하였다. 이것은 통불교(通佛敎)건설을 시도한 것이며 이 원리를 인류 사회와 국가 조직에 알맞게 융화시켜 통일된 복지사회를 건설하려 하였던 것이다. 그리고, 원효대사는 불교의 중요한 경전에 주석서를 지어서 고금 독귀(獨貴)의 위치에 서게 되었다. 원효대사의 저서는 글자 글자가 금쪽같이 귀한 보배로 엮어진 것이다. 그 저서는 1370년이 지난 오늘날에도 전해 와서 현재 남아있는 것만 해도 20부가 넘는다. 현존 원효대사의 저서는 동국대학교 불교사학 연구실간(佛敎史學硏究實刊) 〈원효대사 전집〉10 책 속에 수록되어 있다. 그 중에도 〈십문화쟁론(十門和爭論)〉은 그의 중심 사상을 말한 것이라 한다. 원래는 상·하 2책으로 되었다고 하나, 현재 해인사 사간장(寺刊藏) 속에 고려시대 판목 2매, 즉 4면이 남아있을 따름이다. 원효대사의 저서 전반에 관해서는 완전한 것은 알 수 없으나, 고려 선종(宣宗)때 의천 대각국사가 편찬한 〈신편제종교장총록(新編諸宗敎藏總錄)〉3권에 수록된 것을 보아 그 대략을 알 수 있으며, 일본 사람들이 지어서 전해 오는 도서목록 중 〈동성전등목록 2권(東城傳燈目錄二卷 : 영초선(永超撰))〉 제종소목록(諸宗疏目錄 : 源室空)〉, 〈증보제종장소록 2권(增補諸宗章疏錄 :

謙順撰)〉, 〈불전소초목록 2권(佛典疏初目錄 : 興薩撰)〉, 〈내량조현재
일체경소목록(奈良朝現在一切經疏目錄 : 石田茂作撰)〉, 〈고산사성교
목록 2권(高山寺聖教目錄 : 高山寺錄)〉 등에 의해서 100여 부의 저
서가 있었음을 알 수 있다. 그 중에서 큰 것만을 들어 보면, 〈화엄경
소 10권(華嚴經疏十卷 : 또는 8권)〉, 〈열반경소 5권〉, 〈입능가경소
7권〉, 〈금광명경소(金光明經疏) 8권〉, 〈금강반야경소 3권〉, 〈사
분율행종기 8권(四分律行宗記八卷)〉, 〈사분율제연기 8권(四分律濟
緣記八卷)〉, 〈와실론소 16권(臥實論疏十六卷)〉, 〈아비달마잡영론소
22권(阿毘達磨雜營論疏二十二卷)〉, 〈금강삼매경론 3권(金剛三昧經
論三卷)〉 등을 들 수 있다. 이 중에 금강삼매경의 소(疏)는 재미있는
일화를 간직하고 있는 현존본이다. 〈금강삼매경〉의 전래와 논(論)에
대해서 송(宋) 고승전(高僧傳)에 수록된 〈원효전(元曉傳)〉에 의하면,
왕의 명령으로 원효대사가 논(論)을 지어서 5권으로 정리한 것을 불
의에 도난을 당하고, 다시 3일만에 약소(略疏) 3권을 지어서 황룡
사(皇龍寺)에서 강의(講義)하였다는 것이 전해지고 있으며, 원효대사
가 이 〈금강삼매경론(金剛三昧經論)〉을 지을 때, 이 경은 본상(本賞)
과 시각(始覺)의 2각은 종(宗)을 삼는 경이라 하여 책상을 소의 화뿔
사이에 걸쳐놓고 소를 타고 다니면서 필(筆)한 걸작이라고도 한다.
대사의 훌륭한 저서는 그 어느것 하나라도 소홀히 할 수 없는 보배로
운 것이나, 그 중에도 〈기신론소(起信論疏)〉는 해동소(海東疏)라 별
명을 붙여서 중국 학자들이 애독하던 소(疏)의 하나이다. 더욱이 현
수법장(賢首法藏)의 〈기신론의기 4권(起信論義記四卷)〉 및 혜원(慧
遠)의 〈기신론소 2권〉과 아울러 〈기신 3소〉라 부르고 있음을 보아
원효대사의 중국 불교에 있어서의 위치를 짐작할 수 있는 것이다.

　이와 같이 위대한 원효대사는 만년(晚年)에 들어서 혹은 거리에서
노래도 부르며 춤도 추고 혹은 산수간(山水間)에 선(禪)도 하였으며
혹은 주점(酒店)에서 설법도 하여 만인의 생활에 가능하고 적절한 불
교를 펴서 불교의 대중화 운동에 몸을 받쳤음을 알 수 있다. 송(宋)
〈고승전〉에도 원효의 전기(傳記)가 수록되어 있으나, 분황사(芬皇寺)
를 근본 도량으로 했다 해서 분황사에 비명(碑銘)을 세웠으나 지금
은 유실되고 비부(碑趺)만 남아 있다. 따라서, 원효의 종(宗)을 해

동종(海東宗) 분황종(芬皇宗)이라고도 부르고 있는 것이다. ✻

11. 의상조사(義湘祖師)

신라 10성(十聖)의 한 사람이며, 화엄종(華嚴宗)의 해동초조(海東初祖)로서 당대의 큰 스승이며, 신라 통일 이후 내외의 정세 수습에 큰 지침이 된 의상조사의 속세 성(姓)은 김씨며, 한신(韓信)이라는 분의 아들로 계림부(鷄林府)에서 났다는 이외에는 더 상세한 세속 인연은 알기 어렵다. 29세 때에 황복사(皇福寺)에서 머리를 깎고 사문(沙門)이 되었다고 삼국유사에 전하고 있다. 통일의 위대한 업적이 진행되고 그 일의 밑바침이 된 불교가 전성(全盛)의 기운을 보여주던 무렵이라, 이 때에 살았던 의상조사는 국내에서 일가견을 이루고도 당시 당나라가 불법이 더 왕성하다는 것을 듣고 **진덕왕 4년**(서기 650)에 원효대사와 함께 당나라에 가는 길에 올랐으나, 요동경(遼東境)에서 간첩의 혐의로 갖은 고생을 겪은 다음 다시 돌아 왔다가 그 후에도 당나라 유학의 뜻을 이루고자 여러 방면으로 노력하던 중에 문무왕(文武王) 원년(661)에 마침 당나라 사신이 본국으로 돌아가는 배를 만나 탈 기회를 얻게 되어 양주(楊州)라는 곳에 도착하였다. 얼마 동안 머물다가 종남산 지상사(終南山 至相寺)를 찾아가서 화엄석덕(華嚴碩德) 지엄(智儼)의 자비스러운 교훈에 힘입어 화엄 교리의 묘한 지혜를 얻어서 당나라 사람으로서도 따를 수 없는 높은 지식을 갖추었다. 이 때 화엄삼조(華嚴三祖)인 법장현수(法藏賢首)와 같이 배우는 기회를 갖게 되었으며, 현수보다 선배의 위치에서 서로 교우의 정이 깊었던 것이다. 〈삼국유사 권 3 승전조(勝詮條)〉에 현수가 〈화엄경탐현기(華嚴經探玄記)〉〈교분기(敎分記)〉〈화엄현의장(華嚴玄義章)〉〈범어화엄경(梵語華嚴經)〉〈대승기신론소(大乘起信論疏)〉〈십이문론소(十二門論疏)〉〈법계무차별론소(法界無差別論疏)〉와, 서쪽 나라에서 만든 정병(淨瓶) 하나를 승전(勝詮)편으로 보내면서 자기 저술의 평을 구하고, 또 수륙 만리나 멀어진 곳에서 그리는 정을 잊지 못한다는 사연의 글월을 보냈다. 이를 보아도 의상의 인격과 학덕이 당나라에서 얼마나 높이 숭배되고 있었는가 하는 것을 짐작할 수 있으며, 그 편지가 현재 일본에 소중히 보관되어 있다고 전한다. 이와 같은 사실은, 문화면에 있어서 우리 민족이 당의 민족보다 우수한 위치에 있었으며, 문화적으로 우리 민족이 세계적인 지배권을 장악할 수 있었다는 것을 보여 주는 좋은 예가 되는 것이다. 당 고종은 사소한 것으로 트집을 잡아 15만 대군을 일으켜 신라를 침공하려 할 때, 이 비밀을 미리 안 의상은 당에 머무르기를 중지하고 화급히 신라로 돌아와서 문무왕께 그 사실을 알리고 사천왕사(四天王寺)를 세워 명랑(明朗)이라는 분을 시켜 비법을 수행하게 하고 당나라 군사의 침략을 미리 방지 하였으며, 대군 5만으로 다시 침범하여 왔을 때도 같은 방법으로 물리치고 위기를 면하게 하였다. 오직 의상의 애국적인 재빠른 활동이 아니었다면 신라는 당군에게 짓밟히는 참화(慘禍)를 면하지 못했을 것이다. 의상은 외적의 침범에서 뿐만 아니라, 국내의 제반 정책에 대해서도 그 열렬한 지도적 역활을 하였으니, 즉 문무왕이 서울에다 성을 쌓으려 할 때 조사는 글로서 아뢰기를, 「대체로 왕의 정치가 밝으면 풀언덕에 금을 긋고 성으로 삼아도 백성은 가히 넘어가지 않으며, 정치가 밝지 못할 때는 비록 장성을 쌓을지라도 재앙이 없어지지 않는 법이다.」라고 하여 왕은 성을 쌓는 일을 중단하고 정치를 밝히기에 전심을 다하였다 한다. 이와 같은 사실은 신라의 통일과 외적을 법력으로 물리치고 국민들이 자부(自負)로 날뛰는 빈 곳을 채우는 동시에 대내적인 정신 무장을 굳건히 한 애국 애족 사상이 나타난 것이라 할 수 있을 것이다.

문화면이나 정치면이나 전략적인 면에서 언제나 지도적인 위치에 선 조사는 불교 이상국가 건설에 매진하였다. 그는 문무왕 16년(675)에 태백산으로 돌아가서 왕명을 받들어 부석사(浮石寺)를 세우고 화엄일승법(華嚴一乘法)을 널리 선포하였으니, 그 신령스러운 위엄이 뚜렷하여 가르침의 자비로운 비에 젖은 자가 사해에 넘쳐 그 수를 헤아릴 수 없었다. 이로써 해동화엄초조의 일컬음을 받게 된 것이다. 그리고, 태백산의 부석사를 비롯하여 가야산의 해인사, 금정산의 범어사, 남악산의 화엄사 등의 사찰을 세워 화엄종의 근본 도량으로 삼았으며, 동시에 민족이 나아갈 바를 지향하는 마음의 본거지(本據地)로 삼았던 것이다. 성덕왕 원년(702)에 세수(世壽) 78세의 많은 나이로 입적(入寂)하니, 그의 제자가 3천을 넘었으며 그 중에 오진(悟眞), 지통(智通), 표훈(表訓), 진정(眞定), 진장(眞藏), 도함(道函), 양원(良圓), 상원(相源), 능인(能仁), 의적(義寂) 등의 열 사람은 특히 뛰어나 이들을 상문십덕(湘門十德)이라 부른다.

저술로는 〈화엄일승법계도(華嚴一乘法界圖)〉, 〈법계약소(法界略疏)〉〈괄진일승추요(括盡一乘樞要)〉〈천세구감소(千歲龜鑑疏)〉〈대승십문이법관(大乘十門異法觀)〉, 〈백화도량발원문(白花道場發願文)〉 등이 있다. *

12. 체 관(諦觀)

고려 제4대 광종 때의 고승인 체관(諦觀)은 음(音)으로는 체관이라 하지만 종래의 관습으로는 제관이라 부르고 있다.

체관의 전기에 대해서 우리 나라에는 상세한 것이 전해지지 않아서 그 연기(緣起)를 알 수 없으나, 오직 중국 송나라 때 지은 〈불조통기(佛祖通紀, 54권)〉라는 책에 체관 생애의 후기에 속하는, 송나라에서 머물고 있었던 때에 관한 것만을 전하고 있어서 그 대강만을 알 수 있다. 그 책에 의하면, 중국의 오월왕(吳越王) 전숙(錢俶)이 불교를 숭배하고 공경하고 교리를 연구하다가 천태교리(天台敎理)에 의심나는 곳이 있어서 그 때의 대학자인 나계의적(螺溪義寂)에게 물으니, 의적이 말하기를 중국에는 참고할 문헌이 다 없어지고 오직 고려에서 구하는 도리밖에 없다고 하였다. 그래서, 오월왕은 광종 11년에 사신을 통해서 오십 종류의 값진 보물을 보내어 천태교학의 논소(論疏)를 구하였다. 이것은 우리 나라가 중국보다 귀중한 전적(典籍)을 잘 보존하면서 깊이 연구하고 있었다는 것을 말하여 주는 것이다. 그 때 고승 체관은 광종에게 뽑혀 논소(論疏)를 가지

고 송나라에 들어가 의적을 만나게 되었고, 중국의 천태교학을 재
흥하는 데 큰 공을 세웠다. 의적에게 약 10년동안 머물러 있다가 하
루는 앉아서 고요히 세상을 떠났다. 체관은 평소에 연구한 것을 생
전에 발표하지 않고, 이국땅에서 세상을 떠났으나 그 뒤 그의 상자
에서 광채가 났으므로 사람들이 이상히 생각하고 상자를 열어 보니
초고(草稿) 한 권이 들어 있었다. 그것이 이른 바 〈천태사교의(天台
四敎儀)〉라는 명저인 것이다. 이와 같은 기이한 행적으로 인해서
이 책은 송나라 땅에 널리 알려지게 되었고, 이어서 우리 나라와
일본에까지 널리 전파되었다. 〈천태사교의〉의 내용은 불교를 오시
팔교(五時八敎)로 분류하여 누구나 불교를 연구하려는 사람의 입
문 지침이 되었다. 따라서, 천태교학을 연구하는 사람들에게는 필
수 교본이 되어 있다. 그 주석서(註釋書)도 열 손가락으로 꼽고도
남으며, 우리 나라 사람들의 저서에 외국 사람들이 주석을 한 명
저 중의 하나가 되었다. 이와 같이, 체관의 예를 보아서도 우리 민
족이 다른 민족들보다 훌륭하였다는 것을 충분히 알고도 남음이 있
다. *

13. 대각국사(大覺國師)

신라 불교를 이어받은 고려 불교는 대각국사(大覺國師)의 출세에
의하여 비로소 획기적인 불교권을 창설, 그 면목을 인지하게 되었다.
다시 말하면, 5교9산(五敎九山)의 전불교가 그대로 신라의 법계
(法系)를 이어 왔으나 드디어는 선파(禪派)와 교파(敎派) 사이에 세
력 다툼이 끊임없었던 것이다.
이에 대각국사가 통일기념의 견지에서 천태종(天台宗)을 새로 만
듦으로써 선교통합의 사상이 온불교를 휩쓸어 선종이 교리적으로는
천태의 관법(觀法)에 섭수(攝收)되어 종래의 대립적인 싸움은 해결
되고 화합의 이념과 그의 실천을 보게 되었다. 그 뿐만 아니라, 대각
국사의 큰 사업은 불교 문화의 특이성을 가진 〈속대장경(續大藏經)〉

간행의 사업이었다. 이것은 고려 문학의 정화인 동시에 세계에 둘도 없는 보배라 할 수 있는 것이다.

이것으로써 우리 민족성을 드러낼 수 있으며 창의성을 자랑할 수 있었던 것이다. 또한 이것으로써 중화라 자부하는 한족을 압도하였고 이웃 여러 민족들을 놀라게 한 것이다. 천태종을 새로 세워 불교 통일 운동을 전개하고 〈속장경〉을 간행하여 우리 문화를 만반에 자랑한 대각국사는 고려 문종(文宗)의 **넷**째 아들로 태어났다. 이름은 후요, 자(字)는 의천(義天)이며, 시호(諡號)는 대각국사(大覺國師)이다.

서기 1055년(문종 9년) 9월 28일 궁중에서 탄생하여 어려서부터 천성이 정밀하고 민첩하며 생면지지(生面知之)의 칭찬을 받았다. 문종은 어느 날 많은 형제를 불러 놓고 누가 출가(出家)하여 복전(福田)을 짓겠느냐 하고 물었더니 그 때 겨우 11세의 대각국사가 곧 일어나서 출가를 자원하니 왕은 기뻐하시고 1065년(문종 19년) 5월 14일 경덕국사(景德國師)를 불러 머리를 깎게 하고 경덕국사와 같이 송도(松都) 근처 영통사(靈通寺)에서 공부하게 하였다. 그 해 10월에는 불일사(佛日寺) 계단(戒壇)에서 구족계(具足戒)를 받고 경덕국사가 세상을 떠난 뒤에는 영통사(靈通寺) 주지(住持)가 되었다. 송나라에도 들어가서 여러 불교 교리를 구하고 돌아왔으며 송나라에는 없어진 귀중한 불경을 가져 가서 중국불교 발전에 이바지한 바도 크다. 40세를 일기로 세상을 떠났으나 국사(國師)의 업적은 우리 문화사상에 길이 빛나고 있다. *

14. 무학왕사(無學王師)

고려의 국운이 날로 기울어져 갈 무렵, 우국 청년인 이 성계(李成桂)에게 장차 나라를 바로 잡아 고통의 구렁텅이에 빠진 백성을 건지고 이상적인 불국토(佛國土)를 건설할 것을 일러 주었으며, 이씨 왕조가 건설된 뒤에는 왕사(王師)라는 높은 자리에서 새 나라의 나아갈 바

지침(指針)을 제시하신 분이 이른바 무학왕사(無學王師)이다. 왕사의 속성(俗姓)은 박씨이며 휘(諱)는 자초(自超)라 불렀고, 무학(無學)은 그의 호(號)이다. 삼기(三岐) 사람으로 고려 충숙왕 14년 정묘(丁卯 : 1327)에 나서 79세를 일기로 고려 말과 조선 초의 불교 사상에 뚜렷한 선을 그어 놓으신 분이다.

18세에 출가, 입산하여 오로지 불교 연구에 힘을 다하였다. 원(元)나라에 유학도 하여 유명한 인도승(印度僧) 지공화상(指空和尙)을 받들어 불교를 배웠고 이어서 나옹선사(懶翁禪師)의 법을 받아 가장 으뜸가는 제자가 되었다. 돌에 새긴 그림자와 비석에 새긴 글자의 유적이 지금까지 전하여지고 있는 양주 회암사(檜巖寺)에 오래 머물러 목마른 중생들에게 법우(法雨)를 뿌렸을 뿐만 아니라, 이태조(李太祖)를 도와 정승(政僧)으로서도 이름이 높은 분이다. 태조가 계룡산과 한양을 돌아 볼 때도 친히 동행하여 지금 서울에다 수도를 정하게 한 것은 유명한 사실이거니와, 함흥에서 태조를 환도하게 하여 태종(太宗)으로 하여금 삼사(三辭)의 예(禮)를 갖추고 국보(國寶)를 받게 한 것도 그 분이시다.

왕사와 태조에 관한 것은 서산대사(西山大師)가 지은 설봉산(雪峰山) 석왕사기(釋王寺記)에 상세히 기록되어 있다. 태조가 잠룡(潛龍) 시에 설봉산 토굴의 무학대사를 찾아가서, 헌 집에서 서까래 셋을 지고 나온 것과 꽃이 떨어지고 거울이 깨지는 꿈의 해몽을 부탁하자, 「왕」의 글자와 군왕(君王)이 될 길몽이라 예언 받아 그 곳에 석왕사를 짓고 부처님께 천일 동안을 지성으로 올린 공덕으로 이씨 조선의 건국을 보게 되었다는 줄거리다. 그래서, 이태조는 건국 즉시 무학대사를 불러서 왕사로 대하고 모든 정사의 자문에 응하게 하였다.

어느 봄날을 맞아 태조가, 「내가 보기에는 노사(老師)가 돼지같이 보인다.」하였더니, 왕사는 「대왕은 부처님으로 보인다.」라고 대답하였다. 어째서 맞서지 않느냐고 하니, 부처님의 눈으로 보면 누구나 부처님으로 보이는 것이라고 하여 서로 손뼉을 치며 크게 웃었다는 일화는 항간에 널리 알려진 이야기다.

무학왕사가 가벼운 병환으로 입적하기 직전에 한 스님이 와서 문기를, 「왕사께서 아프신 중에서도 아프지 않은 것이 있습니까, **없습니까 ?**」하니, 왕사는 손을 들어 옆에 있는 다른 스님을 가리키셨고, 또 말하기를, 「육체는 지수화풍으로 모여진 것이라 결국은 없어지는 것인데, 어떠한 것을 진법신(眞法身)이라 합니까 ?」하고 물으니, 왕사는 두 팔을 서로 벌리면서 「이것 하나 뿐이니라.」하시고 숙연히 숨을 거두었다 한다. ✱

15. 함허기화(涵虛己和)

　조선(朝鮮) 초기에 우리 나라 불교가 유생정객들의 농간에 좌우되었고 심지어는 포살정책(抱殺政策)까지 서슴지 않고 시도해서 전통의 불교 사상은 우리 민족혼으로부터 뿌리채 뽑혀가고 있었다.

　이 때 분연히 일어나 이론을 전개하여 유생들과 맞섰고 높은 법력으로 많은 사람들을 일으켜 유생들의 만행을 성토하는데 전력을 기울인 분이 있다. 그 분이 바로 함허기화(涵虛己和)라는 분으로 우리 나라 고려 말기에서 조선 세종 15년까지 사신 분이다. 속성은 유(劉)씨며 충주 사람으로 스물 한 살 때에 관악산에서 출가하고 법호를 득통(得通)이라 하였다. 그 밖에도 수이(守伊) 무준(無準)이라고도 부르기도 하였다. 입산한 다음해에 양주 회암사에 가서 무학왕사(無學王師)에게 법을 들은 뒤 크게 느낀 바 있어 전국 고산 명찰을 두루 살펴 다니면서 수도하였고, 다시 회암사로 돌아와서 독방에서 전념으로 탐구한 결과 크게 깨치고 무학왕사의 법통을 이어받게 되었다.

　그 뒤에도 대승사(大乘寺), 월정사(月精寺) 등에서 머물러 있으면서 높은 법력을 떨쳤으나, 세종의 부르심을 받아 한 때 서울에 머물게 되었고 이 때 유생들과 대결하면서 불교의 중흥을 꾀하였다. 그러나, 뜻을 이루지 못하고 희양산(羲陽山) 봉암사(鳳岩寺)에 들어가 그 절을 중수하고 드디어 그 곳에서 세상을 떠났다.

　그 큰 업적 가운데도 가장 빛나는 것은 저서를 많이 남긴 것이다.

〈금강경오가해설(金剛經五家解說)〉은 너무나 잘 아는 사실이며, 원각경소(圓覺經疏)〉, 〈영가집해(永嘉集解)〉등도 불멸의 명저로 우리 불가에서 떠날 수 없게 되었다. 또 그의 역작(力作)의 하나로 조선불교 사상(朝鮮佛敎史上) 귀중한 사료인 현정론(顯正論)은 뚜렷한 큰 별로 지금까지 빛을 발하고 있다. 불교가 정도(正道)며 유교에 비할 바 아니라는 논리(論理)의 명저이다. 그 때 유생들이 들고나온 불교의 단점을 낱낱이 열거하고 그들의 생각이 잘못된 것을 지적, 해명한 산 사료(史料)이다.

그 명철한 이론에 항복함인지 세종 초기의 배불정책도 큰 성과를 거두지 못하게 되었고 오히려 세종을 호불의 왕으로 전환하게 한 하나의 동기가 되기까지에 이르렀던 것이다. *

16. 서산대사(西山大師)

조선에 들어와서 정책적으로 불교를 탄압하여 신라, 고려 때와 같은 불교의 성행을 볼 수는 없었으나, 국가와 민족을 위해서 호국(護國)을 하였다는 점은 어느 시대보다 높이 평가되고 있다.

그 중에서도 서산대사는 지식과 용맹을 겸비한 애국자이며 조선 불교의 중흥조(中興祖)이다. 더욱이 임진란 때에 왜적을 무찔러 국난을 구출한 의승군(義僧軍)의 창시자로서 후대에 빛나고 있는 분이다.

서산대사의 속성은 완산최씨(完山崔氏)며, 중종 15년(1520)에 만주 땅에서 출생하여 10세를 전후하여 어버이를 여의고 이사증주목(李思曾州牧)에게 양육을 받았으나, 15세 때에 진세(鹿世)의 허무함을 깨닫고 지리산에 들어가 부용선사(芙蓉禪師)의 제자가 되었으며 법명을 휴정(休靜)이라 하고 호(號)를 청허(淸虛)라 칭하였다.

선사(先師)는 30세 때에, 명종의 생모인 문정왕후(文定王后)가 결승 보우화상과 더불어 불교를 재흥(再興)하고자 일쩍이 폐지되었던 승과를 부활하였을 때에 제 1 차로 합격하였고, 그 후 수차 승진하여 선교양종판사의 최고의 자리에 올라 전국 불교를 통괄하였고, 봉은사 주지를 역임한 후에 이와 같은 직위에 머물러 있음은 출가의 본의가 아니라 하여 전국 명산을 두루 살피고 마침내 묘향산에서 영주하게 되었으니 이로부터 묘향산의 별명인 서산(西山)을 따서 사람들은 그를 서산대사라 부르게 된 것이다.

선조 22년에 일어난 정 여립(鄭汝立)의 역모에 관련하였다는 무고(誣告)에 의하여 어전심문(御前審問)을 받게 된 서산대사는 그 태도와 공연(供連)이 추호도 의심할 바 없음으로 묵죽(먹으로 그린 대나무)에 대한 시(詩)로써 그 충성심 여하를 시험하였다. 그때 사(師)는 즉각으로 선조께서 하사한 묵죽에 대해서,

「瀟 湘 一 枝 竹
聖 主 筆 頭 生
由 僧 香 爇 處
葉 葉 帶 秋 聲」

〈소상강변에 나는 천하일품인 조죽(鳥竹)의 한 가지가 우리 성주님의 붓머리에서 났습니다. 이 한 가지 대나무를 산승(山僧)이 조석(朝夕)으로 향불 사르는 곳에 갖다 두면 잎사귀 잎사귀마다 갖은 풍악을 울릴 것입니다〉라는 의미의 단성(丹誠)어린 묵죽을 읊었다. 그 시재(詩才)에 감탄한 선조는 이에 화답하여,

葉 自 毫 瑞 出
根 非 地 面 生
月 來 無 見 影
風 動 不 聞 聲

〈잎은 붓끝에서 났을 뿐이요 뿌리도 땅에서 난 것은 아니라. 달이 떠도 그림자 볼 수 없고 바람 불어도 소리 들리지 않으리.〉 아무 보잘 것 없는 묵죽에 그와 같이 아름답게 노래하느냐 하는 겸손한 뜻이다.

선조는 후하게 상을 하사하고 환사(還寺)하게 하였다. 서산대사는 생명의 은인인 성은(聖恩)에 감격하며 산으로 돌아 갔으나, 이것이 계기가 되어서 임진란을 당해서 의승군(義僧軍)의 영도자가 되었고 파죽지세(破竹之勢)의 왜병을 남김없이 몰아내고 도탄(塗炭)에 빠진 창생(蒼生)을 건지게 된 것이다.

우리도 가신 님의 발자취를 이어 호국불교의 재건에 심혈을 경주하여야 할 것이다. *

17. 원광 법사와 세속오계(世俗五戒)

신라 진평왕(眞平王) 때에 유명한 고승인 원광법사(圓光法師)가 창도(唱導)한 세속오계(世俗五戒)는 그 당시 전체 국민이 받들어 지켜야 할 헌법이며 국민 도덕의 규범이었던 것이다.

다섯 가지 계율로써 국민이 나아갈 바를 비추어 주신 원광법사는 속성(俗姓)은 박씨라 하며 왕경(王京) 사람으로 25세 때에 불법을 구하고자 굳은 뜻을 품고 진(陳)나라에 들어가서 열반(涅槃), 성실(成實) 등의 교리를 깊이 연구하고 다른 나라 사람들에게도 존경을 받은 고승이 되었다. 때마침 수(隋)나라가 대군을 일으켜 진나라를 쳐들어 왔을 때에 적장이 먼 곳에서 탑이 불타는 것을 보고 구하려 달려오니 탑은 불타지 않고 탑 아래에 원광법사가 묶여서 곧 해를 당하려는 것을 보고 이를 석방하였다는 신기스러운 이적(異蹟)이 있었고, 그 후 수나라에서도 그 도명(道名)이 높았다. 진평왕은 그 배움과 덕망이 놀라움을 듣고 환국(還國)을 청하여 가슬압에 머무르게 하고 대승경전을 강의하게 하니, 귀하고 천함을 막론하고 귀의하는 사람들의 수가 헤아릴 수 없이 많았다고 한다.

그 뿐 아니라, 진평왕의 명을 받들어 수양제(隋陽帝)에게 원병의 표문(表文)을 보내니 그 애국심에 감화되어 즉시 30만 대군을 보내어 고구려를 치게 하였다. 이로 보아 그 내용이 얼마나 애국심에 불타고 있었다는 것을 알 수 있는 것이다. 그 외에도 높은 이름이 나라 안에 널리 퍼져서 남녀노소 할 것 없이 모르는 사람이 없었다.

이 때에, 생사를 같이 하기로 맹서한 귀산(貴山)과 추항(箒項)이라는 두 청년은 평생을 두고 마음 속에 간직할 계(戒)를 원광법사에게 청하니, 법사는 불교의 계는 신하의 신분으로 행하기 어려우니 세속의 5계를 일러주겠노라 하였다. 이른바,

1. 사군이충(事君以忠) : 충성을 다하여 임금을 섬기라.
2. 사친이효(事親以孝) : 효도로써 어버이를 섬기라.
3. 교우유신(交友有信) : 믿음으로써 벗을 사귀라.
4. 임전무퇴(臨戰無退) : 싸움에 임하여서는 물러서지 말라.
5. 살생유택(殺生有擇) : 산 것을 죽이는 데는 가려서 하라.

등의 다섯 조목이다. 법사는 이를 실천하여 소홀히 하지 말 것을 당부하였는데, 살생에도 육재일(六齋日 : 매월 8일, 14일, 15일, 23일, 29일, 30일)과 춘우일(春憂日)의 때를 가리고, 사람에 유익한 가축 같은 동물과 너무 작은 생물을 죽이지 말라는 것까지 덧붙여 일러 주었다. 두 젊은이는 잘 받들어 어김없이 행할 것을 굳게 다짐하더니 후일에 두 분이 다 같이 종군하여 국가 민족을 위하여 큰 공을 세웠다 한다.

이러한 사실이 있은 뒤로부터 세속오계는 화랑도들의 근본 정신이 되어 삼국 통일의 성스러운 위업을 이룩한 밑바탕이 되었고, 그 정신은 지금까지 우리들의 혈관 속에 흐르고 있어서 어느 민족보다 나라를 사랑하고 민족을 사랑할 줄 아는 자랑거리가 되어 있는 것이다. *

제8장 해탈의 장

1. 종교의 목적

종교의 궁극 목적은 열반이다. 열반은 인생 최후의 귀착지이며 절대 최고의 이상이며 해탈안락의 세계이며 상주불변의 실재이며 석존의 대오(大悟) 내용인 구경(究竟)의 진리이며 불교의 중심 사상이다.

열반이라는 말은 범어의 니르바나(Nirvāṇa)의 음역이니 「열반나(涅槃那)」라고도 한다. 열반의 실체는 설명하는 말마다 생각을 초월하였음으로 가설적인 말로써는 그 진의를 표시할 수 없다 하여 그 음역을 피하여 왔다. 그러나, 〈열반경〉에 보면, 열반은 무량(無量)의 이름이 있다 하였으므로 음역의 종류가 많음을 알 수 있는 것이다. 직역의 대표적인 것으로 멸(滅), 멸도(滅度), 소멸, 사멸 등이 있으며, 가장 적극적인 의역으로 원적(圓寂), 적정(寂靜) 등이 있으니, 이는 그 뜻이 우주에 충만하고 덕이 먼지나 모래와 같이 가득 갖추어져 있으며, 그 실체는 본래의 성질을 다하였다는 것을 의미한 것이다.

불교 이전의 인도에 있어서도 일반 철학자들은 열반이라는 말을

238

사용하였다. 그 때의 의미는 수행을 하면 사후에 천당에 갈 수 있다는 이상이었으며 동경의 대상이었다. 그러나, 석존이 정각(正覺)을 성취한 후에는 전연 그 뜻을 달리하여, 영원히 생로병사의 고뇌를 버리고 안온상주(安穩常住)의 이상 세계를 현신(現身)으로써 구체적으로 실현할 수 있다는 뜻으로 변하였다.

이와 같이, 열반의 현실 체현(體現)자인 석존은 누구에게나 그 의의를 몸소 행하여 인생의 번뇌와 악업을 여의고 생사의 고해를 건너 무위상주(無爲常住)의 세계에 살 수 있는 것을 보여준 것이다.

초기 불교 시대에는 열반을 체득(體得)하는 방법으로, 중생들은 먼저 생사윤회하는 제 1 원인인 무명(無明)을 끊어야 한다 하였으나, 무명(본능적인 욕구에 어두워서 그 진실을 알지 못하는 것)을 끊으면 행(行, 생존의 욕망을 추구하는 것)이 멸하고, 행이 멸하면 식(識, 자아의 식에 기준한 판단)이 멸하고, 식이 멸하면 명색(名色, 몸과 마음의 조직을 자아라 오인하여 개체감의 확립)이 멸하고, 명색이 멸하면 6입(六入, 개체적 만족을 위하여 6근(根)의 활동)이 멸하고, 6입이 멸하면 촉(觸, 욕망에 접촉하는 것)이 멸하고, 촉이 멸하면 수(受, 괴로움과 즐거움의 감정)가 멸하고, 수가 멸하면 애(愛, 욕구심)가 멸하고, 애가 멸하면 취(取, 개체에 대한 애착)가 멸하고, 취가 멸하면 유(有, 일정한 신분과 경계)가 멸하고, 유가 멸하면 생(生, 생존의 고립적 관심)이 멸하고, 생이 멸하면 노사(老死, 생을 배반하는 고뇌)가 멸한다고 한 것이다.

이와 같이, 생사가 영원히 단멸하고 어리석음의 인과를 끊으면 해탈의 참된 경지인 소위 멸(滅), 정(靜), 묘(妙), 리(離)의 4덕이 구비된 멸제(滅諦), 즉 열반의 묘한 결과를 얻을 수 있다는 것이다. 그러나, 아무리 현신이 열반의 묘한 경지는 체득하였다 하여도 과거로부터 뿌리깊은 업인(業因)의 결과체인 색심(色心)이 있는 한, 그 무엇이 남아 있다 하여 이것을 유여의(有餘依)열반이라 하였으며, 색심이 완전히 단멸되고 피로움, 즐거움, 근심, 기쁨의 업을 해탈하여 다시 어리석은 세계에 머무르지 않게 됨을 무여의(無餘依) 열반이라 하였다.

이것은 모두 우주의 피로운 결과를 해탈함을 목적으로 하고 현상계가 허무〔공무, 空無〕해서 집착할 바가 못된다 하여 제법무아(諸法

無我)의 진리를 구명 (究明)하는 것이 열반의 진면목이라 한 것이다.

그러나, 열반을 이렇게 이해하는 것은 소극적이며 상대적이며 비활동성의 해석이라 하여, 여기서 한걸음 더 나아가서 발전한 것이 소위 적극적이며 절대적이며 활동성이 있는 해석 방법이니, 즉 실체 세계에다 중점을 두고 실체와 일치함으로써 종극(終極)의 이상을 삼는 것이 열반이라 한 것이다. 실체를 달리 열반이며, 혹은 공(空)이라고도 하고 혹은 현상의 본체인 상주불변의 진여(眞如)라고도 하였다. 그리고, 소위 상락아정(常樂我淨)의 4덕이 구비된 제1의제(義諦)라고도 하였으며, 혹은 법신(法身), 반야(般若), 해탈 등의 3덕을 원만히 구비한 실상일여(實相一如)라고도 하여 끝내 적극적인 말로써 열반을 표현하였다.

이와 같은 열반관은 절대적 활동성과 이상적 실재라고 말할 뿐만 아니라, 또 인격적 의의를 가진 것이라 하였다. 동시에 열반은 무량의 속성을 구비한 인격적 영성(靈性)이라고도 하였다.

열반을 체득한 시절이 종교의 목적을 달성한 때이며, 열반을 체득하는 방법은 종교의 실천 방법이며 불교의 수행 방법인 것이다. ＊

2. 불교의 특징

우리는 어디서 왔으며 앞으로 어디로 갈 것인가? 또한 우리는 어떻게 살아야 할까? 이러한 문제들은 오랜 옛날부터 큰 의문점이었으며 인생의 중대한 문제였다. 이러한 막중한 문제점과 의문점을 해결하기 위해 우리 인간계에 나타난 것이 불교이다.

그러면 불교는 어떠한 사상을 중심으로 하여 이러한 문제들을 해결하려 했을까? 즉, 팔만대장경의 팔만 사천 교법 중 어떤 사상이 모든 불교 교리와 모든 불교 종파의 근본 바탕이 되었을까?

이렇게 불교의 근본이 되는 사상을 해명하지 않고 불교에 입문한다는 것은 아주 곤란한 문제다. 따라서 많은 불교 교리중 일관되는 몇가지 근본 사상들을 소개하여 불교에 입문하려는 사람들의 편의를 도모하고자 한다.

불교의 근본 사상, 다시 말해 불교의 가장 큰 특징이 되는 것들 몇가지 열거하면 '불타(佛陀)', '법(法)', '연기(緣起)', '마음(心) '중도(中道)' 등이 될 수 있겠다. 이러한 특징적인 항목들을 부처님께서 살아 계실 때부터 소승불교(小乘佛教), 대승불교(大乘佛教)라 하는 발달된 형태의 불교에 이르기까지 일관된 중심 사상이었으며, 불교 모든 종파의 공통된 중심 문제였다.

그러면, 우선 불타에 대해서 알아보기로 하자. 불타란 말뜻에 대해서는 불교 교리가 여러 갈래로 발전됨에 따라 다양한 설명이 시도되어 왔다. 하지만 역사적으로, 인도에서 탄생하신 불교 교조 석가세존을 불타라고 말하는 데는 어느 누구, 어느 종파에서도 이의가 없을 것이다.

설사, 후세에 교리가 발전됨에 따라 역사적인 석가세존에서 이상적으로 구성된 아미타불(阿彌陀佛), 미륵존불(彌勒尊佛) 등 여러 종류의 불타관이 등장하였다 하더라도 이것은 역사적인 불타 즉, 석가세존의 어떤 한 측면만을 특히 이상화한 결과에 지나지 않는다. 비록 이와 같은 여러 이상적인 부처님이 실제로 있는 부처님이라 하여도 반드시 역사적인 석가세존의 소개 또는 개시(開示)에 의해서 우리들에게 연결되어 있다고 생각할 때, 이 역시 역사적인 석가세존의 연장이라고 생각할 수 있는 것이다.

이러한 의미에서 석가세존께서 살아계실 때 부처님의 제자가 된 분들은 언제나 말하기를, "우리들의 법(法)은 세존을 근본으로 하고 세존을 안목으로 하고, 세존을 의지한다."라고 하였으니, 이와 같은 확신은 어떠한 불교에도 상통되는 말이며, 이러한 사상을 부정하고서는 불교는 그 성립을 볼 수 없는 것이다. 이 확신이야말로 불교는 최대 최고인 석가세존의 크게 깨달으신 체험적 보증(保證)에서 이루어졌음을 말하여 주는 것이다.

이러한 이유로써 불교가 다른 여러 나라에 전파될 때에 교리보다 반드시 불상 혹은 석가세존의 사리(舍利)와 같은 유물들이 앞서 전파되는 역사적 사실을 보아도 알 수 있을 것이다.

다음에, 불교가 역사적 인물인 석가여래를 중심으로 성립된 것이라는 것은 위에서 말한 바와 같으며, 불교는 다른 종교와 같이 신이나 혹은 다른 무엇으로부터 주어진 것이 아니라, 어디까지나 우리 인간 자신의 수행의 힘으로써 궁극의 목적에 이를 수 있다고 하는 것이 또한 불교의 일관된 중심 사상인 것이다.

우리 인간이 불타가 될 수 있다는 근거에 관해서 여러 가지 방법으로 말할 수 있으나, 이를 요약하면 법〔法 : 달마(達磨)〕을 깨닫고 이것을 실제로 닦아 체험하는 데서 벗어나지 않은 것이라 할 수 있는 것이니, 이러한 사상도 또한 불교의 일반적인 공통 사상인 것이다.

그리고 보면, 법이라는 것은 역사적인 석가세존에 의해서 우리 인간에게 처음으로 나타났다는 것으로 사실은 불타의 출생에 관계없이 법 그 자체는 조금도 다름이 없이 영원하고 불변의 도(道)이나 다만 석가세존께서 이를 깨닫고 체험하시어 우리들에게 나타내 보이심에 불과한 것이라는 것도 불교의 일관된 교리로 되어 있는 것이다.

이러한 의미에서, 불교의 근본 밑바탕은 불타라는 것보다 오히려 법에 있다고 말할 수 있으며, 역사적인 불타나 이상적인 부처님은 이 법을 일정한 형태로 인격화한 것이라고 말할 수 있는 것이다. 그래서, 대승 불교에서 응신(應身)인 인격적인 불타보다 법신(法身)인 법을 더 중요시 하는 이유도 여기에 있다고 볼 수 있는 것이며, 법과 부처님이 같다는 것이 불교의 참된 정신이라고도 말하나, 불교의 기초가 되는 것은 부처님 중심으로부터 법 중심으로 발전해 가는 것이라고도 말할 수 있는 것이다.

법을 여러 가지로 표현해서 설명하는 방법이 있으나, '연기(緣起)에 관한 법칙이다.'라고 하는 것이 가장 간단 명료하고 일관된 설명이자 해답이라고 할 수 있다. 그래서, '연기(緣起)를 보는 사람은 법을 보는 사람이며 법을 보는 사람은 연기를 보는 사람이다.' 하였으며, 또는 '연기는 법주법위(法住法位)라 부처님의 출생 여하에 관계치 않는다.'라고 한 것이 이 소식을 전하는 것이라 하셨으니, 이러한 의미에서 역사적인 석가세존이 보리수 아래에서 바로 깨달아 부처님이 되셨다는 것은 이 연기의 이법을 크게 깨달으신 것이라고 전하여지고 있으니 만큼, 연기관(緣起觀)이라는 것이 법관(法觀)의 중심이 되어 있다는 것은 역사적 사실인 것이다.

그러면, 연기라는 것은 무엇을 의미하는 것인가에 대해서 역시 여러 가지 상세한 해설법이 있으나 근본이 되는 것을 요약하여 보면, '이것이 있으면 저것이 있고, 이것이 없으면 저것이 없으며, 이것이 생겨나면(生) 저것이 생겨나고, 이것이 없어지면(滅) 저것도 없어진다.'라는 것으로, 모든 현상은 상호의존의 관계에서 성립하는 것이며 거기에는 어떠한 실체적인 지배 원리가 있을 수 없다는 것이다.

불교의 삼대 법인(法印)이라고 말하는 제행무상(諸行無常) 제법무아(諸法無我) 일체개공(一切皆空)이라는 것도 이 연기관을 기초로 해서 말한 것이니, 모든 것은 무상(無常)해서 변천하는 것이라, 피로움 즐거움이라는 것도 이 변천하는 경과적 소산으로 별다른 자성(自性)이 없다고 간파하고 우리에게 주어진 자연태 그대로의 세계를 타파하는 것이 곧 해탈(解脫)이라고 하는 것이다.

불교에서 말하는 해탈이라는 것은 연기를 타파하고 공(空)에 돌아가는 것을 말하는 것이며, 따라서 연기의 법칙을 깨달아 부처님이 되었다는 것도 공(空)을 체험하였다는 말과 같다는 것이다. 여기에서 공이라는 것은 허무하고 절멸(絕滅)하다는 뜻이 아니라, 소아(小我)에 집착된 개별의 세계를 타파하였다는 의미인 것이다.

그리고 보면, 공을 몸소 깨달은 후에는 새로운 자유의 세계가 전개된다는 것으로 이것을 불교에서 진공묘유(眞空妙有)라고도 하며, 해탈이라고도 하는 것이다. 그러나, 이 묘유(妙有)의 세계도 이것을 객관적인 면에서 보는 한에는 역시 상호 의존의 관계에서 성립된다는 점에서 이것도 또한 연기의 세계이며, 앞에서 말한 연기와 다른 점은 앞의 연기에는 속박된 고뇌가 있는 반면, 묘유의 세계의 연기는 자유적인 활동이며 연기 그대로가 법계(法界)이며 청정 세계라는 것이다. 이러한 세계를 강조한 것이 〈화엄경〉에서 말하는 무진연기관(無盡緣起觀)이라는 것이고, 〈법화경〉에서 말하는 제법실상(諸法實相)이라는 것이며, 또한 〈대무량수경(大無量壽經)〉에서 말하는 정토관(淨土觀)이고, 〈기신론(起信論)〉에서 말하는 진여관(眞如觀)이라 하는 것들이니, 이것은 모두 이 연기관에서 출발한 것이다. 이와 같이 연기관이 심화되고 복잡화됨에 따라 불교 교리도 마침내 많은 종류

로 복잡하게 전개된 것이다. 그러나 교리의 밑바탕이 되어 있는 연기
관도 그 중심점을 살펴 보면 모든 것의 성립은 상호 의존적으로 된
것이며 관계성을 떠난 실제적인 존재란 없다는 것을 말하는 것으로
그 근본은 결국 마음(心)으로 돌아 간다는 것이다. 이와 같은 세계관
과 인생관은 다른 종교와는 판이한 사상인 동시에 불교 특징 중의
하나인 것이다.

　이와 같이, 연기의 문제도 결국은 심관(心觀)의 문제로 돌아가는
것이다. 연기관은 그 적용을 여러 가지로 나눌 수 있으나 심관을 그
출발점으로 하고 있으며, 그 의존적 생기관(生起觀)은 우리들 심리
활동에 있어 일종의 복합적 경과로써 일정한 법칙 아래 실재적 존재
가 없다는 것으로부터 도출된 것이다. 연기관은 자연태를 공(空)으
로 돌아가게 한 것이며, 이 공은 다시 묘유로 전환하게 하는 계기가
되는 것으로 우리들의 마음 가짐에 따라 모든 것이 좌우되는 것이며,
마음을 떠나서는 연기의 이법도 의지할 근거를 상실한다는 것이다.
이러한 의미에서 연기의 근본은 마음에 있다는 이유인 것이며, 따라
서 법이라든지 연기라는 것도 필경은 우리들의 한 마음의 종종상(種
種相)이라는 것에 다를 것이 없다고 하는 것이다. 이 사상은 원시
불교에서 대승 불교에 이르기까지 일관된 불교의 한 특징인 것이다.
불교는 세계를 지배하는 도리는 나의 마음을 지배하는데 있다고 하는
수행의 근본 방침으로 정하게 된 것이니, 이러한 의미에 있어서 연기
의 발달하는 배후에는 반드시 심관(心觀)의 발달을 예상할 수 있으
며, 심관의 발달은 연기관을 재측하는 것은 물론 여러 연기관은 여러
가지 심관으로 바꾸어 놓을 수 있는 정도로 양자간에 밀접한 불리(不
離)의 관계가 있다는 것을 말하는 것이다. 이와 같은 이치는 불교를
근본적으로 이해하는 데 있어서 하나의 준비로서 잊을 수 없는 것이다.
　법과 연기는 드디어 일심(一心)에 돌아가는 것이라고 하는 데서 이
것을 다시 생활 태도에다 적용한 것이 중도관(中道觀)이라는 것이
있다. 일반적으로 무슨 일에서든지 양극단에 흐르기 쉬운 것이라는
것은 행동이나 사상의 건전성을 상실하였다는 것을 말하는 것이다.
이에 대해서 불교는 심관에 의해서 가장 건전하며 중정한 생활 방침을
확립하려는 것이 중도관이라는 것이다. 이 중도관에 대해서도 여러

가지로 해설을 할 수 있으나, 단적으로 말한다면 인생에 대한 가치 판단과 실천의 태도라는 두 방면으로 말할 수 있는 것이다. 인생의 가치 판단의 면에서 보는 중도관이라는 것은 연기를 말하는 데서 말한 것과 같이 우리들의 생활은 '끊임 없는 흐름'이라는 필연의 법칙에 지배되고 있는 것이다. 따라서, 정신의 특질인 자유를 목표로 하는 입장에서 보면 인생은 의심할 여지 없이 속박되어 있으며 고뇌에 잠기어 있는 것이다. 불교에서 인생은 고(苦)라는 판정을 내리고 해탈을 이상으로 하는 것도 그 이유가 여기에 있는 것이다. 따라서, 불교에서는 고뇌와 속박을 객관적 존재로 보지 않고 우리의 마음 여하에다 두는 것이며, 아집아욕(我執我欲)을 기초로 하여 생활을 계획하여 그 욕구에 만족치 못할 때에 고가 온다는 것이다. 만약에 아욕을 초월하고 무애자유(無碍自由)의 공관(空觀)인 영원한 견지에서 인생을 다시 관찰하여 본다면, 설사 객관적인 사정은 동일한 조건이**라** 하여도 이것은 고가 아니며 속박도 아니며 무한한 평화와 자유의 세계가 나타난다는 것이 불교의 해탈관의 사상인 것이다.

이와 같이, 한편으로는 인생의 무가치를 고조하면서 해탈의 면에서는 다시 그 가치를 인정하는 점에서 불교를 인생 긍정론적이라는 것이다. 이것은 오로지 마음 가짐이 표준이 되어서 인생에 대한 **중도**적 비판의 결론이며, 이것을 실천의 방침에 적용한 것이 불고불(不苦不)의 부도관(不道觀)이라는 것이다.

중도관의 또 하나의 다른 면인 실천의 태도라는 것은 불교의 개인 대 사회의 문제에 관한 중도관이라는 것이며, 이것은 석가세존 당시에는 개인 개인의 구제에 그 목적을 두었던 것이며, 사회 전체를 목표로 한 것은 아니었을 것이다. 그러나, 불교는 모든 근거를 '마음'에 둔 입장으로서 일체 인류에는 누구나 해탈의 가능성이 있으며, 불타가 될 수 있는 자격을 **갖**추고 있다는 것으로 나아가게 되어 있다. 그 결과로 인격의 존엄성을 인정하게 되었으며, 사성(四性)의 평등을 주장하며 자비의 부르짖음이 고조되었을 것이다. 이와 같이, 개인의 구제에서 일반 인류 **사회** 전체의 구제로 나아가게 되었으며, 따라서 불교가 사회적 종교가 되었다는 것도 이와 같은 역사적 사실에서 그 근거를 두었다는 것이다. 이와 같은 요구에 의해서 발단된 것이 교단

(敎團 : 승가)이라는 것이며 그 이상으로는 전 인류를 교단에 귀의케 하여 이들 개인적 수행의 도장으로 함과 동시에 가장 완전한 사회적 통제력이 되게 하는 것을 최고 목적으로 하였던 것이다. 이 사상을 최대한으로 이상화한 것이 대승불교에서 말하는 보살도(菩薩道)라는 것이며, 이 중도의 사상이 불교의 통일된 근본 사상이 되어있는 것이다.

이상으로써 불교의 사상적 특징을 말하는 몇 개 항목을 들어서 그것들의 전개하여 온 과정을 말하여 본 것이다.

불교는 복잡한듯 하면서 지극히 간명한 원칙에 귀착케 할 수도 있는 것임을 알 수 있는 것이다. 요컨데, 불교 입문의 첫걸음으로써 불교의 특징은 어떠한 것인가, 그 사상적 중심이 되는 것은 어떠한 것인가 하는 데 대해서 일심을 기반으로 하고 연기의 법칙을 인정하면서 연기에 기인하여 이상적으로나 실천적으로나 이를 비판하고 시설하는 데 있다고 하는 것을 해명하여 보았다. ✻

3. 불교(佛敎)와 선(禪)

1. 서(序)

우리의 고민은 반성의 밑바탕이 되는 것이며 분별 의식의 근저를 다하고자 하는 무의식의 노력인 것이다. 여기에 인격의 깊이가 있으며, 따라서 고민은 인간의 특징이 된다.

유한성에서 일어나는 이 고민은 무한을 바라보는 데에 있는 것이며 인간으로서 인간을 초월하려는 데서 고민은 더욱 심각하게 느껴지는 것이다. 그래서, 이 고민을 타개하는 길을 강구한 것이 종교 문화의 발전인 것이며, 이 고민의 해결은 모순을 초월하는 곳에서만 발견할 수 있는 것이다.

모순을 초월한다는 것은 대립의 존재를 없애는 것이 아니라, 대립〈모순〉을 그대로 두고 초월의 체험을 해야 한다. 이로 인하여 비로소 고민이 해소되니, 이것이 바로 종교인 것이다.

불교에서는 이 초월의 체험이 다른 힘으로부터 왔을 때에는 타력

246

(他力)의 구제라 부르며, 초월의 체험을 자기 스스로 완성했을 때는 자력(自力)의 깨달음이라 부르고 있다. 타력의 구제를 받아서 고민을 초월했을 때에는 정적인 향기가 감돌고 있으나, 스스로 깨달아 고민을 초월했을 때에는 지적인 풍미가 드높은 것이다. 스스로 깨달아 초월을 체험하는 방법을 불교에서는 선(禪)이라 하여 독특한 불교 실천 방법으로 삼고 있다. 이제 불교가 어떻게 선을 중심으로 해서 우리의 고민을 초월할 수 있게 되었는가 하는 것을 역사적으로 살펴서 현재 고민하고 있는 우리들의 공허를 채울 수 있는데에 털끝만치라도 도움이 될까 해서 이 글을 적는다.

그러나, 주어진 제목이 불교라는 엄청나게 크고 어려운 문제인데다가, 더욱이 체험을 주로 하는 선을 다룬다는 것은 무모에 가까운 것이다. 그러나, 이 글로 인하여 불교를 배우고자 하시는 분들의 공부에 조금이나마 보탬이 된다면 그 공덕은 더할 나위 없겠기에 처음에는 불교의 대강을 쉽게 풀어 보았고, 다음에 불교에서 본 선의 위치와 그의 역사적 발전 과정을 끝으로 선을 실천하는 방법 등을 대강 들어 보는 것이다.

2. 사람이 되는 길

불교가 일어날 무렵의 인도 철학자나 종교가들은 대개 헛된 철학적인 이론을 따지기를 즐겼고, 또는 신통(神通)이라는 불가사의한 도술을 배우는 것을 큰 자랑으로 생각하고 있었다. 그 뿐 아니라, 한편으로는 모진 고행(苦行)을 권해서 천국에 태어나는 것을 기약하였고, 또는 모든 전통을 버리고 오로지 향락만을 즐기려고 꾀하기도 하였다.

이 때, 부처님은 헛된 이론을 따지는 것과 실다움이 없는 도술을 배우는 것을 물리치고 우리의 생활을 살펴서 우리들 스스로를 구하는 길을 가르쳐 주었고, 고행과 향락의 두 극단적인 것을 버리고 중도(中道)의 길을 취할 것을 제시하였다. 그래서, 부처님은 누구에게 대해서도 먼저 사람이 되라고 하였다. 먼저 사람이 되라는 것은 사람다운 사람이 되라는 뜻이다. 그 때 인도 사람들은 사람답지 못한 생활을 하는 이가 많았으므로 사람다운 생활을 하라고 가르쳤던 것이다.

이 교훈은 비단 그 때의 인도 사람들에게만 해당되는 것이 아니라 현재 우리들의 생활에도 적용되는 것이라 할 수 있는 것이다. 그래서, 사람다운 생활을 하는 방법으로 구차한 사람이 와서 구할 때에는 자비스러운 마음으로 보시(布施)하라는 것을 권했고, 스스로 계행(戒行)을 잘 지켜서 공덕(公德)과 사덕(私德)을 쌓는 것을 가르쳐 주었으며, 공인(公人)으로서나 사인(私人)으로서나 사람다운 사람이 되라고 권했던 것이다.

그리고, 한걸음 더 나아가서 우리 인간의 맹점인 미혹을 지적해서 어두운 미혹의 세계에서 깨달은 광명의 세계로 나아가는 법을 깨우쳐 주었고, 사람다운 생활에 신념을 갖게 하여 더 깊은 생명을 불러 일으키게 하였던 것이다. 이것은 사람다운 사람에서 한걸음 더 나아가서 참된 사람이 되게 한 것이다. 그래서, 부처님은 어떻게 하면 어둡고 혼미한 사람이 밝게 깨달은 참다운 사람으로 될 수 있을까 하는 문제에 대해서 고(苦), 집(集), 멸(滅), 도(道)라는 네 가지 진리를 항상 설하였다.

첫째, 고(苦)의 진리라는 것은 인생은 괴로움이라는 뜻이며 고는 인간 현실의 그대로의 모습이라는 것이다. 사람은 누구나 육체에서 일어나는 고통보다 끊임없이 일어나는 마음의 고통을 받는 병자라 하였다. 때로는 우리 생활 중에 즐거운 일도 있으나, 그것은 기대와 사실이 모순되는 한, 어떠한 즐거움도 영구적인 것이 되지 못하고 고통이 뒤따르고 있다는 것이다.

그러면, 고통이 일어나는 원인이 무엇인가에 대해서 답한 것이 둘째 번 진리인 집(集)이라 하였다. 이것은 고통이 모여 일어나는 원인이 갈애(渴愛)에 있다는 뜻이다. 우리들의 마음 속에는 목마를 때 간절한 물 생각과 같이 무엇을 애타게 구하는 것이 있다는 것을 말한 것이다. 이를테면, 본능적으로 일어나는 생명의 무한을 바란다든지, 좀더 밝아져 지혜롭고자 하는 의욕이라든지, 재산이 많았으면 하는 희망이라든지, 또는 지위가 높았으면, 어여쁜 사람을 사랑했으면 하는 등 무진장의 바라마지 않는 욕구가 일어나고 있다. 그러나, 이러한 기대는 현실에서 이루어지는 것이 거의 불가능한 것이다. 그래서, 고민은 자연적으로 생기게 마련인 것이며, 바라는 것이 심각하면 심각할수록 고민도 그와 정비례로 심각한 것이 이 세상의 모습이라는 것을 집(集)의 진리라 하였다.

그리고, 우리가 사물의 있는 그대로를 알지 못하는 곳에서 무명(無明)이 일어난다고 하였으며, 이것은 '나'라는 존재를 고집하는 데서 일어나는 아집이 곧 고통의 근본 원인이 된다고 하였다. 그래서, '나'라는 존재를 부인할 수 없고 또 내면에서 끊임없이 일어나는 욕구에 수반되는 고통과, 사실과 기대에 모순되는 현실에서 본다면 우리는 절망의 슬픔에 빠지고 마는 것이다. 다시 말하면, 구원의 길이 없는 것이다.

그러나, 부처님은 고통의 근원인 집(集)을 정화해서 없애 버리고 스스로 전개할 광명의 세계인 열반의 이상경으로 이끌어 주었던 것이다. 이 열반의 이상은 부처님의 인격성에 구현되어 있었으므로 누구나 부처님께 접하기만 하면 이에 만족을 느끼게 될 것이다. 그리고, 또 열반의 지혜와 자비의 광명은 부처님의 제자들이나 신도들에게서도 빛나고 있었으므로 여러 사람들은 열반을 얻는 것을 동경의 대상으로 여기고 있었던 것이다. 이것을 셋째 번 진리인 멸(滅)이라 하였다.

그러면, 어떻게 해서 고통이 멸한 열반의 세계에 도달할 수 있는가 하는 그 실천 방법을 말한 것이 넷째 번의 도(道)의 진리인 것이다. 이 도의 실천 방법의 개현이야말로 부처님이 체험을 통해서 간곡하게 깨우쳐 준 가르침인 것이다. 그래서, 불교의 많은 경전은 열반에 이르는 방법을 깨우치기에 힘썼고 열반은 불교의 궁극 목적으로 되어 있다. 열반에 이르는 방법은 여러가지로 설명되어 있으나, 가장 기초적이며 중요한 것은 신(信)과 지(智)라고 하였다.

인도 대승불교의 개척자인 용수(龍樹)라는 분은 "불교의 큰 바다는 신(信)으로써 능히 들어갈 수 있고 지혜로써 능히 건널 수 있다."고 하였다. 그리고, 또 〈화엄경〉에도, '신(信)은 도(道)의 근본이며 공덕의 어머니'라 하였다.

이와 같이, 신은 불(佛)·법(法)·승(僧) 삼보(三寶)에게 귀의하는 것이며, 이 신에 의해서 우리들이 불교에 들어갈 수 있는 문이 열리는 것이다. 그래서, 〈아함경(阿含經)〉에도 '도를 구하는 사람들은 자아(自我)가 있다는 어리석은 견해를 버리고, 무아(無我)의 바른 견해에 살며 모든 미신을 버리고 무아의 바른 믿음에 살며 불·법·승 삼보에 귀의하여 편안히 안주할 곳으로 삼으며 불교에 처음 들어오는 자세를 갖추어야 한다'고 하였고, 다시 '신(信)을 제2의 나로 삼고 의지할 바로 삼으며 안주(安住)할 곳으로 삼으며 제일의 보배로 삼는 곳에 인생의 참다운 광명이 빛난다.'고 하여 신(信)의 중요함을 간곡히 말하였다.

그러나, 불교의 궁극 목적이며 인생의 목적인 열반의 이상경에 도달하는 데는 신(信)만으로는 이루어지지 못하는 것이다. 여기에는 정(定)을 닦아서 마음을 고요하게 하고, 이로 인해서 얻어진 지혜에 의하여 열반(涅槃)이 얻어지는 것이다. 우리 인생고의 초탈을 위해서는 고통의 근원을 알아서 이를 정화한 열반의 이상경에 도달해야 하며, 열반에 이르려면 신(信)을 밑바탕으로 한 정(定)과 지(智)가 요청된다는 것이다.

지혜를 얻는 실천 방법 중에서도 가장 중요한 것이 선(禪)에 의한 수도의 방법인 것이다. 그래서, 선은 불교 실천면에 있어서 대단히 중요한 위치를 차지하고 있는 것이다. 이와 같이, 불교에서 중요한 위치를 차지하고 있는 선은 범어로 dhyāna라 하며 선나(禪那)라고도 한다. 이것은 중국 한문으로 번역되어 사유수(思惟修), 기악(棄惡) 등의 뜻이 되는 것이며, 마음을 하나의 대상에다 집중시켜서 고요히 생각하면 드디어 정(定)과 혜(慧)가 고루 열려져서 열반을 얻게 됨을 말한다.

선은 불교에 있어서도 대승불교와 소승불교에서 약간의 차이가 있으며, 범부선(凡夫禪), 외도선(外道禪) 등으로 구별하여 그 목적과 생각하는 대상이 다르다는 것을 말하고 있다. 선이 역사적으로 발전된 모습을 살펴 보면 다음과 같다.

3. 선의 실천 방법

불교 이전에도 선은 인도에 성행하고 있었다. 인도 철학의 특색인 범아일여(梵我一如)의 사상에서부터 시작하여 멀리는 옛날 우파니샤

드에도 그 사상이 보이고 있다. 즉, 마음을 한 곳에 집중시켜서 나를 직관한다는 내성적 수행법이라 전해지는 것이 그것이며, 그 뒤에 학파시대에 내려와서는 선정법(禪定法)이라 해서 여러 가지 방법을 규정하였고, 이미 좌선(坐禪)하는 방법을 가르쳐서 이로 인해서 신체의 자세를 바르게 하고 오관(五管)의 작용을 고르게 하며 기식(氣息)을 고요하게 해서 선삼매(禪三昧)의 심경에 이르게 하는 수행 방법이 성행하였던 것이다.

그래서, 불교의 교조 부처님은 그 당시에 성행한 선의 방법을 그대로 받아 들여서 항상 나무 밑이나 반석 위에서 좌선을 하였으며, 제자들에게도 좌선을 닦아 익히는 것을 권했던 것이다. 이와 같이, 부처님 스스로 항상 좌선 수행을 게을리하지 않았으며 많은 사람들에게 권했다는 사실은 원시불교 경전에서 흔히 볼 수 있는 것이다.

이미 큰 깨달음을 성취하신 부처님께서도 항상 좌선을 하여 수련을 쌓았으며 사람들에게도 권했다는 것은, 선이 비단 열반을 얻기 위한 실천 방법에서 뿐만 아니라, 일상 생활 양식이었던 것을 말하여 주는 것이다. 그러나, 불교에서는 '선'을 대승불교나 소승불교를 막론하고 수행 실천하는 근간이 되는 것이라, 계(戒)·정(定)·혜(慧)의 삼학(三學)을 말하고 선정법(禪定法)으로 근본을 삼는 것은 모두 일치되어 있는 것이다.

소승불교에서의 선의 실천 방법을 보면, 부정관(不淨觀), 자비관(慈悲觀), 수식관(數息觀) 등을 세워서 선정법을 규정하고 있다. 특히, 부정관이나 수식관 같은 것은 수행에 들어가는 요문이라 하며 여러 경전에 자세히 설명하고 있다. 부정관이라는 것은 자기 스스로의 몸이나 다른 사람의 육체를 모두 부정(不淨)한 것이라고 보고 육체에 대한 탐욕의 번뇌를 대치하는 수행 방법으로 삼았던 것이다. 다음의 수식관이라는 것은 자기의 호흡을 세는 것이니, 숨을 한 번 빨아 들이고 한 번 내쉬는 것을 헤아려서 마음을 한 곳에 집중시킴으로써 산란하고 동요되는 대상을 대치하였다. 위의 두 가지 수행 방법은 선을 수행하는 입문이라 하여 선을 수행하고자 처음 들어오는 사람들에게 권하였다.

그러나, 대승불교에서의 선을 수행하는 방법은 그 종류가 많아서 복잡성을 보이고 있다. 먼저 교리(敎理)를 주로 하는 편에서 보면, 법상(法相), 삼론(三論), 천태(天台), 화엄(華嚴), 진언(眞言)등 각각 종파에 따라서 특수한 선의 일종의 실천 방법을 갖고 있다. 이 교리면에서 선의 실천을 하는 방법 중에 가장 유명한 것은 지관(止觀)이라는 것이다. 이것은 모든 생각을 쉬고 대상을 관조한다는 뜻으로 선의 정(定)과 혜(慧)에 해당되는 것이다. 지(止)는 정(定)에 해당하며 관(觀)은 혜(慧)라 할 수 있는 것이다. 모든 악법을 그치고 모든 선법을 낳는다는 뜻이다.

그러나, 선종에서 말하는 진정한 선이라는 것은 인도의 달마대사가 양(梁)나라 무제(武帝) 때 중국으로 들어옴으로부터 시작된 것이다. 달마대사를 최초의 조사로 받들고 그의 선법을 기초로 해서 직관적으로 일체를 배척하고 심경일여(心境一如)의 절대 파악에 매진하는 것을 그 방법으로 삼았고, 여러 사람들에게도 전하여졌던 것이다.

그 후 여섯 대를 전해 와서 육조혜능(六祖慧能)대사 때에 이르러 그 방법은 새롭게 변모하여 정·혜 일체를 제창하고, 행할 때나 가만히 처해 있을 때나 앉았을 때나 잘 때나 항상 일행삼매(一行三昧)에 의해서 자재(自在)스럽게 선을 해야 한다고 주장하였다. 인도의 고요한 것을 주로 하는 방법과 중국 고유의 동적이며. 활동적인 특징을 포함하여 발달된 것이라 하겠다.

이로써 중국의 선은 생활화할 정도로 발전하였고 육조에서 남악(南嶽)선사와 마조(馬祖)선사를 거쳐서 백장대지(百丈大智)선사에 이르러 선을 전문으로 하는 근본 도량인 선원이 독립되었으며, 일상 생활을 규범한 청규(淸規)를 제정해서 좌선하는 방법을 엄숙히 하였을 뿐만 아니라, 불교 의식을 행하는데에까지 이르게 되었다. 이 종풍(宗風)은 당나라 말기부터 오대(五代)와 송대(宋代)에 이르러 성행하여 전체 불교 실천 방법에 커다란 파문을 일으켜 놓았다.

그래서, 우리 나라에서도 그 영향을 받아 신라 통일 이후에서 말기에 이르는 사이에 크게 행하게 되어서 소위 선문구산(禪門九山)을 이룩하게 되었으며, 고려 태조 왕건은 여러 선사를 스승으로 모시고 새 나라를 건설하는 데 큰 도움을 받았다. 이어서 보조국사, 태고보

우화상을 비롯하여 나옹, 무학선사 등의 걸승들이 속출하였고, 이조 때에 와서는 서산대사가 나와서 우리 나라의 독특한 종풍을 세워서 선은 교에 앞선다는 선종 중심의 통일 불교를 이룩하였다. 이로 인해서 임진년에 국난을 당했을 때에도 분연히 총궐기할 수 있는 정신적인 바탕이 마련되었던 것이다.

4. 화두(話頭)의 종류

선을 공부하는 실제적인 방법으로 공안(公案), 즉 화두(話頭)라는 것이 있다.

이것은 선공부를 하는 사람들의 수행이 바르고 삿된 것과, 옳고 그른 것을 판정하는 규준인 동시에 선공부의 내용 문제인 것이다. 따라서, 사물을 사물 그대로 본 자각자들의 체험인 것이다. 그래서, 그 종류가 많으며 내용도 다방면에 걸쳐서 문제되고 있는 것이다.

이제, 부처님의 전기의 한 토막에서 예를 들어 보면, 공안의 근원을 알 수 있을 것이다.

하루는 많은 제자들에게 설법을 하고 있던 부처님은 어떤 사람이 정성껏 바친 꽃가지를 한 손으로 번쩍 들어 여러 제자들에게 보이면서 눈을 껌뻑하였다. 그러나, 여러 제자들은 그 뜻을 알지 못하였으나, 오직 가섭존자 한 사람만이 그 뜻을 알고 빙그레 미소를 지었다. 이것을 본 부처님은 과연 나의 정법안장을 이어받을 사람은 마하가섭뿐이라 증언하였다.

이것이 뒤에 문제가 되어 부처님의 진의가 어디 있는가, 한 가지 꽃을 어떻게 생각하는가를 지도하기도 하고 연구의 대상으로 삼은 것이다. 이것을 거염화(擧拈花)의 화두라 한다. 이와 같은 공안의 종류가 많으나, 이것을 분류해서 간추려 보면 다음과 같다.

첫째, 불교도들에게 가장 중요한 어떤 것이 부처이냐 하는 문제이다. 이에 대해서 마조도일(馬祖道一)은 즉심즉불(即心即佛)이라 하였고, 동산수초(洞山守初)는 마 3 근(麻三斤)이라 한 것이 그것들이다.

그 다음으로는 부처님은 무엇을 설했는가, 그것을 전한 경전은 무엇인가 하는 문제이다. 이에 대해서, 선에서는 산은 높고 물은 깊게 흐르는 모습 그대로가 경전이라 하였다. 이와 같은 표현이 선의 경전관이며 설법관인 것이다. 그래서, 설법은 입으로만 그치지 않고 경전은 지면상의 것뿐만이 아니라는 **것을** 알 수 있게 한 것이다.

동산양개(洞山良介)선사는 어떤 관리가 와서 독경을 청했을 때에 그 사람을 이끌고 법당을 한 바퀴 돈 다음에 독경은 끝났다고 하였다. 또, 반야다라(般若多羅)라는 사람은 자기의 생활 전체가 경전이라 하였다. 이것이 모두 선적인 경전관(經典觀)을 보여준 것이라 할 수 있는 것이다.

우리 인간의 생사 문제에 대해서도 선은 신중히 다루고 있다. 자각한 사람이 볼 때에는 변화하는 것이 곧 변화하지 않는 것으로 보여지는 때문에 찰나의 생명은 곧 영원의 생명이 되는 것이다. 그래서, 생(生)도 말할 수 없고 사(死)도 말할 수 없다는 공안이 나오게 되었으며, 일찰나가 영원이면 생사가 없는 세계는 이 현실을 떠나서 존재하는 것이 아니다. 그래서, 생사의 진상을 깨닫는 외에는 생사를 초월할 길이 없다고 보는 것이다. ＊

4. 열반(涅槃)의 의의(意義)

무명으로 어두웠던 인류에게 광명의 법우(法雨)를 뿌리신 부처님께서 열반에 드신 이래로 열반은 불교를 신봉하는 모든 이들의 궁극적인 목적이 되어 왔다. 이러한 열반이 교리사적인 면에서 어떠한 의의를 갖는가 살펴 본다면, 먼저 열반의 어의(語義)를 말하고 열반이 불교의 최고 목적을 표현한 현대에 이르기까지 근본불교 시대, 소승불교 시대, 대승불교 시대의 순서로 그 해석의 전개된 사정을 약술하고자 한다. 그러나, 이것은 전문으로 교리를 연구하는 이를 위함보다 일반 사람들에게 불교를 교양적으로 이해하려는 이를 위해서 적은 것임을 미리 말하여 둔다.

1. 열반(涅槃)의 어의(語義)
열반은 불교의 최고 목적을 말한 것이다. 이 열반이라는 말은 불교가 성립되기 이전부터 인도의 각파(各派)에서 최고 목적을 표현하는데 쓰여졌으나, 불교에서 구극 목적을 표현하는 데 쓰여진 후로는 불교 세력이 강해지고 널리 전파됨에 따라 불교의 독점어가 되었다 지금은 누구나 불교 전문 용어로 알고 있다.

열반의 원어(原語)는 인도 고대 속어(파리어)로 니빠—나(nibbana)라 하였고, 범어(梵語)로 니르바나(nirvāṇa)라 하였다. 인도 고어에 니르(nir)은 부정사(不定辭)로 쓰였고, 바나(vāṇa)는 「분다(吹)」는 말이었다. 이 두 말이 합하면 「불어서 꺼졌다」는 것을 의미한다. 「타오르는 불을 불어서 껐다」는 뜻이며, 불교에서는 이 뜻을 「탐진치(貪瞋癡)의 불이 꺼졌다.」는 뜻으로 쓰고 있는 것이 상례이다.

이것을 한자(漢字)로 음역한 것에는 니항(泥洹), 니반나(泥槃那), 열예나(涅隸那), 니박남(泥縛南), 열박남(涅縛南), 열파남(涅婆南) 등이 있으며 의역에는 멸(滅), 적멸(寂滅), 멸도(滅度), 불멸(不滅) 등이 있다.

이와 같이, 한역에는 여러 역이 있으나, 이것을 구체적으로 번역한 것으로는 〈열반경(涅槃經)〉에 25역이 있고 〈사제론(四諦論)〉에 68역이 있고 〈대승의장(大乘義章)〉에 20역이 있고 〈화엄연의(華嚴演義)〉에는 20역을 열거하였다. 이와 같이 역이 많다는 것은 열반의 불가사의한 깊은 뜻을 문자로 표현할 수 없다는 것을 의미한다. 그런 이유로 중국에서는 열반의 불가번설(不可飜說)이 일어났으며, 한 때는 강력한 주장과 논쟁을 전개하였다. 일면으로 보아 일리 있는 것이라 하겠다.

이렇게 자의(字義), 또는 어의(語義)의 소극적인 의의를 가진 열반이라는 말은 불교의 최고 목적을 말하는 데 쓰여졌음은 물론이나, 이 속에는 적극적 내용을 가지고 있어서 이것을 통찰하는 것은 매우 큰 의의가 있는 일이다.

2. 근본불교적(根本佛敎的) 의의

불교는 교조이신 부처님의 가르침을 신봉하는 종교인 동시에 성불을 그 내용과 목적으로 하는 종교이다. 이것이 불교의 특징이며 다른 종교에서 볼 수 없는 사실이다. 성불이 불교의 목적이며, 따라

서 열반은 내용적인 면에서 성불의 이치가 된다는 것은 열반의 어의
에서 보여 주는 바와 같다.

그러나, 불교의 최고 목적을 표현하는 열반에 대해서 교리의 변천
과 아울러 그 해석에 변화를 일으키고 있다. 이제 그 대략을 근본불
교적 의의, 소승불교적 의의, 대승불교적 의의로 구별해서 그 특징
만을 들어 보고자 한다.

근본불교교리에 제행무상(諸行無常)·제법무아(諸法無我)·열반적
정(涅槃寂靜)의 삼법인설(三法印說)이 있다. 여기에 일체개고(一切
皆苦)를 합해서 4법인이라고도 한다. 인(印)이라는 것은 불법을 대
표한 기표(旗標)라 할 수 있는 것이다.

여기에서 열반의 원시적 의의를 엿볼 수 있는 것이다. 부처님께서
는 우주의 생기(生起)나 조직 구성 문제보다 직접 당면한 우리 인생
을 대상으로 관찰하시고 생각하신 결과, 삼라만상의 일체는 무상변
천하는 것이며, 어떠한 항상 존재하는 실체를 부인하였다. 그것이
바로 3법인 내지 4법인의 설법이며 그 골자가 되는 것은 열반인
것이다.

그 제 1 선언으로 제행은 무상이라 하였으니, 모든 사람들은 어떠
한 물건을 보는 과학자로서, 사람에게 보여지는 대상과 서로 맞서서
대립되고 있다. 이렇게 서로 대립되고 있는 사이에 보고 있는 사람
은 일정한 불변적인 것이라고 느끼게 되고 이 일정불변한 것이 언제
나 변하지 않는 상주하는「나」라고 생각하고 있는 것이다. 이러한
기본적인「나」가 있는 한, 제행무상이라는 의미를 이해할 수 없
게 되는 것이다. 그래서, 일체 대립이 없어지고 일체는 순간순간에
생멸변화하면서 유동하는 연속이라는 것을 외치게 된 것이다.

이와 같이 끊임없는 연속의 세계에 몰입하는 것이 무아(無我)의
세계라 하였다. 여기에는 관찰하는 자와 관찰되는 대상과의 대립이
없는 세계이다. 그리고, 이와 같은 무대립은 난잡한 무 질서의·세계
가 아니다. 서로 의존하는 연기의 세계이며, 각자가 서로 통일하고
통일되어 있는 것이다. 그리고, 능통일(能統一)과 소통일(所統一)과
의 관계는 순서대로 되어 최고의 능통일에 통일되는 것이다. 이것이
제 2 의 선언인 제법무아의 인(印)이다.

그러나, 우리 인류의 성향은 고정 대립을 추구하는 근본 욕망이 있다. 우리 인생은 나서 죽는다는 필연적인 관계에 놓여져 있으면서 언제나 태어남과 늙어 죽음이 없기를 희구하는 것이다. 이것을 애(愛)의 세계라 한다. 이러한 생각으로 가득찬 세계에서는 무아연기(無我緣起)의 인생을 찾아 볼 수 없는 것이다. 그래서, 우리가 살고 있는 참된 현실인 무상의 세계에서는 사람의 희구가 달성될 수 없는 것이다. 이와 같이 사랑의 희구가 실현되지 않는 세계를 괴로움의 세계라 한다. 이것이 일체개고(一切皆苦)라는 제 3 의 선언이다.

이러한 일체개고의 인생임에도 불구하고 사람은 누구나 사랑을 본질로 삼고 있는 까닭에, 그 생활은 타율적이며 자주적이 아니며 사랑을 기본으로 일어나는 탐진치와 같은 번뇌에 이끌려 다니고 있다. 이와 같은 인생을 교화하고, 그 가르침에 의해서 해탈경에 들어가게 하는 것이 불교인 것이다. 다시 말하면, 타율적이며 자율적이 아닌 인생을 자율적이며 자주적으로 나아가게 하는 것이 불교라는 것이다. 이렇게 하는 방법은, 첫째로 애착을 제어하고 극복하는 것이다. 애의 극복이라는 것은 필연적으로 괴로움을 없애는 것이며, 괴로움의 멸은 인생의 멸이 아니라 애의 멸이며, 애의 멸이 곧 열반인 것이다. 따라서, 열반은 인생을 타율적인 데서 자율적인 곳으로 전향한 것을 말하는 것이다. 애의 멸은 애의 극복이며, 괴로움의 멸은 괴로움의 극복을 말하는 것이며, 열반의 실현은 붇다가 되는 것이고 성인이 되는 것이다. 이와 같은 멸의 진가를 열반적정이라 한 것이 제 4 의 선언이다.

이와 같이 근본 불교에서 보는 열반의 의의는 괴로움의 멸, 애의 멸, 자율과 자주인 성불의 뜻으로 불리어졌으며, 이것을 다른 면에서 해석한 교리로는 사제(四諦)의 고집멸도(苦集滅道)의 법이 있다. 열반과 멸제와의 관계는 근본불교 열반관에서 나누어질 수 없는 관련성이 있음을 말하여 둔다.

3. 소승불교적(小乘佛敎的) 의의

근본불교에서 소승불교 시대로 옮기게 됨으로부터 열반의 해석이 변화를 보이게 되었다. 근본불교에서는 열반을 얻느냐 못 얻느냐의 두 가지 중에서 하나를 택하는 문제였으며, 결코 한 부분만을 얻고 다른 부분을 얻지 못하는 성질의 것이 아니었다. 따라서, 열반은 살아 있을 때 얻는 것이지, 죽은 뒤에 얻는 것이 아니었다. 이러한 의미에서 불타의 성도가 완전한 열반의 증득이었으며 무여열반(無餘涅槃)이며 완전한 열반이었다.

그러나, 소승불교 시대에는 실천 수행의 효과를 요구하는 생각으로부터 다소 불완전한 열반을 요구하게 되었다. 이것이 유여열반(有餘涅槃)이며, 불완전 열반이라는 것이다.

소승에서는 번뇌를 멸하여 끊은 상태를 열반이라 하였고, 번뇌 악법을 각각 고정적인 실체라 생각하였다. 그래서, 어떠한 번뇌에 대해서는 멸무즉열반(滅無即涅槃)을 얻었으나, 어떠한 번뇌에 대해서는 멸하여 없는 상태를 받지 못하고 유여(有餘)라 하였다. 그리고, 그 때의 인생 생존은 윤회 과정의 한 단면이라 생각한 때문에, 윤회는 번뇌가 기본이 된 업력이 이끄는 대로 되는 것이라 생각하였다. 그런 이유로 유여열반은 장래의 윤회 생존을 초래한다 하였고 미래의 생존에서 무여열반을 얻는다 하였다.

불교의 수행은 반드시 현세에서 무여열반을 얻지 못하며, 따라서 열심히 노력하여도 번뇌의 전체를 끊어서 다하지 못하는 것이라 하였다. 그러나, 수행의 효과를 다소라도 인정받는 것을 요구한 결과로 현재증득의 유여열반을 생각하게 된 것이다. 이 때의 열반은 결코 성불과 동일한 것이 아니고 번뇌에 대한 멸(滅)의 이치에 그치고만 것이며, 수행의 완성을 말함에 이르게 된 것이다.

이와 같이 근본불교에서 성불과 동일시된 열반은 무여열반과 유여열반으로 사상적인 변천을 보게 되었다. 따라서, 유여열반 사상은 번뇌단진(煩惱斷盡)의 잔여(殘餘)에 그치지 않고 오히려 신체의 잔여와 관련해서 해석하기에까지 이르렀다. 그 때의 열반관은, 생존하면서 완전한 열반을 증득하였으니 유여열반이라 하였고, 사후에 신체가 흩어질 때에 무여열반이라 하였다. 이와 같이 유여와 무여의 해석이 달라짐에 따라 그 명칭도 자연 변화되어 유여의열반(有餘依涅槃), 무여의열반(無餘依涅槃)이라 부르게 되었고 의(依)를 의신

(依身)의 뜻으로 사용하였다. 이것이 소승불교시대의 일반적인 열반 관으로 채택되어 열반 해석의 표준이 되었다. *

5. 불상의 기원

1. 불상의 종류

불상은 우상이라는 말들을 한다. 그러나, 그 사람들은 형상이 있는 우상만 알고 형상이 없는 우상을 모르는 사람들이다.

〈금강경 오가해 (五家解)〉에서 말하기를, 「흙으로 조성한 불상은 물을 지나가지 못하고 나무로 조성한 불상은 불 속을 지나가지 못하고 금부치로 조성한 불상은 화로를 지나가지 못한다.」하였다.

이것은 불상이 절대적인 것이 아니라는 것을 증명하는 말이다. 더욱이, 불상이 어째서 나오게 되었는가 하는 것을 살펴 보면 더욱 그 참된 뜻을 알 수 있을 것이다.

이러한 뜻에서 불상의 기원을 말하면서 불상의 종류, 또는 구비조건 등을 알아 보고, 우리 나라에까지 전해진 경로를 알아 보기로 한다.

불상은 글자 그대로 불교의 교조이신 석가모니불의 형상을 말하는 것이다. 그러나, 현대 불교미술 등에서 불상이라 하면 좀 더 넓은 뜻으로 쓰여지고 있다.

석가여래상, 비로자나불상, 대일여래상, 아미타불상, 약사여래상, 다보불상 등을 통칭하는 불상의 한 부분이 있고, 또는 관세음보살상 대세지보살상, 문수보살상, 보현보살상 등으로 불리어지는 보살상의 한 부분이 있고, 부동명왕, 사천왕천신, 팔부신중 등으로 불리어지는 부분을 모두 불상이라 부르고 있다. 그리고, 그 만든 솜씨에 따라 조각으로 한 것과 그림으로 그린 것과, 또 자수로 수놓은 등의 불상이 있으며, 조성한 재료에 따라서 금불(金佛), 석불(石佛), 철불(鐵佛), 목조불(木造佛), 자수불 등으로도 부르고 있다.

이와 같이 복잡한 불상도 그 기원을 찾아 보면, 좁은 의미의 석가모니불의 불상에 그치게 되고, 그것을 종류별로 보면 그림으로된 도상불보다 조각으로 된 불상이 앞서게 되는 것이다. 앞에서 말한 여러 불상들의 그 기원과 종류 등을 밝히자면 한정이 없기 때문에, 여기서는 석가모니 불상의 조각으로 된 불상에 한해서 그 기원을 말하고자 한다.

2. 불교미술의 시초

불상의 기원에 대해서는 여러 경전에서 전하는 바와 같이, 부처님께서 생존해 계실 때에 이미 조성된 것이다.

〈증일아함경 28권(增一阿含經二十八卷)〉 및 〈불승도리천위모설법경(佛昇忉利天爲母說法經)〉에 의하면, 부처님께서 생후 7일만에 세상을 떠나신 생모 마야부인을 위하여 도리천에 올라가서 설법을 하시는 동안에 인간계에서는 갑자기 부처님이 보이지 않아서 크게 소동을 일으키고 가장 가깝게 시봉하던 아난타까지도 알지 못하였다 한다. 이 때, 여러 국왕과 불제자들은 부처님의 높은 덕을 추앙하는 생각을 금할 수 없었던 나머지 우전왕(優塡王)은 우두매단(牛頭梅檀) 향나무로 불상을 조성하였고, 파사닉왕(波斯匿王)은 자마금(紫磨金)으로 불상을 조성하였다는 설화가 불상 기원으로 전하여지고 있다.

이 설화를 조각한 것이 우리 나라에 전해진 것은 현재 탑동 공원에 세조대왕께서 경천사 석탑을 모방해서 세운 다층석탑 삼층 서쪽에 있는 전단서불회(栴檀瑞佛會)라는 변상도가 그것이다. 다른 데서 볼 수 없는 특별한 수법으로 마땅히 부처님이 계셔야 할 위치에는 빈 공간이 있고, 그 앞에는 두 사람의 시봉이 수심에 가득찬 얼굴로 방안을 똑바로 보고 있는 모양이다. 이것이 위에서 말한 마야부인을 만나러 도리천으로 올라가시고 난 뒤의 설화를 그린 것이며, 이로 인하여 전단서상의 불상이 조성되었다 해서 탑층에 새겨진 13회중(十三會中)에 전단서상회의 한 자리를 차지하게 된 것이다.

이것은 부처님께서 생존해 계실 때의 일이지마는, 석가모니 교조께서 열반에 드신 후의 약 1백 년 전후까지는 불상의 조성이 없었다. 그 때는 교조의 형상을 꼭 표현해야 할 조각 예술에는 좌대(座

臺)나 보리수나무 가지, 또는 보리수나무 잎이나 법륜(法輪), 혹은 탑파(塔婆) 같은 것까지를 표시하였다.

　고요한 곳에서 사색에 잠기고 선정에 드신 부처님의 모습을 그릴 때에는 좌대만을 표현하였고, 보리수 밑에서 우주의 진리를 체득하신 뒤 부처님이 되셨다는 것을 보일 경우에는 보리수 가지, 또는 잎사귀를 나타냈으며, 깨치신 진리를 여러 사람들에게 설법하시는 모습을 대표해서 법륜을 보였으며, 세상을 떠나 열반에 드신 부처님을 표현할 때에는 탑파를 보인 것이다.

　이것은 그 때 인도 사람들의 생각이 부처님의 형상을 그리거나 조각하는 것은 교조에 대한 존엄성을 상실하는 것이라 믿고 인간상을 조성하기에 주저했던 것이다. 따라서, 교조에게 직접으로 설법을 듣고 깊이 감화를 받은 그 때 사람들은 교조의 훌륭하고 온아한 인격과 종교적인 신비성에 도취되어, 눈으로 볼 수 있는 교조 불타를 단순히 사지를 지닌 보통 인간으로 생각지 않고 깊고 넓은 지식과 통찰력을 가진 진리를 체득하신 초인간으로 보았던 것이다. 그래서, 초인간의 모습을 표현하는 데는 상징으로 나투는 것이 당연한 도리라 알고 있었던 까닭인 것이다. 이와 같이, 인간으로서 초인간의 모습을 나투는 데는 인간의 이상과 원만한 인격과 인간의 모든 아름다움을 표현 해야 했다. 이것은 여러 경전에 보이는 32상(三十二相)과 80종호(八十種好)의 설법이다.

　이것이 후대에 불교 미술의 밑바탕이 되었으며, 여러 민족에 따라 교조의 32상과 80종호를 어떻게 표현하느냐 하는 발자취가 각 민족들의 생활 기록이었던 것이다.

3. 불상의 지역적 특징

　불교가 전 인도에 넓게 퍼지기는, 부처님께서 열반에 드신 후 약 백 년만에 아쇼카왕이 전 인도를 통일한 뒤부터였으나, 그 후「알렉산더」大王이 인도에까지 원정을 온 후부터는 인도 서북방에「그리이스」민족들이 식민지를 설치하여 대거 이민해 왔고, 이민족들이 거주하면서부터 차차 인도 고유 종교인 불교를 신봉하게 되었으며, 드디어는 인도 본토 사람들보다 더 성하게 믿어서 이른바 제2의 불교

근거지가 되었다. 「그리이스」 민족들이 불교를 신봉하면서부터 전에 인도 사람들이 신봉하던 불교와 차이가 생기고 어느 정도 발전을 보게 되었다. 이와 같은 「그리이스」이민들은 인도 사람들이 초인으로 숭배하던 교조 석가모니불을 인간상으로 표현하기를 주저하지 않았으며, 이때부터 불상이 공공연하게 조성하게 된 것이다. 그리고, 이때는 이미 교조께서 생존해 계실 때에 직접으로 교화를 받은 사람은 한 사람도 없었고, 이민족인 「그리이스」사람들의 생각대로 부처님의 위대하고 원만한 모습을 그리워하였으며 예배의 대상으로 삼고자 했던 것이다. 이러한 사정에서 처음으로 이루어진 불상이므로 그 표현한 모습도 인도 사람들의 상징적이고 종교적이며 신비적인 경향이 강한데 비해서, 「그리이스」 사람들의 이성적이고 철학적이며 구체적인 파악력을 가진 민족성이 뒷바침이 되어 있었으며, 직접 교조의 용모를 보지 못한 그들은 자연히 「그리이스」 사람들의 모습과 비슷한 불상의 모습을 면치 못했던 것이다.

이 시대의 불상을 우리는 「간다라」식 불상이라 부르며, 서기 기원 전후로부터 서기 7·8세기까지 많은 아름다운 불상을 조성하였다. 그때는 「그리이스」예술의 전성 시기를 배경으로 하고 있어서 불상은 더욱 우수하였다.

이와 같이 아름답고 우수한 불상이 인도 본토에까지 전파되어, 부처님을 초인의 상징으로 숭배하는 인도 사람들은 예배의 대상으로 불상을 처음으로 모시게 되었다.

이 때 인도 사람들이 조성한 불상을 우리는 「마쓰」식 불상이라 부르며, 이보다 좀 후대의 불상을 「굽타」식 불상이라 부르고 있다.

이와 같은 순인도식 불상은 「그리이스」 사람들의 손으로 조성된 불상과 판이한 민족성을 보여주고 있다. 즉, 「그리이스」민족의 「간다라」식은 머리를 「파마」한 모양을 했고, 의상도 한대를 표현한 두터운 모직물로 되어 있다. 그러나, 인도식은 머리는 곱슬머리로 되어 있고, 의상은 열대 지방에 알맞은 엷은 천으로 바뀌어져 있으며 속살이 거의 보일듯이 비치는 천으로써 나체의 느낌을 주고 있다.

이와 같이, 불상은 여러 민족들의 상상에서 종교적인 신비성과 아름다움을 그려낸 예술적인 예배 대상이라는 것을 알 수 있는 것이다.

불상은 자세에 따라 여러가지 모양이 있다. 서있는 상, 앉은 상, 의자에 걸터 앉은 상, 누워 있는 상 등이 있고, 손의 모양도 종파와 교리에 따라서 여러 모양으로 표현하고 있다. 설법인, 시원인, 항마인, 안위인, 길상인 등이 그것이고, 불교를 모신 좌대도 그 모양에 따라서 금강사자좌, 천의좌(天衣座), 연화좌(蓮花座), 하엽좌(荷葉座) 등이 있다.

특히, 불상에 없어서는 안되는 구비 조건으로 광배(光背)라는 것이 있다. 이것은 불상의 후두부에 둥글게 된 원을 말하는 것이며 일반 범부와 다른 성자의 인격을 표시하는 원광이다. 그래서, 이 원광인 광배를 표현하는 데도 각자의 민족성을 보여 주고 있다. 이를테면, 초기 불상인 「그리이스」민족들의 불상을 보면 광배가 간단한 원판으로 되어 있다. 이것은 석가모니불 교조를 묘사하는 데 어디까지나 현실적인 그대로의 모습을 그려 보려는 것이며, 불상 자체가 이미 훌륭한 완성품이니 마치 광배에 함부로 장식을 하는 것은 오히려 존엄성을 손상하게 한다고 생각해서 있는 그대로 생기가 나는 현실적인 것을 표현하였다. 그러나, 인도 사람들의 생각에서 이루어진 불상의 광배는 복잡한 장식적인 조각이 동심원형으로 새겨져서 오히려 본상(本像)의 세밀한 부분의 조사(措寫)가 간이화되어 있고, 그 광배에서 다시 상징적이고 신비적인 영원의 생명을 생각할 수 있는 명상적인 것으로 채워 넣었다.

4. 우리나라 중국의 불상

북인도와 남인도에서 발생한 불상이 중국에 와서는 또 다른 특징을 보여 주고 있다.

중국에 제일 먼저 불상을 전해준 민족은 초원과 사막을 달리는 용감한 유목민들이다. 그래서, 중국 고대의 불상 유물을 돈황 석굴 대동 용문 등의 석굴에서 보면, 건장한 체구에 의지가 굳세어 보이는 턱과 정면으로 정시하는 눈동자를 가진 불상을 볼 수 있으며, 서장의 불상은 서장인의 용모를 나타내고 있고, 중앙 아시아의 발상은 거기서 거주하던 고대 「터키」민족의 모습들이 많이 보이고 있다. 중국에 전해진 불상은 우리 나라에도 이어 전해져서 우리 민족에게 알맞게 소화되었고, 우리 민족의 이상과 신비성과 예술의 우수한 것을 여실히 나타내었다. 그 유물들은 고구려, 백제, 신라 삼국시대의 것을 비롯하여, 통일신라시대, 고려, 이조의 순으로 특출한 불상이 많이 전해지고 있으나, 그 중에서도 가장 대표적인 것이라면 무엇보다도 먼저 신라통일기의 소산인 석굴암 불상군을 들 수 있는 것이다. 이것은 세계 어느 민족이라도 흉내를 낼 수 없는 만고의 신작(神作)인 까닭이다. 그리고 우리 민족의 손으로 이루어진 불상은 거의 호국 사상에서 이루어진 민족혼의 정수라는 점이 더욱 큰 특징이다.

이상으로, 불상의 기원을 살펴보고 우리 나라에까지 전해서 민족의 생활을 기록해 주었다는 것을 간단히 말해 보았다. 여기서 우리는 불상이 다른 종교에서 말하는 우상이 아니라는 것을 알 수 있으며, 민족과 국가와 결부된 하나의 종교적인 호흡이라는 것을 깨닫게 되는 것이다. *

6. 불교에서 본 자애(慈愛)의 사상

어머니가 자식에게 부드럽고 착하고 어진 마음씨로 사랑을 베푸는 것을 자애라 한다면 이것은 모성애를 가장 잘 표현한 말일 것이다. 두말할 것도 없이 모성의 자식에 대한 자애는 비단 인간에만 한정된 것이 아니라 동물에 이르기까지도 공통하는 자연적인 사랑으로써 나타나고 있는 것이다. 이와 같은 사랑은 아무런 조건이 없는 사랑이며, 따라서 보수를 논하는 것이 끼어들지 못하는 사랑이다. 내 자식이 잘났거나 못났거나 착(善)하거나 악(惡)하거나 차별이 없는 사랑이며 더욱이 병들어 약한 몸이거나 뜻하지 아니한 위험을 당함을 볼 때의 용솟음치는 어머니의 자비스러운 사랑은 한층 더 높고 고상한 것이다. 나 자신을 잊어버리고 자신의 목숨을 바쳐 가면서도 어머니의 자비스러운 사랑은 불타고 있는 것이다. 그 대가를 바라는 생각이 추호도 없을 뿐만 아니라, 설사 믿음과 의리를 배반하여도 그 사랑에는 변함이 없는 너그러움을 간직하고 있다. 이것은 인간 사회에서 무엇으로도 바꿀 수 없는 넓고 크며 끝이 없는 사랑이라 할 수 있다.

불교에서도 이와는 근본적으로 다른 의미이기는 하나 어머니의 자비스러운 사랑과 서로 통하는 사랑이 있다. 그것은 불타의 일체중생에 대한 사랑이다.

'나는 너희들 모든 인간을 불쌍히 여겨 조심함이 부모가 자식을 생각하는 것보다 더 심하니라.' 하신 것은 모든 생명이 있는 무리를 자신과 꼭 같이 생각하시고 무아(無我)의 사랑을 베푸는 데서 나온 말씀이다. 이와 같은 자식에 대한 부모 이상의 사랑을 불교에서는 부처님의 자비로운 사랑, 또는 대자대비라 나타내고 있다.

이것은 어머니의 자비로운 사랑과도 달리 불교에 들어가는 문이라 하였고, 모든 착한 것의 밑 바탕이며 중덕(衆德)을 간직하고 있다고 하였다. 그리고 이와 같은 사랑은 가장 선한 것 가운데 제일이며 일체중생들의 심신을 의지할 곳이며, 태양이 낮을 밝히는 것과 같고 월광이 밤을 비추는 것과 같으며 인류의 눈이며 인도하는 스승이며 부모며 형제며 둘도 없는 선지식이라 하였다. 그리고, 어머니가 자식을 사랑하는 사랑스러운 자비와 구별하여 오히려 어머니의 사랑을 고통의 근본이라 하고 이것을 부처님의 자비로운 사랑인 자비의 손으로서 벗어나게 하는 데 간절히 원함을 세우고 있다. 그러나, 불교에서도 어머니의 사랑에서 이루어진 공과 덕을 높이 평가하여 여러 경전에서 높이 찬양하고 있다.

〈불승 도리천위모설법경 (佛昇忉利天爲母說法經)〉에서는 부처님께서 생모 마야부인을 위해서 도리천상에 올라 위로의 설법을 하였다 하였고, 〈부모은난보경 (父母恩難報經)〉에는 오른편 어깨에 아버지를 업고 왼편 어깨에 어머니를 업어 천 년 동안을 지나더라도 그 은공을 보답하지 못한다 하였고, 〈효자경 (孝子經)〉에는 부모님께 효도하며 공양하는 방법을 열거하면서 진수성찬을 갖추어 받들며 공양하

여도 부모의 넓고 큰 은덕을 갚기가 어렵다고 하였다. 〈우란분경 (盂
欄盆經)〉과 〈보은봉웅경 (報恩奉瓮經)〉에는 목련이 지옥고에 빠진 어
머니를 위해서 공양을 올려 구해내는 사연을 전하고 있다.

　불교에서 자애를 말한 자비라는 것은 모든 사람들에게 즐거움을
주고 고통이 없게 한다는 것이 본래의 뜻이다. 이와 같은 뜻을 〈관음
현의 (觀音玄義)〉에서는 〔비 (悲)는 민상 (愍傷)을 이름한 것이며, 자
(慈)는 애념 (愛念)을 이른 것이다 (悲名愍傷　慈名愛念)〕. ✻

7. 한국 불교의 당면 과제

1. 불교도의 자질향상 교육

　불교는 스스로 마음을 깨쳐서 다른 사람을 깨치게 하는 자리이
타 (自利利他)의 근본정신으로서 이상사회를 건설하는 기본을 삼고
있다.

　그래서 우리 불교도들은 대승과 더불어 동고동락하면서 그들을 교
화하고 나아가서는 사회를 정화하고 이상적인 복지사회 국가를 건설
하는 지도적 역군이 되어야 한다는 것이다. 이것이 부처님의 가르침
을 받드는 길이며 우리 나라가 처음 불교를 받아 들여서 훌륭하게
발전시켜 온 것을 잘 이어 받는 도리가 되는 것이다. 그러나, 슬프
게도 우리 나라 현재의 불교도들은 민중을 지도, 교화하고 복지사회
를 건설하는 역군이 되기 전에 종종·사회의 비난을 받는 대상이 되
기도 하고 민중의 등불이 되기도 전에 오히려 그 뒤에 끌려가는 느
낌이 적지 않다. 이것은 결코 한 개인이나 어떠한 파당 (派黨)에서
잘못을 저지른 결과가 아니라 생각된다. 그 원인을 따져 보면, 이조
말기의 불교말살정책 (佛敎抹殺政策)의 제물이 되었던 것을 비롯해서
일제시대 (日帝時代)를 겪는 동안에 불제자로서의, 사회지도 역군으
로서의 올바른 교육을 받지 못하였고, 이어서 8·15해방 직후의 무
질서와 6·25동란을 겪으면서 일부 몰지각한 사람들이 교단을 흔들

어 놓은 까닭이라 하겠다. 이 때를 직면해서 가장 화급한 당면 과제는 종단의 혼란을 흡수하고 땅에 떨어진 권위를 바로 세우고 명실공히 대중을 교화하고 국가 민족을 위한 선봉이 될 일꾼을 양성해야 한다는 것이다. 지금까지 도제(徒弟)를 양성하지 않았다는 것은 아니나, 좀더 관심을 가지고 계획적으로 백년대계를 세워 보자는 것이다. 그래서 교단을 새로운 방향으로 재건하고 세대교체의 선구적 역할을 하고 인간 개조의 주도를 맡을 역군을 양성하는 것이 급선 문제라는 것이다. 이것을 대별(大別)하여 보면 우선 사원을 운영할 요원과 대중을 상대로 포교를 맡은 요원과 제자를 양성할 교육 요원과 그 외에 특수한 몇 가지를 들 수 있는 것이다.

2. 사찰운영의 전문화 교육

사원운영을 주로 할 요원에는 행정을 주로 하는 것과 재정을 주로 하는 것과 문화재 관리를 주로 하는 부분으로 나누어 볼 수 있는 것이다. 행정을 위주로 하는 것은 중앙기관 요원 및 사찰 주지와 그 보좌원)을 말하는 것이다. 현존 사원수로 보아 상당수의 인원이 필요하지마는 일시에 교체가 불가능하기 때문에, 당분간은 주지는 종전대로 학덕이 높은 분을 모시고 그 보좌로 적어도 4년제 대학 이상을 나온 사람을 배치해야 할 것이다. 그리고, 행정 사무와 분리해서 재정을 주(主)로 하는 전문적인 요원이 필요한 것이다. 여기에는 종전과 교육 방침을 달리해서 경제학, 경영학, 농림학 등 전공의 요원을 양성해야 할 것이다. 각 사원에는 막대한 임야를 보유하고 있다. 그러나, 기술 부족으로 거의 방치 상태에 놓여 있으며, 더욱이 경제적 뒷받침이 없이는 종단 운영이 곤란한 이 때, 재산을 잘 다루고 조성할 수 있는 경제에 밝은 사람이 요청되고 있다.

우리 나라 불교는 수도(修道) 일방으로 청빈과욕(淸貧寡慾)을 내세우고 사원 경제를 등한시한 까닭에 지난날에 지가증권(地價證券) 소동을 일으켰고, 기업체 운영실패를 연발하였던 것이다. 그래서 수 억의 거대한 전래의 정재(淨財)는 몇 개인의 우롱에 탕진되고 만 것은 우리들의 기억에 새로운 것이다. 모두 다 이 방면에 어두웠던 소치라 아니할 수 없는 것이다. 국보급 문화재를 보존하고 있는

사원은 내외의 관광객이 빈번함에 비추어 이에 전문지식을 가진 보
호 및 연구와 선전에 필요한 요원이 요청되고 있다. 우리의 문화재
를 우리 손으로 다루지 못하고 그 보호를 국가에 떠맡기고 있는
현실은 부끄럽기 짝이 없는 일이며, 더구나 외국 사람들의 관광 안
내를 불교와는 문외한(門外漢)인 다른 사람들의 입을 빌고서야 어
찌 체면이 선다고 할 수 있는 것인가? 그래서 고고학, 미술, 관
광 등을 전공하는 사람을 양성하여 요소에 배치해야 할 것이다. 이
와 같이 행정, 재정, 문화재 등으로 구분하여 계획적으로 양성을 해
서 각 사원에 배치한다면 우선 외면(外面)이나마 사원이 민중 교화
의 근본 도량으로써 고전 문화재 보존의 권위를 지킬 수 있을 것이
라 생각된다.

3. 포교사 교육배출

다음은 직접 대중의 교화 운동에 선봉이 될 포교사의 양성 문제이
다. 현재 공·사설의 포교당은 수 백이 넘는다 하며 많은 포교사가
교화 사업에 힘쓰고 있다. 그러나, 그 대부분은 포교하는 교리의 내용
은 빼고라도 교화의 방법과 의식은 천태만별(千態萬別)이다. 선종식
(禪宗式), 밀교식(密敎式), 정토종식(淨土宗式)의 의식 절차가 범벅
이 되어 일정한 통일성을 잃고 있다. 그리고, 불교를 권하는 방법도
참선을 해라, 염불을 해라, 주문을 외워라, 경을 읽어라, 무슨 교리
학설을 연구하라는 등 듣는 이로 하여금 무엇을 따라야 할지 갈피를
못 잡게 한다. 종(宗)을 내세우고 있는 불교 교단이라면 반드시 그
종지(宗旨)에 맞는 교리 내용과 의식 절차가 통일되어 있어야 할 것이
다. 그래서, 우선 포교사를 양성함과 동시에 기성 포교사들은 수시로
강습회 등을 열어서 연구하게 해야 할 것이다. 포교사의 자격은 최하
대학 불교학과를 나와서 일정한 기간에 특수한 교육을 받은 사람이
라야 할 것이며, 이에 따르는 조건으로 중앙에 교화사업 연구소나 포
교사 양성소 같은 기관이 필요한 것이다. 이와 같이 정상적인 교육
을 받은 사람이 포교사로 활동할 때에는 사회의 신망(信望)이 두터
워짐은 말할 것도 없지마는 미신의 소굴이라 정평이 있는 사설·사
립의 난립도 미연에 방지될 것이라 생각되는 것이다. 포교사 양성과

아울러 중요한 것은 교육 요원의 양성이다. 현재 종립(宗立) 중·고등학교 이상은 거의 기성 인물들로서 완벽을 기했다 하여도 과언이 아니기에 언급할 필요가 없으나, 우선 급한 것은 각 포교당에 병설(倂設) 유치원(幼稚園)이며 이에 따르는 보모(保母) 양성인 것이다. 대학에 보육과를 설치해서 특별히 불교인의 보모 양성이 필요한 것이다. 이에는 비구니들이 적극적으로 참여해야 할 것이다. 나라의 새 싹인 어린이들의 교육이 얼마나 중요하다는 것은 여기서 재론할 필요가 없는 자명한 것이다. 그리고, 교역자의 일원으로 비구니교육 문제도 소홀히 못할 것이며 불교 고유 미술을 습득할 수 있는 연구소 또는 범패(梵唄)와 불교 음악 현대화를 주로 하는 불교음악 전공자도 양성해야 할 것이다.

이상과 같이 필요한 교역자는 매년에 적어도 불교학을 배운 30명 이상, 경영학과나 경제학과 졸업생 5명 이상, 음악대학, 미술대학 졸업자 2·3명은 나와야 할 것이다. 그래도 10년 후면 불과 300~400명에 불과할 것이다. 실제로 요하는 인원에 비하면 까마득한 숫자의 차라 아니할 수 없는 것이다.

4. 꾸준한 노력

이상에서 장차 교단을 짊어지고 나갈 교역자 양성이 시급한 당면 과제라는 것을 들어 보았다. 그러나, 이것은 하나의 잠꼬대에 지나지 않으며 구두선(口頭禪)이며 탁상공론에 불과한 것이다. 그 이유는 양성할 방법이 없었기 때문인 것이다. 그렇다고 해서 좌시(坐視)만 할 수 없는 심정에서 탁상공론이 될 줄 번연히 알면서도 행여나 교운(敎運)이 남아 있어서 조그마한 싹이라도 보일까 하는 희망에서 평소에 생각하고 있는 방법 몇 가지를 제시하여 보았다.

각 사원에서 현재 머물고 있는 분들이 공동책임을 지고 장차 그 사원의 운영 및 재산보호 운영을 양성해 보겠다는 절실한 성의를 가져 보자는 것이다. 현재의 실정으로 가람 수호는 커녕 호구지책도 어려운 이 때 이 무슨 괴이한 말이냐 하겠지마는, 과거의 우리 선사들은 현재보다 부유해서 또는 안일한 생활 환경에서 가람을 수호하고 도제(徒弟)를 양성했던 것은 아니었다. 거기에는 피눈물나는 열

의의 결정이 있었던 것이기에 우리도 옛 선사들의 뒤를 이어 받아
좀더 노력하여야 겠다. *

제9장 부처님의 장

1. 탄생게 (誕生偈)

음력으로 4월 8일은 부처님께서 탄생하신 날이다. 이와 아울러 천상천하 유아독존(天上天下唯我獨尊)의 게송(偈頌)을 탄생게(誕生偈)라 하며, 널리 불리어지고 있다. 부처님께서는 우주의 진리를 바로 깨달으시고 자비와 지혜의 빛으로 인간 고뇌의 근본을 밝혀 깨달음의 문으로 모든 중생을 이끌어 건지시고, 어느 한 쪽에도 치우치지 않는 중도의 묘한 이치와 차별을 뛰어 넘은 평등의 묘한 법을 가르치셨다. 또한, 한 마디의 가르침으로써 두루 온갖 중생의 소리에 응하시고 복되게 하셨으니, 부처님의 나심은 위대한 우주의 빛이며 오랜 세월의 생명이신 것이다. 그래서, 이 날을 불교도는 물론, 여러 사람들이 진심으로 그 위업을 찬송하며 향과 꽃을 올리고 오색 등불을 밝혀서 경축하는 것이다.

부처님께서 룸비니 꽃동산에서 태자로 탄생하였을 때의 여러 가지 상서로운 조짐을 후대 사람들이 기록하여 전하고 있다. 그 중에서도. 귀중한 것은 무우수(無憂樹) 꽃가지를 휘어잡으신 마야부인의 오른쪽 옆구리로부터 탄생한 태자가 곧 두루 일곱 걸음을 걸으며 한 손을 들어 하늘을 가리키고 또 한 손으로는 땅을 가리키면서 「천상천하 유아독존(天上天下 唯我獨尊), 삼계개고 아당안지(三界皆苦 我當安之)」라는, 시적이며 극적인 한 폭의 성화(聖畵)를 표현한 것 같은 탄생게를 발하신 것이다. 그리고, 이것은 아시아 대륙에 영혼의 왕국을 세우신 성자의 첫 부르짖음이었던 것이다. 하늘과 땅 사이의 만물 중에 최상의 존귀한 존재이며, 피로움의 삼계(三界)를 큰 편안함과 즐거움의 세계로 건설하리라는 뜻이며, 하늘과 땅을 가리킴은 사람과 하늘의 큰 스승이 됨을 상징한 것이다.

이와 같은 탄생게는 〈수행본기경 권 상(修行本起經 卷上)〉과 〈비나야잡사 권 12(毘奈耶雜事 卷十二)〉를 비롯하여 여러 경전에 보이고 있으나, 어구의 차이가 있을 뿐 그 내용은 거의 유사한 것들이다. 그러나, 이 네 구절의 탄생게는 후대 사람들이 부처님을 높이 받드는 마음에서 처음 탄생하실 때의 고사리같은 두 손을 쭉 뻗으면서 고고한 첫 소리를 외친 것을 교리 사상과 관련하여 아름답고 미묘하게 표현한 것이라 생각할 수 있는 것이다. 이와 같이 생각함으로써 신격화되고 신앙의 대상이 된 부처님을 역사적이며 인간적인 모습으로 이해할 수 있는 것이다.

이와 같은 의미에서, 옛날부터 불탄게에 대해서 특히 선종가(禪宗家)들이 날카로운 비판을 가하여 왔다. 그 중에도 운문선사(雲門禪師)와 같은 이는 뼈를 도려내는 뜻한 비평을 논하였고, 이와 반면에 탄생기연(誕生機緣)을 소재로 한 화두(話頭)도 등장하였다. 동산선사(洞山禪師)는 부처님 탄생을

사월파일 불강생(四月八日佛降生)
지천지지 칭제일(指天指地稱第一)
구룡분수 목금구(九龍噴水沐金軀)
마하반야 바라밀(摩訶般若波羅蜜)

이라 노래하여 축하의 뜻을 다하였으니, 우리도 이 성스러운 탄생게의 참뜻을 알아서 누구나 천상천하 유아독존이 되기를 부처님께 향과 꽃을 올려 불 밝히며 다짐하고, 스스로의 마음에도 불을 밝히고 기원해야 할 것이다. ✻

2. 마야부인(摩耶夫人)

하늘을 찌르는 히말라야 산맥의 남쪽 기슭(현 네팔 남쪽)으로부터 원강에 이르는 지류 파프치강을 중심으로 한 평원 일대가 당시 석가족의 근거지인데, 농경을 주로 하는 조그마한 나라였다.

석가족은 열 개의 성으로 나뉘어 있었으며, 이들의 영도자는 그중에서 선출된 한 사람이 왕으로서 일족(一族) 및 9성을 통치하게 되었으니, 가비라성 정반왕(淨飯王)이 바로 그 통치자이며 부처님의 아버지이시다. 가비라성의 정치적인 세력은 다른 나라에 비해서 미약하였으나, 혈통이 순수하다는 것으로 자랑을 삼았으며, 귀족으로서의 자부심은 당시에 사회적으로 모든 면에 지배자인 바라문(波羅門)에게 못지 않은 자존심을 가지고 있었다.

이 가비라성 동쪽에 위치한 제바타가(提婆陀詞) 성주의 공주 마야(摩耶)를 정반왕은 왕비로 맞았으니, 이 분이 바로 부처님의 생모(生母)이시다. 마야(Mayā)는 고대 인도어인 범어(梵語)의 음사(音寫)로서 '묘(妙)'라는 뜻이다.

정반왕은 45세까지 뒤를 이을 태자가 없어서 심히 근심하던 중에 하루는 마야부인의 꿈에 네 가지 신비를 보고 태자를 임신하였으니, 첫째는 여섯 마리의 아기 코끼리가 공중으로부터 태(胎)중으로 들어오는 것을 보고, 다음에는 전신이 공중으로 날아오르고, 셋째는 높은 산으로 오르고, 넷째는 많은 사람들이 부인을 둘러싸고 지극히 공경하여 이마를 땅에 조아리고 절을 하는 것을 보았다고 전하고 있다.

뿌리 깊은 바라문의 독재적 지배를 물리치고 큰 종교 혁명을 일으킨 부처님은 세상에 나오기 전부터 범상치 않은 그 무엇을 성모(聖母)에게 보여준 것이다. 당시 인도의 풍속으로 출산은 생가에서 하는 것이 상례였으므로 마야부인도 고향 제바다가성으로 가는 도중 룸비니 동산에 들어섰을 때, 무우수(無憂樹) 밑에서 만발한 꽃가지를 휘어 잡으려는 순간 홀연히 산기(産氣)가 있어 부처님을 탄생하셨던 것이다. 이 때, 꽃비가 내리고 공중에서 찬미의 음악이 흘러오는 등의 많은 성스러운 일들이 있었다 한다.

마야부인은 아드님을 낳은 7일 만에 과거 모든 부처님의 예와 같이 세상을 떠났으니, 이것은 마야부인께서 태자를 낳고 환희로움을 견디지 못하여 그 환희(歡喜)의 불멸을 위하여 천계(天界)로 간 것이라고 전하고 있다. 슬픔에 잠긴 정반왕은 마야부인의 여동생인 마하프라자파티(摩訶波闍波提)를 비(妃)로 삼고 태자를 양육하게 했다.

후에 부처님은 대각을 성취하시고 생후 7일 만에 돌아가신 성모(聖母)를 위해서 여러 가지 신통 변화를 보였으니, 사위국(舍衛國)에 있을 때 도리천(忉利天)으로 올라가 어머니를 위해 법(法)을 설하셨다. 이 때 성모는 도솔천(兜率天)으로부터 내려와 부처님의 법을 듣고 크게 기뻐하였다 하며 부처님이 열반에 들었을 때는 성모가 천상(天上)으로부터 내려와 그 유해(遺骸)를 모신 금관(金棺) 옆에서 슬피 울며 통곡하였을 때 금관 속으로부터,

「제법(諸法)은 멸도(滅度)하여도 법보(法寶)와 승보(僧寶)는 상재(常在)라, 원컨대 자모(慈母)는 근심과 슬픔을 그치시고 무상(無常)을 제관(諦觀)하소서.」

라고 외치는 소리가 들렸다고 전하니, 이는 모두 성모 마야부인을 중심으로 한 불교 미술, 불교 문학의 원천이 되어 있는 것이다. *

3. 룸비니〔佛誕聖地〕

인간 부처님의 역사적 사실을 올바로 밝히려면 그 태어나신 때와 장소가 밝혀져야 하는 것이다. 이 때와 장소는 사실을 밝히는데에 두 눈과 같아서, 존재 여부에 따라 모든 사실을 암흑 속으로 몰고 가느냐 마느냐 하는 중대한 계기가 되는 까닭이다.

특히, 부처님께서 세상을 떠나신 지 수천 년의 세월이 흐르는 동안 부처님의 가르침을 믿고 따르는 신도의 수는 헤아릴 수 없이 많다. 세월이 흐르고 사람이 바뀌어지는 사이에 형형색색의 설화(說

話)가 꾸며지며, 인간 부처님은 완전히 인간성을 떠난 신화(神話)로서, 전설의 주인공으로서, 또는 이상(理想)의 화신(化身)으로까지 변천하여 심지어는 실제적으로 존재하지 않았던 인물이라는 설까지 나오게 된다. 그러므로, 현대에 있어서 더욱 이 사실의 고증이 요청되는 것이다.

그래서, 갑인(甲寅)년 4월 8일에 부처님께서 탄생하셨다는 일시(日時)의 문제는 뒤로 미루고, 여기서는 그 장소에 관해서 재미로 전하던 설화체의 미운(迷雲)을 떨쳐 버리고 역사적 실존 인물인 부처님의 면모를 이해하는 데 조금이라도 도움이 되었으면 한다.

아시아 대륙에 불꽃〈靈〉의 황금 왕국을 건설하신 거룩하신 부처님이 탄생하신 곳은 룸비니(Lumvini) 동산이다. 이 룸비니 동산은 룸미니(Lummini) 혹은 논민(論民)이라고도 하여, 음역으로 람비니(嵐毘尼), 랍벌(臘伐), 남비니(藍毗尼) 등으로도 쓰며 현 북인도 연합 지방에 있는 루민디(Ruminder)라는 곳의 옛 이름인 것이다.

룸비니는 개벽 이래로 녹아 본 적이 없는 흰 눈을 이고 높이 솟은 히말라야 산맥에서 남쪽으로 이어진 기름진 유역의 평야로, 고대 인도 철학의 수론학파(數論學派) 창시자인 비라선인(毘羅仙人)이 수행하였다는 깊은 유서를 가진 가비라성(加毘羅城)에서 멀지 않은 동쪽에 위치하고 있다.

'우담발화(優曇鉢花)가 만발하여 향기로운 내음이 사해에 진동하고 새롭게 빛을 더한 나뭇잎이 더욱 빛나고, 쪽빛 연못 물결이 한결 맑은 동산에서 무우수(無憂樹) 가지에 몸을 의지한 마야부인……' 하면서 많은 불전에서 전통적으로 전하여진 곳이 바로 부처님 탄생 성지 룸비니 동산인 것이다.

이렇게 유명하던 성지도 부처님의 입멸(入滅)과 때를 같이하여 가비라성과 부처님의 종족인 석씨(釋氏)족과 더불어 비운을 같이 하였으니, 〈서역기 권6(西域記 卷六)〉에 의하면 부처님의 본국인 가비라성과 이웃한 교살라 국왕이 석씨족에게 구혼(求婚)하였을 때 그 종족이 열등한 위치에 있었으므로, 멸시하여 신분이 낮은 천한 여자를 속여 보냈더니 파사익왕(波斯匿王)은 이를 왕비로 삼고 왕자를 낳았는데, 어느날 왕자가 외가국인 가비라성에 학문을 배우러 가던 도

중 천한 사람의 자식이라고 꾸짖는 말을 듣고 분개하여 귀국하였다. 이 왕자가 훗날 왕위에 오르자, 많은 군사를 일으켜 치욕의 과거를 씻었던 것이다. 이로 인하여 가장 우수한 종족이라 자칭하던 석씨족도 하루 아침에 멸망당하고 부처님의 탄생 성지마저 파괴되었을 뿐 아니라, 그 유적조차 보호해 줄 석씨족이 없어졌으니, 황량하게 파괴된 정도가 극히 심하였다는 사실은 당연한 것이다. 그러나, 몇몇의 뜻있는 사람들이 그 흔적이라도 아끼고 길이 보존하려고 온갖 노력을 다 하였으니, 그 중 가장 대표적인 것을 들어 보면, 기원전 약 249년 경에 대신불(大信佛)의 성왕(聖王) 아쇼카(阿育, Aśoka)왕이 불적(佛蹟)을 빠짐없이 순례하면서 먼저 이 곳에 이르러 폐허됨을 슬퍼하고 기념 석주(石柱)를 세우고 글을 새기기를,

「천애희견왕(天愛喜見王, 阿育王) 즉위 제 21년에 친히 이 곳에 와서 예배를 드리나이다. 부처님께서 이 곳에서 탄생하셨기로 석단(石壇)을 쌓고 석주를 세우나이다. 이는 부처님께서 이 곳에서 탄생하심을 기념하기 위해서이나이다. 또한 룸비니 촌의 세금을 면제하고서 성화(聖化)에 귀의하게 하나이다.」
라 하였으니, 원문은 아쇼카왕 당시의 고문자(古文字)로 기록되어 세계 금석문사(世界金石文史)에 큰 영향을 주었으며, 현대 여러 언어학자들의 노력에 의하여 그 뜻을 이해하게 된 것이다.

그 후, 기원 후 5세기 경 법현(法顯)이 이 곳을 찾아 그 전기(傳記)에 기록을 남겼으며, 기원 후 7세기 중엽에 현장(玄奘)이 이 곳 광경을 〈서역기(西域記)〉에 기록하였는데,

「큰 석주가 있으니 위에는 마상(馬像)으로 되어 있으며, 무우왕(無優王, 阿育王)의 소건(所建)이더니 후에 악룡(惡龍)의 장난으로 벼락을 맞아 그 석주의 중간이 끊어져 땅에 넘어져 있더라.」
하여 그 황폐함을 그대로 보여준 것이다. 이와 같이 황폐를 거듭하여 온 룸비니 동산은 점차 참배하는 사람조차 사라지고, 마침내 그 위치조차 알길이 막연하여 오던 중, 아소카왕의 석주가 발견됨에 따라 그 위치를 확인할 수 있었으며, 억설(億說)이 구구하던 부처님이 실재 인물이라는 것도 의심할 여지가 없어졌으니, 법현(法顯), 현장(玄奘)의 기술이 다시 한 번 더 광채를 새롭게 한 것

이다. *

4. 실달타 (悉達多)

부처님은 교화의 대상에 따라, 또는 교리의 심원(深遠)함에 따라 부르는 이름이 많다. 불타(佛陀), 여래(如來), 세존(世尊) 등 열가지 이름이 있는 것도 이러한 뜻에서 온 것이다.

그러나, 이와는 전혀 뜻을 달리한 이름이 있다. 그것은 부처님께서 출가(出家) 성불(成佛)하시기 이전에 실달타(悉達多, Siddhārtha)라는 태자 시절의 이름이다. 일체성취(一切成就)라는 뜻이다.

이 이름을 짓는데 흥미있는 사건이 있었다. 부왕인 정반왕은 왕자의 탄생을 기뻐한 나머지, 그 때 가장 고명(高名)했던 바라문학자 아싯타(阿私多)를 궁중으로 불러 왕자의 장래에 관한 길흉(吉凶)의 상을 보게 하였다. 아싯타는 정중히 왕자의 상을 다 본 다음 자기도 모르게 눈물을 흘리고 길게 탄식을 하였다. 옆에서 가만히 이 거동을 살피고 있던 정반왕은 초조한 마음으로 그 슬퍼하는 이유를 물었다.

아싯타는 곧 우는 얼굴에 놀라고 수심에 잠겨 있는 왕을 위안하면서, "대왕님, 참으로 귀하고 훌륭한 왕자를 두셨읍니다. 이 왕자님의 상(相)은 장차 세계를 지배할 수 있는 전륜성왕(轉輪聖王)이 안 되시면 일체 중생을 널리 구하실 불타가 되실 겁니다. 그러나, 소신(小臣)은 늙어서 그 영광을 입지 못할 것을 슬퍼했을 뿐입니다. 만약에 불타가 되신다면 그 청정한 가르침은 마치 풍파(風波) 만난 파선(破船)이 의지할 수 있는 해안과 같을 것이며, 그 사유(思惟)의 힘은 잠잠한 대호수와 같아서 세속 오욕에 물든 일체 중생들을 마음껏 씻을 수 있을 것입니다. 그리고 그 교화의 힘은 불타오르는 반욕의 세계에 자비의 구름이 되고 불멸의 법체(法體)가 되어서 시원하게 완전히 꺼 주실 것입니다."고 아뢰었다.

이 아싯타의 설명을 들은 정반왕은 더욱 기뻐하며 그에게 후하게 상을 주고 즉석에서 신달다(悉達多)라는 이름을 지으신 것이다.

상자(相者) 아싯타의 예언대로「그 목적(目的)을 달성한 사람」이라는 희망에 넘친 명명(命名)이다. 그래서인지 신달타왕자는 그 뒤 출가하셨고, 고행 수도하셨고, 성도하신 다음 절망 속에 허덕이는 중생들에게 희망을 주셨고, 무명(無明)에 싸여 헤매는 무리들에게 광명이 되셨고, 해탈의 대도(大道)를 일깨워 주셔서 신달타(悉達多)의 뜻을 달성(達成)하신 것이다. *

5. 사문유관(四門遊觀)

부처님의 전기(傳記) 중에 가장 중요한 사건으로 사문유관(四門遊觀)이라는 것이 있다.

부처님께서 태자로 계실 때 왕성(王城)의 동남서북(東南西北)의 순으로 성문을 나와 소풍을 즐기실 때에, 늙은 사람(老人)·병든 사람(病者)·죽은 사람(死者) 등의 괴로움(苦)을 직접 보고 인생(人生)의 무상(無常)함을 비관(悲觀)하시던 중, 최후의 북문(北門) 밖에서 사문(沙門, 出家者)을 보고 스스로 생을 살아갈 태도를 결정하신 전기(傳記)의 한 토막을 전하여 주는 것이다.

천성이 비범(非凡)하신 태자는 깊은 궁궐에 파묻혀 슬픔과 근심을 견디지 못한 나머지 하루는 왕성의 동문으로부터 출유(出遊)를 시도하였을 때에, 길가에서 머리는 희고 이빨은 다 빠졌으며, 얼굴에 주름살이 깊이 패이고 콧물과 눈물을 흘리며 숨을 헐떡거리고, 곧 쓰러질 듯한, 몸 빛이 검고 전신을 떨고 있는, 인생의 서산(西山)을 예고하는 노인을 보셨다.

"저것은 무슨 사람이냐?"고 묻자, 시자(侍者)가 '노인'이라고 대답하고 설명하기를, 노인은 이미 육신의 오관(五官)이 기능을 다 하였을 뿐만 아니라, 모양과 빛깔이 변하고 기력도 줄어서 소화가 불량하고, 뼈는 마디마디 끊어질 듯 고통스러우며 다른 사람의 도움이 없이는 움직이지 못하며, 눈과 귀가 멀게되고 기억력이 감퇴되고 언사(言辭)는 항상 슬픔에 잠겨서 남은 생명이 얼마 안되는 사람이라고 하였다.

태자는 크게 한탄하셨다. 사람은 누구나 태어나면서부터 늙음(老)이라는 근심이 있거늘 어리석은 무리들은 이것을 알지 못하고 탐애(貪愛)에만 허덕이는구나! 몸과 목숨을 그 어찌 믿을 수 있으랴! 하시며 곧 궁으로 돌아갈 것을 명령하시고 제 1차의 동문유관(東門遊觀)을 마치셨다.

태자는 인생의 늙는 고통에 대한 슬픈 생각이 다 가시기 전에 또 다시 남문으로 출유(出遊)하시다가, 피골이 상접하고 배가 부른, 기침과 가래에다 구토질을 하며, 오물을 목으로부터 흘리며 땅이 꺼져라 신음을 하면서, 손짓 발짓으로 허공을 휘두르며 아버지, 어머니를 부르짖으며 처자를 애처롭게 그리워하는 병든 사람을 보셨다.

태자는 시중을 드는 시자로부터 그것이 병자라는 설명을 듣고, 나는 부귀의 몸으로 좋은 음식을 얼마든지 먹을 수 있고 오욕(五欲)을 마음대로 즐길 수 있으나, 이 몸도 사대(四大)로 이루어졌기 때문에 병마(病魔)의 그릇임에는 틀림없구나 하시고, 수레를 돌려 궁으로 되돌아 오셨다.

얼마 후, 태자가 서문유관(西門遊觀)을 하였을 때에, 상여를 메고 가는 사람들의 곡성이 요란하며, 우리를 버리고 영영 어디로 홀로 가시나이까 하며 흐느끼는 가족들의 슬픈 모습을 보셨다. 태자는 이것이 인생 말로의 죽은 사람이라는 설명을 들으시고 또 다시 슬픔에 잠긴 채 궁으로 돌아가셨다.

그 후 태자가 북문으로 출유(出遊)하셨을 때에, 법복(法服)을 입고 손에는 발우를 들고 눈은 땅만 내려보며 유유히 걸어가는 사문을 보셨다. 시자가 설명하기를, 사문이라는 것은 가정과 처자를 버리고 육정애욕(六情愛慾)의 쇠사슬을 끊고 계율(戒律)을 지키며, 성색(聲色)과 영위(榮位)에도 물들지 않고 굽히지 않으며, 부동(不動)하기가 대지(大地)와 같으며, 피로움을 여의고 존망자재(存亡自在)를 얻은 사람이라는 것을 듣고 마음 속으로 기뻐하며 장차 그 무엇을 결심하면서 궁으로 돌아 오셨으니, 태자가 보리수 아래에서 성도

(成道)하시기 전에, 이미 늙고 병들어 죽고 적정하는(老・病・死・寂) 사상(四相)을 현실에서 관찰하셨음을 말하는 것으로, 이 사문유관(四門遊觀)은 부처님의 전기(傳記) 중에서 가장 중요한 사건이라 일컫게 되는 것이다. ＊

6. 태자출성(太子出城)

태자의 출성(出城)은 인간 태자로부터 불멸의 진리를 만고에 비추고 일체중생(一切衆生)을 영원히 구제해 주신 「부처님」으로 옮겨간 출발점이라는 데서 의의가 깊은 것이다.

신달태자의 출성이라는 위대한 새 출발에 앞서, 인간으로서의 엉클어진 갖은 희비곡절을 옛부터 전하는 바에 따라 기록해 보면, 태자는 출성 바로 전에 아드님을 낳았다. 어느 누구 할 것 없이 다 기뻐하는 옥동자를 「라훌라」, 즉 장애라 이름하며 세상을 버리고 출가할 것을 결심하셨다. 이는 오직 신달태자만이 해명할 수 있는 위대한 인생관이었던 것이다.

부왕을 비롯하여 군신 백관이 축배를 올리며 즐거하는 마당에, 태자는 홀로 큰 장애물이 생겼다고 한탄하며, 이것을 계기로 화려했던 궁중 생활과 태자로서의 영화를 버리고 열반을 구하는 길로 새 출발할 것을 굳게 결심한 나머지, 자기의 처소인 태자궁에서만 생활하셨다. 태자궁을 에워싸고 밤낮으로 향락에 배부른 궁녀들은 이날도 노래와 춤으로 태자 앞에서 「라후라」의 탄생을 찬양하였다. 그러나, 철석같이 굳어진 태자의 결심은 흔들림이 없었고, 너무나 무표정한 태도에 얼이 빠진 궁녀들은 그 자리에서 쓰러져서 곤히 잠들어 버렸다. 침을 흘리는 자, 이빨을 가는 자, 코를 고는 자, 잠꼬대를 하는 자 등 온갖 추태를 드러내고 있어서, 지상에서 어느 곳보다 아름답게 꾸미고 가꾼 태자궁은 일시에 송장을 쌓은 것과 같은 수라장으로 변하였다. 이 광경을 직접 보게 된 태자는, 다른 때와는 달리 유난히 그 무엇이 복바쳐 오는 것을 견디지 못하여, 몰래

뜰로 내려와 깊이 잠든 마부 「챤다카」를 깨워 애마 「칸타카」에 안장을
얹어 출성 준비를 명령하였다. 「챤다카」는 온몸을 떨면서 어찌할 바를
몰라 했다. 그 까닭을 눈치 챈 태자는, "나는 이제 모든 중생을 위하
여 번뇌의 적에게 항복받고자 출성을 결심하였으니, 그대는 나의 뜻에
거역하지 말라."고 타일러서 「챤다카」에게 백마의 등에 안장을 차리
게 했다. 태자는 아들 「라홀라」가 보고 싶은 충동에 사로 잡혀 조용
히 「야소다라」비의 침실로 가서 고요히 잠든 아기를 잠깐 본 다음, 비
(妃)와 아기에게 작별을 마음 속으로 고하고 행여나 비가 잠을 깰까
조심조심 궁전을 나와, 부모님과 여러 군신들께 이별을 마음 속으로
고하고 왕성을 넘어 새벽까지 수백 리의 길을 달려 「아노ㅡ마」라는 곳
까지 이르렀다. 태자는 지금까지 몸에 지니었던 보의(寶衣)와 보관(寶
冠), 영락(纓絡) 등을 풀어 버렸다. 「챤다카」에게 작별을 고하니, 「챤
다카」는 어디까지라도 태자를 모시겠다고 애원하였다. 태자는 단연코
거절하고 애마 「칸타카」가 힌 목을 늘어뜨리고 눈물짓는 단장의 정도
모르는 듯이 손수 머리를 깎아 공중에 던진 채 열반을 구하는 사문 생
활의 첫 출발을 하였다.

　이 때, 공중에 던진 머리털을 제석궁(帝釋宮)에서 받아 계보주궁
(髻寶珠宮)에 받들어 모시고 태자가 장차 부처님이 될 것임을 찬송
하였다는 불교 문학의 한줄기도 여기에 근거를 둔 것이라 하겠다. ✻

7. 태자고행(太子苦行)

　지상의 영화를 독차지하신 황태자 싣달타의 귀족 생활은 몰래 왕
성을 넘어 출가 사문의 고행 생활로 급변하였다.
　욕심은 인생의 피로움의 근본이라 하시고 모든 욕심을 버리고 안
락의 열반을 갈구한 태자는, 고요한 숲 속에서 고행 수도하는 여러
선인(仙人)들의 생활을 못내 그리워한 나머지, 아노비야(阿奴比耶)
의 고행림(苦行林)으로 발길을 옮기셨다. 이 곳에 머무르는 사이에
부왕의 사신이 여러 번 찾아와 궁으로 돌아갈 것을 강력히 권함에도

싫증이 났지만, 이 고행림의 지도자인 '박카바 선인(跋伽婆仙人)'의 종교관이 태자의 불타는 염원에 만족을 주지 못하였으므로, 얼마 후 이 고행림을 떠나 '아라람가 선인(阿羅邏迦仙人)'을 찾았다.

300여 명의 제자들로 이루어진 대고행 수도단이었다. 그러나, 다시 '오특가 선인(烏特迦仙人)'을 찾았으며, '부란가섭(富蘭迦葉)'이라는 철학자의 문도 두들겨 보았으나, 태자의 의심은 풀리지 않았다.

이와 같이, 여러 선인을 찾아 헤매는 고행 생활로 6년 간의 기나긴 세월을 보내셨으니, 이 때의 고행 생활의 여운은 부처님 설법 중에 명확하게 전하여지고 있다. 태자의 고행 생활의 한 면을 전하는 것으로는, 언제나 위엄과 근엄을 갖추고 결가부좌(結伽趺坐)로 허리를 땅에 붙이지 않고 비와 바람과 번개와 천둥을 두려워하지 않은 무외(無畏)의 수도자이었으며, 식사는 하루에 한 끼, 때로는 보름에 한 끼, 한 달에 한 끼로 양은 쌀알 하나(米一粒)라 하였으니, 거의 단식의 고행을 행하셨음을 알 수 있다. 때로는 입과 코로 호흡을 중단하는 무식정(無息定)이라는 고행을 하셨다고 전한다. 이 고행은 귀에서 우뢰 소리가 나며, 칼날로 찌른 듯 머리가 아프며 불속에 들어간 듯 열이 나며, 살을 도려 내듯 복통이 나는 고행이다. 이러한 무서운 고행 중에도 태자의 마음은 조금도 변함 없이 열반을 구하는 염원에 불타고 있었다. 때로는 가시로 된 침대 위에서, 때로는 시체와 유골을 벗삼아 묘지에서 주무시기도 하셨으며, 햇빛에 타고 추위에 얼어 고행 태자의 모습은 상상할 수 없을 만큼 무서웠다. 여윌대로 여윈 태자의 손과 발은 갈대처럼 말랐고, 등골뼈는 꼬아 놓은 새끼처럼 드러났으며, 갈비뼈는 썩어빠진 헌 집 서까래 같이 튀어 나오고, 눈동자는 깊은 우물 속에 비치는 별같이 반짝였으며, 뱃가죽은 등뼈에 붙었으며, 등뼈를 만지면 뱃가죽이 만져지는 삼고(三苦)를 통한 보기드문 고행상(苦行相)이었다. 그러나, 태자는 이와 같은 고행만으로는 피로움을 초월하는 법과 신성의 지혜인 열반경에 이르지 못함을 깨닫고 새로운 수도의 길을 택하시었다.

8. 태자의 구도(求道)

부처님은 시대적 고민을 배경으로 개인 생활에 대한 피로움에서 해탈(解脫)하고자 출가 구도하셨다.

기성 종교의 권위는 이미 그 위신을 잃었다. 잡다한 사상들이 분잡하게 떠들썩했고 통일적인 세력을 가진 종교가 없어 생활을 통어(統御)하는 규범이 없던 까닭에 감수성이 굳센 싣달다 태자는 생활에 대한 회의와 번민에 빠지고 있었다.

싣달다 태자는 깊숙한 구중궁(九重宮) 중에서 달콤한 환락 속에 파묻혀 있으면서도 늙은이를 보고는 늙음이 자신에로 닥쳐 올 것을, 죽은 사람을 보고는 자기에게도 이 죽음이 장차 닥쳐올 것을 생각하면서, 늙고 죽음을 간직한 삶이라는 것이 너무나 무의미한 것을 피로워하고 번민하였다.

태자는 또 그 때 일반 사람들이 신앙하고 있는 윤회 사상에도 위험을 받았다. 현실에서 산다는 것의 무의미한 것과, 생(生)했다는 것이 또한 영겁으로 윤회(輪廻)의 연쇄라는 것을 깨닫고 생으로부터 해탈하는 방법을 찾기 위해서 출가했고 사문(沙門)이 된 것이다.

따라서, 태자는 세상에 대한 관찰이 심각했고 철두철미하게 정밀한 사유를 한 까닭에 인생 전체를 한마디로 들어서 피로움의 집합체라 불렀다.

태자가 부처님이 되신 뒤에 세상을 관찰하는 설법도 태자 때 구도하면서 실제로 경험한 것을 말씀하신 것이며, 이것이 곧 다같이 해탈을 구하는 제자들의 수행하는 출발점이 되었던 것이다.

원시 불교에서 인생의 실상은 고(苦), 공(空), 무상(無常), 무아(無我)라 하고 고(苦)를 으뜸으로 삼았던 것이다.

인생은 나면서부터 피로움으로 가득 차 있으며 시시각각으로 변해서 상주하지 못하고 상일주재(常一主宰)하는 영체(靈體)가 없고 색(色)·수(受)·상(想)·행(行)·식(識) 등이 집합해서 이루어진 것이라는 뜻이다.

또, 이 인간은 가화합(假和合)의 물건인 동시에 부정에 쌓인 것이기에 더욱 괴롭다는 것이다.

이러한 현실 생활에서 해탈을 구한 것이 태자의 구도 정신이었다. 구도의 묘체(妙諦)는 먼 데 있는 것이 아님을 명심해야 할 것이다. *

9. 보리수(菩提樹)

여기에서 보리수라 하는 것은 태자가 고행림을 떠나 이 나무 그늘에서 단정하게 자리를 잡고, 「만약에 정각을 이루지 못하면 죽기를 맹서하고 이 자리를 일어나지 않으리라.」라고 굳게 결심하여, 해탈의 참길을 찾고 우주의 진리를 크게 깨쳐서 인류의 광명인 부처님을 성취하신 그 성스러운 나무를 말하는 것이다.

이 보리수 아래에서, 부처님의 성도를 방해하려는 마왕의 모습이 여러 불전(佛傳)에는 매우 흥미있게 전하고 있다. 파순(波旬)이라는 마왕은 자기의 딸 미녀 세 명을 보내어 갖은 교태로 유혹하게 하였으나 실패하였고, 자기 스스로 많은 졸개들과 함께 최후의 발악을 보였으나, 태자는 태연자약하게 바른 손을 쭉 펴고 무릎 위에서 땅을 가리키니 천지가 진동하고 지신(地神)이 나타나 마군(魔軍)을 물리쳤다는 내용들이다. 물론, 이것은 사실의 기록이라기 보다는 부처님의 정각(正覺) 직전에 꼬리를 물고 일어나는 수많은 인간으로서의 잡념과 유혹을 깨끗이 없애고 모든 욕망과 삿된 생각을 없애버리시려던 심리 작용을 그려 보인 것이라 생각하면 이해가 따를 것이다. 이러한 전설을 간직한 수림(樹林) 중의 으뜸인 보리수는 그 성스러운 업적이 지금까지 인도의 「부다가야」라는 곳에 전해져 있어서 끊임없이 많은 사람들이 참배하고, 성스러웠던 옛 모습을 높이 우러러 받들면서 이 나무를 각수(覺樹), 사유수(思惟樹), 도수(道樹) 등으로 부르고 있는 것이다.

그래서, 고대의 인도 불교 미술 유품에는 불상이 조성되기 이전의 부처님 모습을 보리수로 그리거나 새기고 있다. 이것은 신성한 교조의 존엄성에서 나온 것이라 하겠으나, 부처님 설법의 상징을 법륜(法輪)으로 하였고, 이 세상을 떠나서 열반에 드시는 모습을 불족(佛足)으로 나타내시고, 예배의 대상으로는 탑파(塔婆)를 표현한 것과 같이, 보리수를 그리거나 새기는 것은 마군을 항복받고 성도정각의 모습을 보여주는 것으로 되어 있다.

이와 같이, 보리수를 신앙의 대상으로 하는 풍습이 우리 나라에도 전하여서, 참배의 대상으로 세워진 탑파의 장치를 보면 사리(舍利)와 함께 순금으로 만든 보리수 가지를 간직하거나, 또는 그 모양이 비슷한 산호 가지를 넣어 주는 수가 있다. 몇 해 전에, 한참 동안 물의를 일으키던 송림사탑(松林寺塔)에서 사리와 함께 금으로 된 보리수 가지가 나온 것은 그 좋은 예라 하겠다.

이러한 의미에서 여기에 다시 말하고자 하는 것은, 부처님이 우리 중생을 건져 주신 성스러운 보리수를 깊이 마음 속에 새겨둠과 아울러, 이 나무 그늘에 따사롭게 안겨져 있는 불자들이 싹트고 자라서 열매 맺기를 염원하는 데에 그 의의가 있다고 하겠다. *

10. 초전법륜(初轉法輪)

옛날 인도에서는, 전륜성왕(轉輪聖王)이 보륜(寶輪)이라는 수레 바퀴의 무기를 굴려서 천하를 항복받고 세계를 통일하는 것을 이상으로 생각하였다. 이와 같이, 부처님께서 교법을 세상에 펴서 중생들의 잘못된 신앙과 번뇌를 타파하고 도를 얻게 하는 것을 전법륜(轉法輪)이라 하였다. 법의 수레 바퀴를 굴린다는 뜻이다. 그래서, 부처님께서 정각을 이루신 뒤에 교진여 등 다섯 사람을 위해서 녹야원에서 처음 설법을 하신 것을 초전법륜이라 부르게 된 것이다. 그 동기는 싣달타 태자를 모시고 고행을 수행하던 다섯 사람들은 태자가 고행을 버린 것을 크게 실망하고 그 당시 문화의 중심지인 녹야원으로 도망갔었는데, 보리수 밑에서 우주의 진리를 바로 깨우치고 부처님이 되신 태자는, 자기를 버리고 떠난 다섯 사람들을 가엾게 여기고 이들을 구하기 위해서 찾아 갔던 것이다. 그러나, 다섯 사람들은 태자에게 경의를 표하지 않기로 약속하였다. 그러나, 차차 가까이 오신 부처님의 원만한 덕상의 위력에 감동되어 자신들도 모르는 사이에 법의(法衣)를 받아드는 사람, 발우(鉢盂)를 받는 사람, 자리를 마련하는 사람, 발 씻을 물을 준비하는 사람 등, 그들은 온갖 정성을 다하였다. 이 때, 부처님께서는 정각(正覺)을 성취하신 것을 선언하시고 그들을 위해서 처음으로 법을 설하셨으니 그것이 초전법륜의 내용이며, 〈초전법경(初轉法經)〉으로 전해지고 있다. 그 내용이 바로 중도(中道)와 8정도(八正道)와 사제(四諦)의 법문이다.

중도라는 말은 유식(唯識)에서 비유비공(非有非空)의 중도(中道), 삼론종(三論宗)에서 팔부중도(八不中道), 천태종에서 공가(空假)의 이제(二諦)를 초월한 중도 등 대승불교에서 널리 쓰여지고 있으나, 그 근본은 여기에서 말한 괴로움(苦)과 즐거움(樂)의 양극단을 초월한 비고비락(非苦非樂)의 중도에서 온 것이며, 향락주의와 고행주의를 배척한다는 뜻이다. 중도를 얻으려면 8정도의 덕목을 실천하여야 하며, 그것의 철학적인 사상의 뒷받침이 되는 것은 고·집·멸·도(苦·集·滅·道)의 4제(四諦)라 하였다.

고(苦)는 현실에 가득한 고뇌이며, 집(集)은 고(苦)의 원인이며, 멸(滅)은 고뇌가 없는 세계이며, 도(道)는 고(苦)를 없애는 도(道) 즉 방법(方法)인 것이다. 이와 같은 초전법륜을 들은 다섯 사람은 크게 깨치고 부처님의 처음 제자가 되었다. ✻

11. 사무소외(四無所畏)

불타는 자주적이고 자율적인 인격의 완성자이므로 어느 모로나 완전하며 자신있는 지자(智者)요, 각자(覺者)이다.

그 인격의 완성에는 반드시 우주 인생의 진실과 만유현상의 실상을 올바르게 보고 참되게 파악하여 판단한 결과를 함께 하고 있다. 그러므로, 보편타당한 불변의 진리를 깨달음이며 모든 법을 다 아는 삼계(三界)의 스승이라 하는 것이다.

인간의 모든 일에 자신이 있기 때문에 어떠한 경우 어떠한 문제에도 당황한다거나 두려워 하는 일이 없다. 그것을 특히 우리는 불타의 덕성가운데 하나인 「4 무소외」에서 들 수 있다.

첫째, 불타는 어떠한 사문이나 학자나 귀족이나 이교도나 하늘이나 마(魔)나 인간들의 무리 속에서라도 스스로 「나는 모든 것을 깨달았으며, 모든 것을 다 안다.」고 말하여도 아무 두려운 마음이 없으며, 〔정등각무외(正等覺無畏)〕

둘째, 불타는 역시 어떠한 대중 속에서도 스스로 「나는 모든 번뇌를 완전히 다 끊었다.」고 말하여 두려움이 없으며, 〔누영진무외(漏永盡無畏)〕

셋째, 불타는 모든 대중 속에서 무명번뇌의 행위인 모든 그릇된 법에 대하여 설하고, 스스로 그 어리석고 어두운 현실에서 벗어났다고 말하여도 두려움이 없으며, 〔설장법무외(說障法無畏)〕

넷째, 불타는 대중들에게 올바른 몸가짐과 올바른 수행과 올바른 지혜(戒定慧)와 고(苦)를 없애 그 모든 정도(正道)를 설하여 두려움이 없다. 〔설출도무외(說出道無畏)〕 이것이 이른바 불타의 네가지 두려움이 없음〔4 무외(4 無畏)〕라는 것이다.

그러므로, 불타는 모든 것을 깨달아 알기 때문에 어디서나 누구 앞에서나 어떠한 비난과 시비 속에서도 참으로 완전한 깨달음과 모든 번뇌의 끊음과 인간 장애의 현상, 그리고 암우(暗愚)에서 벗어남과 고(苦)를 여의는 바른 길을 설함에 자신이 있으며 끝내는 상대를 설복시킨다는 것이다.

이토록 자신이 있다는 것은 결코 아만(我慢)이나 「내가 아노라.」하는 자만이 아니다. 오직 넘치는 타화(他化)의 자신을 보인 것이다.

불타는 모든 것에 적극적이었고 자신의 소유자였다는 것을 알 수 있다. ✽

12. 여래십호(如來十號)

부처님 덕은 무량(無量)이라 하였으니, 그 덕에 따라 부르는 이름도 무량이라야 할 것이다. 그러나, 그 중에서 열 가지만을 들어서 여래십호(如來十號)라 불러서 무량을 대표하고 있다. 여기에 십(十)이라는 것을 만수(滿數)라고 하여 무량의 수를 의미하는 데에 사용한 것이다.

우리나라에서는 부처님이 여래·불타·세존(如來·佛陀·世尊)으로 가장 많이 불리워지고 있으나, 여러 경전에서는 부처님의 덕을 나타낸 내용에 따라 응공(應供), 정변지(正遍知), 명행족(明行足), 선서(善逝), 세간해(世間解), 무상사(無上士), 조어장부(調御丈夫), 천인사(天人師), 불(佛), 세존(世尊)으로도 쓰고 있으니, 이제 그 대강만을 설명해 본다면 다음과 같다.

여래라는 것은 어디로부터 오는 곳도 없고 어디로부터 가는 곳도 없다는 의미에서, 진리에서 와서 진여(眞如)로부터 나타난 성인이라는 뜻이며, 진리 그대로를 여(如)라고 하고 그것을 바로 깨친 이를 래(來)라고도 한다. 응공은 불행(佛行)을 원만하게 이루고 복과 지혜가 구족해서 천상이나 인간세에서 존경을 받으며 능히 공양을 받을 수 있는 자격을 갖추고 있는 이라는 뜻이며,

정변지는 정각(正覺), 정등각(正等覺)이라 하여 바르고 완전하게 진리를 깨달아 무엇이든지 모르는 것이 없다는 뜻이다.

명행족은 과거세를 아는 숙명명(宿命明)과, 불교의 진리를 알아서 번뇌를 끊어 없애 버릴 수 있는 누진명(漏盡明)의 지혜를 완전히 갖추고 있는 이를 말하며,

선서는 어두운 세계를 초월해서 또다시 미계(迷界)에 돌아오지 않고 묘하게 간다는 뜻이다.

세간해는 세간이나 출세간의 인과법에 의해서 요해(了解)하지 않는 것이 없다는 뜻이며,

무상사는 세상에서 가장 높은 사람이 독존(獨存)이라는 뜻이며 번

뇌가 다 끊어지고 다시 끊을 것이 없는 사람을 말하는 것이며,

조어장부는 여러 가지 법을 설해서 일체 중생을 조복(調伏)하고 제어(制御)해서 열반을 얻게 하는 위대한 분을 말하는 것이다.

천인사는 천상과 인간의 스승이라는 뜻이며,

불(佛)은 불타(佛陀), 또는 깨달은 사람이며, 스스로 깨달아서 다른 이를 깨닫게 하는 부처님을 말하는 것이다.

세존은 위에서 말한 열 가지 덕을 갖추어 인간이나 천상이나 문부성인(門夫聖人)의 존경을 받기 때문에 세상에 가장 높은 분이라는 뜻이며, 열 가지 덕을 대표하는 이름인 것이다. ✻

13. 사 리(舍利)

고대의 어느 민족에서나 볼 수 있는 것과 같이, 인도 민족에 있어서도 위대한 성자의 유신(遺身)과 유물의 숭배 사상이 풍습화되어, 그 성자의 유적에다 유신과 유물 등을 받들어 모신 기념 탑파(塔婆)를 세우고 참배공양하였다.

이 풍속이 불교 교단에까지 옮겨 와서, 불조(佛祖) 부처님께서 입열반(入涅槃)이라는 회자정리(會者定離)의 진리를 보이자, 그때까지 행도(行道)의 목표와 같이 이상의 중심이며 마음의 등불인 양 존경하던 교도들의 최고조에 달한 비애와 또는 추모의 정이 일어났다. 그래서 부처님 생전의 기억을 새롭게 하기 위한 법신(法身), 색신(色身)의 추모의 발원으로 사리 공양이라는 유신 참배로 변하게 된 것이다.

사리라는 말은 범어(梵語) Śarīra의 음역으로 설리라(設利羅), 실리라(室利羅), 실리(實利)라고도 쓰며, 의역으로는 신(身), 신골(身骨), 영주(靈珠), 영골(靈骨), 견고자(堅固子)라고도 하며, 다투(Dhátu)라는 다른 이름으로도 표현하고 있다.

계·정·혜(戒定慧) 삼학의 훈수결과(薰修結果)로, 또는 무량육바라밀 공덕의 소훈(所薰)으로 이루어 진 것이라 전하는 사리는, 그

모양이 팥알만한 구슬이며, 그 질이 견고하고 유백색과 붉은색, 흑색 등의 광택을 나타내고 있다.

그러나, 사리의 원래의 의의는 이와 같은 구슬 뿐 아니라, 불정골(佛頂骨), 불아(佛牙) 등의 유신(遺身)을 통칭하여 더 넓은 뜻을 가졌던 것인데, 후대에 와서는 오직 광택이 나는 구슬만 사리라 불리어져 온 것이다. 또, 사리는 부처님의 유신에 한한 것 뿐만 아니라, 아라한, 목련, 사리불과 같은 부처님의 제자로부터 역대에 수행이 높으신 스님과, 우리 나라에 있어서도 이름이 높은 여러 스님들의 사리를 공양참배하고 있으니, 오직 부르는 명칭으로 그것을 구별하고 있을 뿐이다.

부처님의 제자나 고승들의 사리는 한 사람의 사리 전부를 한 탑안에 안치한 까닭으로 이를 전신사리라 부르며, 부처님의 사리는 최초의 여덟 군데를 비롯하여 여러 곳에 나누어 탑을 세우고 공양하였으므로 이것을 쇄신사리(碎身舍利)라 부른다. 또, 부처님의 사리는 그 사리 자체가 여럿으로 나뉘어지는 신비성을 가졌으므로 분신사리(分身舍利)라고도 하여 다른 이의 사리와 그 질과 명칭을 달리하고 있는 것이다.

교조 부처님의 공덕을 찬양하고 그 업적을 흠모하며, 부처님의 인격적 감화의 대상으로 사리와 같은 유신(遺身)이나 부처님 명근(命根)의 자구(資具)인 쇠발우(鐵鉢) 같은 유물을 받들어 모시어 이를 공양 참배하는 것이 불탑파(佛塔婆)의 기원이며, 후대에 성행을 보게 된 것이다. 이와 같이, 거대한 불사리탑을 건립하는 사업은 단순한 교조에 대한 추모의 정에서 뿐만 아니라, 그 공덕으로 작게는 각 개인의 생천복덕(生天福德)의 인(因)을 맺으며, 크게는 국태민안(國泰民安)의 애국 사상이 밑받침 되어 있다는 불탑 건립의 사상적 특징의 일면을 보여 주고 있다. 그 실례로 사리 팔분의 사실과 아쇼카왕의 8만 4천 건탑설을 들 수 있다.

사리팔분의 사실이란 것은 〈장아함 유행경(長阿含 遊行經)〉에 보이는 것과 같이 불자들 간에 행해진 사리 숭배 사상의 가장 오래된 기록을 말한 것이니, 부처님의 입멸 후 그 유신인 사리를 모셔서 국가와 민족의 영원한 번영과 융성을 꾀함과 아울러 이를 공양하는 공덕으로 생천(生天)의 복덕을 닦고자 부처님 생전의 인연 깊은 8개 민족 대표들이 서로 이론과 실력으로 쟁탈전의 험악한 상황을 보였던 것이다. 이 때 향성(香城)이라는 이가 논쟁이 부처님 정신의 본의가 아님을 역설하고, 공평하게 8등분하여 각각 분배하여 봉안하게 한 화합적 해결과 사리 신앙에 대한 심각한 민족 의식을 보여준 기록이다. 화해의 역할을 마친 향성은 사리를 담았던 그릇을 물려받고, 8족 분배에 참석하지 못한 필발촌(畢鉢村) 대표는 잔회(殘灰)를 청하여 각자의 본국 유적지에 돌아가 사리탑을 건설하니, 용기병탑(容器瓶塔), 회탑(灰塔), 두발탑(頭髮塔) 등을 더하여 유신(遺身) 유물봉사 십일처탑파(遺物奉祀十一處塔婆)라고 하는 것이 전하는 것이니, 가장 원시탑인 것이다.

이와 같은, 불사리봉장탑은 아쇼카왕 시대에 이르러 극도의 전성을 보았으며, 그 풍습이 교리와 함께 북으로는 히말라야 산맥을 넘고, 남으로는 거센 파도를 거쳐 중국으로부터 우리 나라에까지 전하여져서, 우리 민족도 부처님의 유신(遺身), 유물(遺物) 공양의 본래의 의의를 유감없이 발휘하게 되었던 것이다.

전하는 바에 의하면, 본사리의 팔분 사실을 하나의 전설적인 설화로만 의심하여 왔었는데, 1897년 클락스톤 뻿페(Claxton Pepép)라는 사람이 네팔 국경 내에 있는 피포라와(Piporawa)에서 발굴한 돌발우(石鉢)에서 아쇼카왕 시대 이전인 듯한 문자로 8족의 하나인 석가족의 사람들이 받들고 제사한 취지를 새긴 문자와 봉장한 사리가 나왔으며, 또 때를 거의 같이하여 룸비니 공원에서 아쇼카왕의 석주 등이 발견됨으로써 사실이라는 것이 밝혀진 것이다.

사리팔분 기사 가운데 석가족 봉사(奉祀)인 사리함에 새겨진 글을 의역하면, "이것은 불타세존의 사리를 모신 것이며, 명성이 높고 공덕이 많은 석가족들의 자손과 그 권속들이 받들어 제사하나이다."라는 뜻의 각문(刻文)이며, 이 발우〈鉢〉는 현재 캘커타에 있는 Indian Museum에 소장되어 있다고 한다. *

14. 인 상(印相)

불상(佛像)은 여러 모양으로 조성되어 있다. 부처님과 보살들이 자각체증(自覺體證)한 내용을 구체적으로 보이기 위해서 손가락의 모양이나 가지고 있는 기물을 달리하는 데도 원인이 있고, 중생들의 교화를 위하여 여러 가지 방편을 베푼 데에도 그 원인이 있는 것이다.

이와 같이, 손가락의 모양이나 기물을 달리하고 있는 불상을 전부 일컬어서 인상(印相), 계인(契印), 또는 밀인(密人)이라 부르고 있다. 인상에 대하여 밀교(密敎)에서는 유독히도 까다롭게 다루고 있다. 그리고, 손가락(手指)의 모양만을 말할 때는 수인(手印)이라 하여 인상과 구별해서 부르고 있으며, 대개의 불상을 말할 때는 인상(印相)으로 통하고 있다. 수인의 종류는 많으나, 12합장(十二合掌)과 6권(六拳)이 그 기본이 되어 있다. 불상에는 입상(立像), 좌상(坐像), 의상, 기상(倚像)의 구별이 있으나, 입상은 주로 경행(經行 : 산보)하는 활동적인 상이다. 오른손을 꾸부려서 어깨 옆에 세우고 다섯 손가락을 편 채로 손바닥을 앞으로 향하고 있는 상을 시무외(施無畏)의 인이라 한다. 무외는 공포가 없다는 말이다. 일체 중생에게 안락과 두려움이 없는 것을 베풀어 줌을 상징한 인이다. 관세음보살을 시무외자라 함은 이러한 뜻에서 온 것이다. 또 입상 가운데 오른손을 앞으로 펴서 손바닥에 물건을 얹어 다른 사람에 베풀어 주는 모양을 한 것을 여원인(與願印)이라 한다. 모든 중생의 원하는 바에 따라 무엇이든지 준다는 것을 상징한 인이다. 이 두 가지 인상은, 앉아 있는 형상인 좌상의 불상에서도 볼 수 있으며, 고대 불상 중에는 두 가지를 겸한 불상도 있다.

좌상으로 된 불상 가운데는 세 가지 기본 인상이 있다. 그 하나는 설법의 인이다. 두 손을 가슴에 올리고 오른손은 위에, 왼손은 그 밑에 두고 손가락을 약간 구부려서 펴는 모양을 한 인상이다. 이것을 전법륜(轉法輪)의 인이라고도 하며, 부처님의 이상을 사회에 실현하고자 대중을 향하여 설법하는 것을 상징한 인상이다.

다음에는 선정(禪定)의 인이다. 가부좌를 맺은 좌선의 자세로 앉아 있는 상의 중앙에 왼손 바닥을 위로 향하게 하고 오른손을 그 위에 포개서 엄지 손가락을 맞대고 있는 모양이다. 이것을 법계정인(法界定印)이라고도 하는데, 입정을 상징한 것이다.

끝으로, 항마인(降魔印)이 있다. 부처님의 성도 직전에 선정을 방해하려고 덤비는 마왕을 물리치기 위해서 선정의 수인을 풀어서 왼손은 그대로 두고 오른손을 무릎 위에 내리면서 대지를 가르켜 지신(地神)의 증명(證明)을 구하는 인상이다. 우리나라에서는 정각상(正覺相)이라 하여 가장 많이 볼 수 있는 상이다.

이상 열거한 것 외에도 많은 인상이 있으나, 선정에서 일어나 중생을 화도(化導)하려는 아미타불이 서 있는 입상은 유명한 것이다.

이상에서 유형(有形)의 인상을 말하였으나, 선가(禪家)에서는 형상과 언어를 초월한 자증(自證)의 내용을 심인(心印)이라 하며 귀중히 여기고 있다. 이와 같이 우리는 유형의 인상으로 부처님의 활동상을 이해하는 동시에 각자가 간직하고 있는 보배로운 무형의 심인을 발굴하여야 할 것이다. *

15. 불족상(佛足像)

불교에서는 부처님의 발[足像]을 숭배하는 풍습이 있다. 인도 고대의 불교미술 유품에서 볼 수 있는 것과 같이, 부처님의 깨달음을 성취하는 것을 보리수(菩提樹) 모양으로, 바른 법을 펴심을 법의 바퀴〈法輪〉 모양으로, 또는 세상을 떠나신 후의 예배하는 대상을 한 모양 등의 기호로 표현하였고, 열반에 드시는 모습을 두 발로써 나투었으니, 이것을 불족상이라 한다. 여기서, 열반에 드신다는 것은 세상을 떠난다는 뜻으로, 한자로는 반열반(般涅槃)이라 쓰며, 불교의 목적이며 적멸(寂滅)의 경지를 가리키는 열반과는 구별하고 있다.

보리수 가지와 법륜 등의 기호로써 성인의 존상(尊像)을 대신한 것은, 현재 우리들이 예배하고 있는 불상이 이루어지기 이전에는 신성한 교조(敎祖) 부처님의 모습을 감히 만들거나 그리거나 새겨 두는 것은 존엄성을 모독한다는 신앙심에서 일어난 것이라 한다. 불족상은 부처님의 32상과 80종호를 갖추신 원만상의 한 부분으로, 보통 사람과는 특별히 다르다는 점에서 자연히 숭앙하는 대상이 될 수 있었고, 또한 〈법현전(法顯傳)〉에서 말한 바와 같이 부처님께서 인연 깊은 마갈타국의 수도인 화씨성(華氏城)을 지나시면서 남쪽에 있는 바위에다 발자국을 남겨 두시고 곧 열반에 드실 것을 예언하셨다고 하여 후대의 교도들이 이를 새겨서 보존하면서 받들어 경배하는 대상이 되었다고도 한다.

그러나, 우리들이 불족상을 진심으로 예배하는 이유는, 부처님께서 열반에 드실 때에 후계자인 가섭존자에게 두 발을 관으로부터 내보이신 데 의의가 있는 것이다. 마음의 광명인 지도자를 잃고 비통에 잡긴 가섭존자에게 이심전심의 법문으로 두 발을 보이셨다는 것은 선종(禪宗)에서 삼처전심(三處傳心)의 끝이라 하여 유독히 귀중하게 여기고 있었다. 그래서, 아침 저녁으로 예배드릴 때에도 두 손으로 부처님의 발을 받들어 올리면서 절을 하는 것이다. 부처님의 생존 시에 원만하고 자비에 넘치는 모습을 그리워하며, 중생을 위해서 남기신 업적을 찬양하고, 한 편으로 세상을 떠나신 슬픈 감정을 참지 못한 제자들은 끝으로 일러 주신 불족의 법문을 열반에 드시는 상징으로 하였으며, 드디어 신앙의 대상이 되어 이를 예배하면 끝없는 죄업이 영원히 소멸되는 것으로 믿었고, 여러 민족들은 다투어 크게 또는 작게 새겨서 숭배하고 공경하였으며, 여러 서적에서도 그 공덕을 찬탄하고 권유하였다. 이와 같이 부처님께서 열반에 드시는 모습을 상징한 불족을 숭배하는 사상은 인도에서만 그치지 않고 당나라에서도 성행하였으니, 왕현책(王玄策)이라는 사람이 모형을 인도에서 전해온 것이 중국에서의 처음이라 하며, 이어서 우리 나라에도 전하여졌다.

속리산 법주사를 비롯하여 여러 사원에 전하고 있는 불족상의 판각(板刻)은 우리 조상들도 이를 숭앙하면서 죄를 없애주기를 기원하

였다는 것을 엿볼 수 있는 좋은 유품인 것이다. *

16. 본 존(本尊)

불교에서는 한 종파나 또는 한 사원에서 가장 주요한 중심이 되며 공양예배(供養禮拜)와 숭경(崇敬)의 대상이 되는 불상(佛像)을 본존(本尊)이라 한다. 정토종(淨土宗)에서 아미타불(阿彌陀佛)을, 화엄종(華嚴宗)에서는 비로자나불(毘盧遮那佛)을 본존으로 모시고, 경주석굴암(石窟庵)의 본존은 석가모니불(釋迦牟尼佛)이라 함과 같은 것이다.

인도에서 처음 불교가 발생한 후로 오랫동안은 석가모니불 한 분만이 본존이었으며, 불도를 수행하는 이들의 의지할 바 근본이 되었고, 무한 시간으로 부터 우주를 밝혀준 진리의 상징으로 가장 존귀한 표현이라 생각하였다.

그러나, 불교의 교리가 시대와 장소의 다름에 따라 민족성에 알맞게 발전하였고, 따라서 종파가 무성함과 아울러 그 모시는 본존도 석가모니불에서 아미타불, 비로자나불, 미륵불, 대일여래, 약사여래, 관세음보살 등으로 다르게 되었다.

그래서, 불교를 모르는 사람들은 다신교라 의심까지 하게 되었고, 본존을 구별하기에도 전문적인 지식을 요하게까지 되었다. 본존을 판단해서 올바르게 이해하는 데는 여러 가지 방법이 있으나, 본존의 주변에서 그 공덕을 찬양하고 광명을 더 한층 빛나게 하는 협시(脇侍)하는 분들을 이해함으로써 본존의 미묘한 사상을 이해하게 하는 것도 하나의 방법인 것이다.

이를테면, 지혜를 상징하는 문수보살이 사자를 타고, 만행의 실천을 표현한 보현보살이 코끼리를 타고 좌우에서 모시고 있는 중앙의 본존은 석가모니불이며, 부처님 제자 중에서도 가장 원로급이며 수제자로써 후계자인 가섭존자와 부처님의 사촌동생으로 연소자인 미모의 측근자 아난존자가 좌우협시(左右脇侍)로 되었을 때에는 본존은 석가모니불이다. 이와 같은 본존은 선종계(禪宗系)에서 흔히 볼 수 있는 것이다. 우리 나라에서는 흔하지 않으나 약왕보살(藥王菩薩)과 약상보살(樂上菩薩)이 협시가 되어 있는 것도 있다 한다.

고해의 중생을 무한정 받아들여 무한한 수명과 무량의 광명을 얻게 하는 극락 세계의 주재불(主宰佛) 아미타불은 자비의 화신이며, 시무외자(施無畏者) 또는 원통대사(圓通大士)라 불리어지는 관세음보살과 대세지보살(大勢至菩薩)이 좌우협시가 되어 있다. 관세음보살은 여러 모양이 있으나 연화(蓮花)와 보병(寶瓶)을 가졌으며, 대세지보살은 머리에 쓴 천관(天冠)에 보병을 이고 있는 것이 특징이 되어 있다. 비로자나불은 관세음보살과 약사여래가 협시하는 본존이며, 대일여래는 밀교에서 받드는 본존이다.

우리 나라에서도 조선 초기에는 종파에 따라 본존을 모시고 다른 민족에 못지않는 불교국으로 국가와 민족을 위해서 봉사하였고, 민족 문화를 생산하는 원천이 되었으나, 세종의 강제 종파 통합에 의해서 선교 양종(禪敎兩宗) 불교로 변하는 통에 본존에 대한 관념에 금이 가고 드디어는 통일성을 잃게 된 것이다.

우리는 이제부터 중심되는 교리를 세워서 통일된 본존을 모시고 새로운 방향으로 자세를 가다듬을 때가 온 것이다. ✽